政和元年

宋辽金夏的国运博弈与谍战风云

叶国静 著

九州出版社　全国百佳图书出版单位

图书在版编目（CIP）数据

政和元年：宋辽金夏的国运博弈与谍战风云 / 叶国静著. -- 北京：九州出版社，2023.12
ISBN 978-7-5225-2524-2

Ⅰ．①政… Ⅱ．①叶… Ⅲ．①中国历史－宋代－通俗读物 Ⅳ．①K244.09

中国国家版本馆CIP数据核字(2023)第226331号

政和元年：宋辽金夏的国运博弈与谍战风云

作　　者	叶国静　著
责任编辑	石增银
出版发行	九州出版社
地　　址	北京市西城区阜外大街甲 35 号（100037）
发行电话	(010) 68992190/3/5/6
网　　址	www.jiuzhoupress.com
印　　刷	北京盛通印刷股份有限公司
开　　本	880 毫米 ×1230 毫米　32 开
印　　张	10.5
字　　数	249 千字
版　　次	2024 年 2 月第 1 版
印　　次	2024 年 2 月第 1 次印刷
书　　号	ISBN 978-7-5225-2524-2
定　　价	68.00 元

★版权所有　侵权必究★

目　录

楔子：脆弱的平衡	1
第一章　史诗级小冰河	21
凛冬袭来	22
仙术致雨	34
第二章　太后风险投资	43
李煜转世	44
皇位之争	48
第三章　可怜薄命作君王	63
金融危机	64
瑞鹤仙图	76
道君皇帝	83
御制艮岳	91
北掳皇族	94

第四章　胡马欲踏河冰渡　　111
澶渊之盟　　112
平燕之谋　　134
海上之盟　　139
四国博弈　　148

第五章　辽帝希腊式悲剧　　153
懿德皇后私伶官　　154
天祚帝心理创伤　　174
重演杀妻灭子案　　178

第六章　西夏皇帝平衡术　　185
神秘国度　　186
西北狼烟　　199
青盐武器　　206
梵刹钟声　　212

第七章　夏宫魅影　　221
情杀太后没藏氏　　222
垂帘摄政大梁后　　241
饮鸩而亡小梁后　　256
夏遣使请尚公主　　263

第八章　谍战风云　　　　　　　277
孤勇伪装者　　　　　　　　　　278
计除天都王　　　　　　　　　　287
美人定边疆　　　　　　　　　　302

第九章　辽金衅起　　　　　　　307
春捺钵头鱼　　　　　　　　　　308
进贡海东青　　　　　　　　　　314

致谢　　　　　　　　　　　　　324

楔子：脆弱的平衡

一

"历史有如悲剧,要没有情欲、罪恶、灾难在其中掀风作浪,就会显得毫无生气,令人生厌。"[1]

历史的英文词 History,源于古希腊语,意为"询问""询价知识"或"法官"。

当我们穿越时空,中国历史浩如星辰,众多精彩瞬间熠熠闪烁。如果采撷一个片段,赵宋会是绚丽的历史瞬间。"华夏民族之文化,历数千载之演进,而造极于赵宋之世。后渐衰微,终必复振。"[2]

景德元年(1004 年),一望无际的河北大平原,一片片金灿灿的麦田随着千尺秋风翻起一浪浪金波。忽然间,乌云从天际涌出,天空黑压压一片。

---

[1] 18 世纪法国启蒙思想家、文学家、哲学家伏尔泰,哲理小说《天真汉》。
[2] 国学大师陈寅恪,《邓广铭〈宋史·职官志〉考证序》。

辽国南京析津府[1]（即燕京，今北京西南），"辽国的武则天"萧太后萧绰（953年—1009年）携32岁的辽圣宗耶律隆绪（972年—1031年）抵达陪都，设立祭坛，供奉祭品。一场举全国之力、影响深远的南征开始了。

而千里之外的宋真宗赵恒（968年—1022年），深居汴梁皇宫大内，从未有过战火历练。36岁的官家是一个胆小怯懦又好虚张声势的人，听闻辽军压境，顿时惊慌失措。主战派领袖人物寇准（961年—1023年）力请御驾亲征，奔赴战争前线澶州（今河南濮阳市）。

对于生擒过"杨家将"杨业的辽国传奇战将萧挞凛（不详—1005年）而言，澶渊之战千载难逢，他渴望比肩前辈与榜样耶律休哥、耶律斜轸。然而，他压根没有想到，此役是他人生中最后一次现身烽火战场。在空气都快凝固的僵持阶段，一队数十侦察轻骑进入了一位名叫"张瑰"的威虎军低级将校的射程。他唤起兵士们迅速行动，拉满"黑科技"重武器床子弩的弓弦，一支穿云箭射中萧挞凛。大将折损，萧太后审时度势与宋真宗订立"澶渊之盟"，基本解决了宋辽两国的领土争端。交战双方数十万人的敏感心理和两个帝国的战和棋局彻底改写，宋辽从此享受了百年和平红利。

庆历四年（1044年），宋仁宗赵祯赐下誓诏，诏谕国人，册封西夏元昊。[2]庆历和议，建立了中原王朝与西北政权之间全新的地缘政治。此前，宋朝因不承认西夏建国、元昊称帝的合法性，遂与西夏爆发战争。三川口、好水川、定川寨等三大战役皆以宋军意外惨败告

---

1 此"南京"非彼"南京"。938年，辽太宗将今北京西南的广安门一带定为"南京幽都府"；1012年，改号"析津府"，名字源于"以燕分野旅寅为析木之津"。金朝在此基础上修缮扩建成为金中都。

2 《续资治通鉴长编》卷一百五十二。

终，史称"镇戎三败"。

政和元年（1111年），内侍将军童贯出使辽国，车驾行至卢沟（今北京市永定河），下榻驿馆。夜色渐浓，夕阳沉默在山谷里。一名出生在燕云十六州故地的汉族人莫名求见，自称有收复燕云之计。[1] 他叫马植（不详—1126年），系辽国当地大族，一度官至光禄卿。光禄卿的主要职责是"宴劳荐飨"，负责进呈朝廷祭祀大典所用食物和皇帝宴请文武百官、招待外国使臣的酒宴制作以及皇族成员的日常饮食烹饪、各种调料制备，即专掌酒醴膳馐之事。

在童贯力荐下，宋徽宗赵佶（1082年—1135年）欣然采纳"宋金伐辽"的奇谋，为十六年之后惨绝人寰的靖康之耻亲自种下祸根，北宋享国一百六十七年。

政和元年，北宋"六贼"之一朱勔（1075年—1126年）奉迎上意，在江浙等东南地区兴办花石纲，百计搜求珍奇花石进献。此役连年不绝，百姓备遭困扰涂炭。历时十一年，宋徽宗的大型皇家园林艮岳竣工，"括天下之美，藏古今之胜"。

宣和四年（1122年），宋金伐辽，辽五京均被金军攻占，自此金国有南牧之意，宋辽金夏"四国演义"开锣。

这一年，热爱进山打猎、冬捕冰钓的辽国天祚帝耶律延禧（1075年—1128年）听信谗言，赐死了"最佳皇位继承人"晋王，辽国最后一丝希望和他自己的未来也被掐灭了。他率领五千余骑卫兵仓皇逃往云中（今山西大同）。经过永定河上游桑乾河（今桑干河，位于山西北部及河北西北部），不慎将千年神物"传国玉玺"遗失。自此，

---

[1] "燕云"一名最早见于《宋史·地理志》，包括燕（幽）、蓟、瀛、莫、涿、檀、顺、云、儒、妫、武、新、蔚、应、寰、朔，共十六州。

这枚神器消失于人世间。

绍兴十一年（1141年），绍兴和议。"泥马渡江"的宋高宗赵构（1107年—1187年）建立了宋金之间的政治不平等关系，结束了战火纷争局面，形成了南北对峙格局。赵孟𫖯日后哀伤感叹：鄂王坟上草离离，秋日荒凉石兽危。南渡君臣轻社稷，中原父老望旌旗……[1]

二

俄罗斯诗人奥西普·曼德尔施塔姆（Osip Mandelstam，1891年—1938年）说过："历史的目的就是把时间收集到一起，从而所有的人都在对时间的同一探求和征服中成为兄弟和伙伴。"

而图书就是那个收集时间的容器。截取一个时间片段，从历史深处打捞出这个时间片段上的人物与事件，与我们相遇。

本书为什么选取"政和元年"作为创作主题呢？

公元1111年，干支辛卯，属相兔，这是北宋的政和元年，恰是名人、伟人共同登台的历史年份，多元政权并立对峙。放眼这一年的东亚国家，分别是辽天庆元年、西夏贞观十一年、越南会祥大庆二年、日本天永二年。此时的女真部落仍屈辱生活在宗主国辽国的强大阴影下。同时，西方世界也发生了许多重大事件，比如神圣罗马帝国亨利五世加冕为皇帝。

此时的东亚政治格局，迎来百年未有之大变局。底蕴深厚的农耕

---

[1] 元代，赵孟𫖯，《岳鄂王墓》。

文明、疾驰铁血的游牧文明、茁壮成长的商业文明，不断激烈博弈又彼此深度融合。以该年份为圆心，将宋、辽、西夏、女真、高昌回鹘、吐蕃诸部、大理等有着地缘政治的政权、人物、事件汇聚在一个思维平面上，展开了波澜壮阔的国运博弈，掀起了波谲云诡的谍战风云，洋溢着乱世群雄的爱恨情仇。值此天下寒苦之际，在同一片蓝天下的皇帝们内心世界充满着欢愉、狂妄、惊悖、猜忌、无奈、失落、悔恨。历史通俗读物《政和元年》由此应运而生。

本书基于宋史、辽史、金史、西夏书事、资治通鉴续篇等史书记载，引入了气象学、人类学、心理学、现代医学、神经科学、货币金融学、军事工程学等跨学科视角，讲述国运博弈、谍战风云、夏宫魅影、一千年前金融危机等史诗篇章，呈现瑰丽多姿的历史场景与性格迥异的风云人物，为当代从政者、投资人、企业家的周期预判、战略决策、经济管理、人性洞察提供富有价值的思考与借鉴，亦为中华民族伟大复兴探求丰饶的历史经验。

古希腊历史学家、雅典十将军之一修昔底德（Thucydides）的著作《伯罗奔尼撒战争史》（history of the peloponnesian war）讲述了以雅典为首的提洛同盟与以斯巴达为首的伯罗奔尼撒联盟之间的一场战争，波及当时整个希腊世界，被称为"古代世界大战"。该书第一卷第一章末尾写道："如果研究者想得到关于过去的正确知识，借以预见未来（因为人类历史的进程中未来虽然不一定是过去的重演，但同过去总是很相似的），从而认为我的著作是有用的，那么，我就心满意足了。"作为战争的亲历者，修昔底德的话语完美诠释了《政和元年》的创作初衷——从历史看见未来，从世界发现中国。

创作视角一："博弈论""纳什均衡"在政和元年反复应用，一切历史在一定意义上都是博弈史。多个政权的"生存博弈"如同囚徒困境，而"脆弱的平衡"被辽国的叛徒马植（后改名"赵良嗣"）、辽国的难民高药师等小人物与小概率事件意外打破，直接改变了历史的走向。

政和元年某个深夜，一个"远交近攻"的图谋开始谋划。宋辽金夏的"四国演义"，从合作性博弈走向非合作性博弈。一个叛徒拜会一个太监，献出一计奇谋，引发辽宋两个超级大国先后亡国。

除了正面战场上的兵锋较量，四国的秘密情报系统在军事敏感地带展开了一场场情报战、间谍战。传经的僧侣、[1,2]权场的商贾、失意的书生、绝色的歌妓、敌国的大臣、[3]敌军的将校、释放的俘虏、奉旨的使臣、皇宫的内侍、中立国人士，都可能是某方间谍，或是双面间谍，甚至是三面间谍。这些"伪装者"，遍布各个地理区域、各种生活场景。你中有我，我中有你。

谍影重重，宋朝设置了高级别的专属行政机构（相当于国家安全局）、设立了间谍组织发展基金、创造了一套类似现代密码学的情报技术以及重金招募、培养、派遣间谍。一幕幕谍战大戏纷纷上演：北宋"间谍王"种世衡，计除西夏"天都王"野利兄弟；一则美人计稳定西北边疆，羌族实力派酋长慕恩部落心悦诚服；从海上漂来的一艘辽国难民船只，带来了一条关于辽金最新战况的军事情报，唤醒了北宋决策层沉寂六年的平燕战略。

创作视角二：性格决定命运，选择大于努力。宋辽金夏四位皇帝

---

[1]《续资治通鉴长编》卷一百零五：初，李允则知雄州，令州民张文质给为僧，入契丹刺事，尝补契丹伪官，至是来归。诏补文质三班奉职、潭州监当。

[2]《宋史·卷三百三十五·列传第九十四》：有僧王光信者，趫勇善骑射，习知蕃部山川道路。世衡出兵，常使为乡导，数荡族帐，奏以为三班借职，改名嵩。

[3]《宋会要辑稿》："北界人于惟孝因传达边界事，为北人收捕甚急，今乞归明。"

一起登上了波澜壮阔的历史舞台,从心理学、现代医学角度来看,他们错综复杂的家族环境、心路历程,塑造了迥然不同的性格特征与行为方式。政和元年,他们各自面对重大事项,做出了或荒诞或昏聩或果敢或狡黠的选项,导致各自王朝的不同结局。他们的哭、他们的笑、他们的奋进、他们的挣扎,都成为鲜活的历史表情。

这一年,自幼养尊处优、轻佻浪荡的宋徽宗赵佶 30 岁。他浸淫在艺术的世界里,尊崇着道家神仙们。道君皇帝的玄妙仙境并不是现实社会本身,他的身后已经掀起一场史诗级的货币金融危机以及风起云涌的农民起义。此时,距离他与他的儿子宋钦宗赵桓及后宫、宗室、百官等数千人被金军风雪北掳五国城(今黑龙江省依兰县)还有 16 年。彻夜西风撼破扉,萧条孤馆一灯微。家山回首三千里,目断山南无雁飞。

"王安石的学生"蔡京(1047 年—1126 年)和他的政治盟友童贯(1054 年—1126 年),鼓动着好大喜功、自信爆棚的宋徽宗接受平燕之谋,主动卷入了一场改变中国历史命运的狂风骤雨,埋下了北宋覆亡的种子。

这一年,在血腥的宫廷政变中长大的耶律延禧 36 岁,掌控着东亚最为辽阔的疆域。辽宫花溅泪,他是皇室连环惨案的幸存者。出生时,他的祖母宣懿皇后萧观音因一首淫秽香艳的《十香词》被奸相耶律乙辛及参知政事张孝杰设计诬陷而饮恨自缢。2 岁时,他的父亲昭怀太子耶律濬也被耶律乙辛集团陷害身亡。[1] 4 岁时,幸得祖父辽道宗耶律洪基、北院宣徽使萧兀纳的庇护,这位皇孙方才躲过暗杀陷阱。

幸运的人,一生都被童年治愈;不幸的人,一生都在治愈童年。

---

1 脱脱等,《辽史·卷二十三·本纪第二十三:道宗本纪》。

命运多舛的婴幼时光给他留下了一生的"心理创伤":孤独、怯懦、多疑、狂妄、偏执。我们借助奥地利精神病医师、心理学家西格蒙德·弗洛伊德(Sigmund Freud,1856年—1939年)创立的精神分析学,便可深度理解天祚帝继位之后"重用奸臣、纵虎归山、杀妻灭子、流亡播迁、被金擒获"等一系列荒诞行为背后隐藏的心理创伤与人格缺陷。这位辽国末代皇帝遭受的心理创伤与人格缺陷,与"罗曼诺夫王朝的末代沙皇"尼古拉二世·亚历山德罗维奇(Nicholas II,1868年—1918年)[1]较为相似。人性的复杂幽微,亘古如斯。

忠心不贰的老臣萧兀纳进一步侦察到女真部落"力农积粟、练兵牧马"[2]的军事情报,复上书称"臣治与女真接境,观其所为,其志非小。宜先其未发,举兵图之",天祚帝却置之不理。政和二年(1112年),春捺钵,天祚帝临幸混同江游猎。在"头鱼宴"[3]上,他有意诛杀桀骜不驯的"东北虎"完颜阿骨打(1068年—1123年),宠臣萧奉先却劝谏不足为虑,致使放虎归山,完美错失了消灭女真的最佳时间窗口。除了完颜阿骨打,他还放走了完颜吴乞买(完颜晟)、完颜宗翰。前者就是后来的金太宗,后者就是日后擒获天祚帝与俘虏北宋徽、钦二帝的传奇名将。本次误判导致天祚帝多年之后亡命天涯,断送国祚。

---

[1] 1881年3月13日,尼古拉的祖父亚历山大二世·尼古拉耶维奇(Alexander II,1818—1881年)在圣彼得堡死于民意党的刺杀,尼古拉的父亲继承皇位,尼古拉进位皇太子。1891年5月11日,沙俄帝国皇太子尼古拉访问日本,日本警察津田三藏行刺未遂,史称"大津行刺案(Otsu murder)"。
[2] 叶隆礼,《契丹国志·卷九·道宗天福皇帝》,上海古籍出版社,1985:93。
[3] 范文澜、蔡美彪等,《中国通史》第四编第三章第三节:"辽朝历代皇帝经常在达鲁河或鸭子河(混同江)的春捺钵钩鱼。捕获头条鱼设宴庆祝,称'头鱼宴'。"

这一年，西夏崇宗李乾顺（1083年—1139年）29岁，政治手腕日臻老辣。摆脱母后梁氏当政、外戚舅父专权之后，他强化嵬（wéi）名氏皇权，倾慕中原文化，自上而下兴起"国学"，带领着筚路蓝缕、栉风沐雨的西北党项人在宋辽两大超级帝国之间精巧平衡，形成了鼎立之势，开辟出丝绸之路沿线的一片盛世。此时的西夏东尽黄河、西至玉门（今甘肃敦煌以西玉门关）、南接萧关（今宁夏固原东南）、北控大漠，占地两万余里。

他的成长经历与天祚帝也颇为相似，3岁登基之后便接受残酷血腥的政治斗争与对外战争的双重洗礼。外戚梁氏"一门两后"，他的父亲西夏惠宗李秉常（1061年—1086年）被母囚禁，忧郁而亡。永安二年（1099年），16岁的李乾顺吸取祖父与父亲的教训，借助愤怒的辽道宗耶律洪基（1032年—1101年），鸩杀了好战成瘾的母后小梁氏，实现亲政。

除了西夏皇帝，他的另一重身份是辽国驸马。辽天祚帝许婚，封宗室女南仙为成安公主下嫁于他。戏剧性的是：在宋金伐辽的过程中，这位西夏国主最初发兵助辽，最终趋利倒向金朝，背叛了他的岳父天祚帝。

丈夫背盟、辽帝被俘、母国覆灭、爱子早薨，南仙皇后接连遭受多重打击，在西夏宫中绝食而死！[1] 这位刚烈的契丹公主以决绝的姿态抗议着自己男人的背信弃义。

这一年，女真首领完颜阿骨打43岁，"豁达大度，知人善任"，和部落族人们生活在遥远的白山黑水直到鄂霍次克海峡等东北亚广阔疆域，驯养着性格凶悍的"万鹰之神"海东青（又名"矛隼""鹘

---

1 《西夏书事·卷三十三》：辽成安公主卒。公主伤辽亡，又痛世子，不食卒。

鹰")。他们被迫持续不断地向欲壑难填的宗主国辽进贡海东青、人参、貂皮、名马、北珠、蜜蜡等珍贵土产,以及进献女子"荐枕"(侍寝)。风起于青蘋之末,次年辽天祚帝春猎捕鱼混同江,"头鱼宴"直接点燃了生女真长期积压的仇恨火焰。[1] 铁马冰河,骁勇的女真以摧枯拉朽之势纵横征战数千里,仅仅历时十一年便覆灭了超级大国辽。金一跃成为新的东亚霸主。

帝王也是人。赵佶、耶律延禧、李乾顺、完颜阿骨打来自四个种族,信奉各自的宗教信仰,且成长环境迥异、性格特征不同。这样的四个男人于政和元年不期而遇了。国力强弱,命运悲喜。

关于神秘难测的命运之神,英国戏剧大师威廉·莎士比亚在戏剧《第十二夜》的第一幕第五景写道:

> *命运,显示您的力量吧,*
> *我们身不由己,*
> *命定如何,就该如何。*[2]

---

[1] 《辽史》列传 卷三十二:天庆二年,上幸混同江钓鱼。故事,生女直酋长在千里内者皆朝行在。适头鱼宴,上使诸酋次第歌舞为乐,至阿骨打,但端立直视,辞以不能。再三旨谕,不从。上密谓奉先曰:"阿骨打跋扈若此,可托以边事诛之。"奉先曰:"彼粗人,不知礼义,且无大过,杀之伤向化心。设有异志,蕞尔小国,亦何能为!"上乃止。四年,阿骨打起兵犯宁江州,东北路统军使萧挞不也战失利。上命奉先弟嗣先为都统,将番、汉兵往讨,屯出河店。女直乃潜渡混同江,乘我师未备来袭。嗣先败绩,军将往往遁去。奉先惧弟被诛,乃奏"东征溃军逃罪,所至劫掠,若不肆赦,将啸聚为患"。从之。嗣先诣阙待罪,止免官而已。由是士无斗志,遇敌辄溃,郡县所失日多。

[2] Fate, show the force: ourselves we do not owe; What is decreed must, and be this so.

皇帝	出生地	生卒	寿命	在位	属相	星座
宋徽宗赵佶	汴京（今河南开封）	1082年—1135年	54岁	26年	狗	天蝎座
辽国天祚帝耶律延禧	上京临潢府（今内蒙古赤峰巴林左旗）	1075年—1128年	54岁	24年	兔	双子座
西夏崇宗李乾顺	兴庆府（今宁夏银川）	1083年—1139年	57岁	53年	猪	不详
金太祖完颜阿骨打	会宁府会宁县（今黑龙江哈尔滨阿城区）	1068年—1123年	56岁	8年	猴	狮子座

创作视角三：创业难守业亦难。唐贞观十年（363年），"天可汗"唐太宗李世民曾与臣下讨论"帝王之业，草创与守成孰难"，流传后世一段经典的对话。

> "玄龄昔从我定天下，备尝艰苦，出万死而遇一生，所以见草创之难也。魏徵与我安天下，虑生骄逸之端，必践危亡之地。所以见守成之难也。今草创之难既已往矣，守成之难者，当思与公等慎之。"[1]

---

[1] 唐代，吴兢，《贞观政要·君道》：尚书左仆射房玄龄对曰："天地草昧，群雄竞起，攻破乃降，战胜乃克。由此言之，草创为难。"魏徵对曰："帝王之起，必承衰乱，覆破昏狡，百姓乐推，四海归命，天授人与，少不为难。然就得之后，志趣骄逸，百姓欲静而徭役不休，百姓凋残而侈务不息，国之衰弊，恒由此起。以斯而言，守成则难。"

宋辽金夏四位皇帝"贵以身为天下"，必然面临"创业"与"守业"的压力与挑战。

在各方战略博弈之中，完颜阿骨打揭竿而起，以少胜多，凭借气吞山河的英雄气魄、火中取栗的冒险精神颠覆宗主国的暴政，一举取代辽国，成为新一代东亚霸主，开创不朽功业。

李乾顺激情满怀，合纵连横，在四战之地精巧地玩转着战略平衡术，据守着鄂尔多斯草原、贺兰山与河西走廊，守护着嵬名氏的祖业。李乾顺执政期间更是经历金国雄起、辽国覆灭、联金灭宋、携手西辽、复与金国交恶等诸多重大事件，可以说，他的性格与抉择改写了中国历史的走向。

"宋神宗赵顼的皇后"向太后（1046年—1101年）出于自身利益，力排众议，拥立爱花鸟不爱江山的宋神宗第十一子、宋哲宗赵煦之弟赵佶为帝。于是，这位角色错位的18岁天子继承了全球最为富庶的帝国，仍醉心艺术，轻佻不可以君天下，最终北虏沦为阶下之囚。一夫作难而七庙隳（huī）。靖康之役，后宫皇后及妃嫔、王妃、帝姬、公主、嫔御、王妾、宗姬、御女、近支宗姬、宫女、贵戚官女，悉数成为金军的优先级战利品。这群身份高贵的女人，就像汴京夜市琳琅满目的沿街商品，被大肆瓜分、凌辱、买卖、赠送，"十人九娼，名节既丧，身命亦亡"。

赵佶登基一年之后，27岁的耶律延禧奉遗诏在大行皇帝灵柩前即位。他从爷爷辽道宗手中接手的是当时东亚最辽阔的疆土。[1] 他过起了荒诞的人生，宠信奸佞，杀妻灭子，亡命天涯，快速丢失了东亚

---

[1] 混同江，指今吉、黑二省之松花江。《辽史·圣宗纪》：太平四年（1024年），"诏改鸭子河曰混同江"。《金史·世纪》："生女直地有混同江、长白山，混同江亦号松龙江。"

政和元年　13

地区面积最为辽阔的多娇江山。

普天之下，莫非王土；率土之滨，莫非王臣。四位天子以年龄而论，李乾顺最为年轻，也最晚退场。他先后送别了完颜阿骨打、耶律延禧、赵佶，在位长达53年，享年56岁。据统计，中国封建帝制两千多年，历经四百多位皇帝，在位时间超过五十年的仅有五位，李乾顺和他的儿子——夏仁宗李仁孝（1124年—1193年）占据其二。作为西夏王朝的超级待机王，李仁孝比李乾顺的在位时间还长一年。

相比宋辽金，综合国力最为薄弱的西夏却倔强地笑到了最后。贺兰山下兴庆府（今宁夏银川市），李遵顼之孙、李德旺之侄南平王李睍（xiàn）继位，他成了这个传奇王朝的末代皇帝。[1] 伊利汗国宰相、史学家拉施特（Rashid-Din，1247年—1317年）在其主持编纂的世界通史《史集》中记载了"上帝之鞭"成吉思汗（1162年—1227年）的遗嘱：死后秘不发丧，以待李睍献城投降。南宋宝庆三年（1227年）8月25日，西夏避暑胜地六盘山麓，成吉思汗在清水县行宫驾崩，终年六十六岁。[2] 他因何而死、葬于何地，成为千古之谜。《蒙古秘史》《元史》《史集》等多种文献留下了不同记载。

数天之后，李睍出降，西夏皇族嵬名氏举族随蒙古军晋谒，行至萨里川（今蒙古国境内克鲁伦河上游西）均被杀害，一起陪伴长眠地

---

[1] 《宋史·卷四百八十六 列传第二百四十五·外国二·夏国下》：丙戌七月，德旺殂，年四十六。改元乾定四年。庙号献宗。清平郡王之子南平王睍立，二年丁亥秋，为大元所取，国遂亡。

[2] 《新元史》卷3《太祖纪下》：秋七月，帝驻跸清水县之西江。壬午，帝疾甚。己丑，崩于灵州。帝临崩，渭左右曰："金精兵在潼关，南据连山，北限大河，难以遽破。若假途于宋，金，宋之世仇也，必许我，则由唐、邓直捣大梁。金虽撤潼关之兵以自救，然千里赴援，士马俱疲，吾破之必矣。"

下的一代天骄。戎马与锦绣的神秘西夏迎来了落日黄昏，在蒙古铁蹄扬起的尘烟中消亡，最终于险峻挺拔的贺兰山东麓残留下了九座形似埃及金字塔的巨型王陵，淹没千年。元朝在西夏故地设宁夏路，取"夏地安宁"之意，始有"宁夏"之名。

三

螳螂捕蝉，黄雀在后。宋辽金夏的千里江山，最终归属欧亚草原深处的一支铁血创业团队。"历史上最突出的偶然的机遇是赫赫名人、伟大人物的间歇出现。"[1]

嘉定四年（1211年），恰好是政和元年之后的第一个百年。此时，骤然跌落的辽国早已覆灭，退出历史舞台。

这一年，宋宁宗赵扩（1168年—1224年）43岁。此时的"南渡君臣"[2]已经醉心西湖暖风、柳浪闻莺。南宋诗人林升在临安一家客栈的墙上挥毫写就28字的《题临安邸》，暗讽从汴京到临安的醉生梦死者：

> 山外青山楼外楼，
> 西湖歌舞几时休！

1　[美国]阿伦·尼文斯，《历史学导论》。
2　元代赵孟頫，《岳鄂王墓》：鄂王坟上草离离，秋日荒凉石兽危。南渡君臣轻社稷，中原父老望旌旗。英雄已死嗟何及，天下中分遂不支。莫向西湖歌此曲，水光山色不胜悲。

暖风熏得游人醉，

　　直把杭州作汴州。

　　这一年七月，出身近支皇族、48岁的李遵顼（1163年—1226年）发动宫廷政变，废杀他的堂叔、西夏第七位皇帝襄宗李安全（1170年—1211年）。论辈分，李安全是堂叔，实际年龄却比李遵顼小7岁。

　　美国批判现实主义文学的奠基人马克·吐温（Mark Twain）说过，历史不会重演，但总是惊人的相似。[1] 就在五年前（1206年）正月，李安全废黜他的堂弟、夏桓宗李纯佑（1177年—1206年），自立为帝。至今让人无法理解的是，李安全篡夺君位倚仗的最大政治靠山竟是李纯佑之母罗太后。崇佛的罗太后废黜亲生儿子而拥立侄子，是一个千古未解之谜。李安全、李遵顼就像莎士比亚历史剧中的亨利四世、理查三世、约翰王篡位窃国，他们的抉择折射出人类汹涌澎湃、复杂矛盾的情感世界。

　　这一年春天，50岁的草原共主成吉思汗高举报复世仇的旗帜，在"蒙古人母亲河"怯绿连河畔[2]集结蒙古大军，仅留下两千骑兵，率领其余所有兵马踏上了历时六年的南征之旅，挑战当时的东亚霸主金朝。八月，野狐岭（今河北张家口张北县境内），蒙金展开了决定两国国运甚至今后世界格局的大会战。野狐岭北连漠北、西通西域、南接中原，"世界第一野战军团"蒙古骑兵仅以10万人马，击溃金朝中央集团军40万之众。

　　站在野狐岭上，大风呼啸，一代天骄的九斿（yóu）白纛（dào）

1　History does not repeat itself, but it does often rhyme.
2　怯绿连河一般指克鲁伦河，黑龙江上源额尔古纳河水系呼伦湖的支流。成吉思汗所出的乞颜部以及塔塔儿部、弘吉剌部的原始驻牧地在克鲁伦河流域。

指向了南方。他极目远眺，二百公里之外是恢弘之城金中都（今北京）。

坝上战况很快传到了金中都皇宫。闻讯之后，卫绍王完颜永济[12]（1168年—1213年）束手无策，只知与臣下相对哭泣。

他的眼泪显然无法阻止蒙古铁蹄南下，反倒是激发了金朝内部某些人的野心。

两年后的8月25日，凌晨，曾经丢弃西京（今山西大同）的右副元帅胡沙虎（女真语"猫头鹰"），联合完颜丑奴、蒲察六斤、乌古论孛剌等人以诛杀反贼为名，矫诏领兵从通玄门杀入东华门，占领皇宫，劫持完颜永济出宫。"癸巳，逼上出宫。以素车载至故邸，以武卫军二百人锢守之。"不久，胡沙虎派宦官李思中，使用毒酒，弑杀了金朝第七位皇帝完颜永济。[3] 拥立完颜珣为帝，是为金宣宗。

---

1 《金史·卷十三·本纪第十三》：卫绍王讳永济，小字兴胜，更讳允济，章宗时避显宗讳，诏改"允"为"永"。世宗第七子，母曰元妃李氏。

2 《元史·本纪第一·太祖》：（成吉思汗）我谓中原皇帝是天上人做，此等庸懦亦为之耶？何以拜为！

3 《金史·卷十三·本纪第十三》：辛卯，胡沙虎矫诏以诛反者，招福海执而杀之，夺其兵。壬辰，自通玄门入，杀知大兴府徒单南平、刑部会郎徒单没拈于广阳门西。福海男符宝鄯阳、都统石古乃率众拒战，死之。胡沙虎叩东华门，遣人呼守直亲军百户冬儿、五十户蒲察六斤，不应。许以世袭猛安三品官职，亦不应。都点检徒单渭河缒而出，护卫斜烈掊锁启门，胡沙虎以兵入宫，尽遂卫士，代以其党，自称监国都元帅。癸巳，逼上出宫。以素车载至故邸，以武卫军二百人锢守之。尚宫左夫人郑氏为内职，掌宝玺，闻难，端居玺所待变。胡沙虎遣黄门入收玺，郑曰："玺，天子所用，胡沙虎人臣，取将何为？"黄门曰："今天时大变，主上犹且不保，况玺乎？御侍当思自脱计。"郑厉声骂曰："若辈宫中近侍，恩遇尤隆，君难不以死报之，反为逆竖夺玺耶！我死可必，玺必不与。"遂瞑目不语。黄门出，胡沙虎卒取"宣命之宝"，伪除其党丑奴为德州防御使、乌古论夺剌顺天军节度使、提控宿直将军徒单金寿永定军节度使，及其余党凡数十人，皆迁宫。遂使宦者李思中害上于邸。

金宣宗上台之后，做了两项关乎国运走向的决定：一、虎将术虎高琪，诛杀胡沙虎。诣阙待罪，金宣宗赦之，以为左副元帅，拜平章政事，任以国政。二、放弃中都，南迁汴京，史称"贞祐南迁"。

百足之虫，死而不僵。面对金朝这只百足巨兽，成吉思汗临终之前给他的子孙及其将领讲述灭金兵机，擘画战略路线图：金朝精兵部署于易守难攻的潼关一线。鉴于宋金结有世仇，蒙古如果假道宋境，迂回穿插，则可直捣大梁。届时，形势危急，金朝必然调动潼关精兵。然而，千里驰援，人困马乏，其战力不济，破之必然。[1]

成吉思汗和他的四个儿子术赤、察合台、窝阔台、拖雷以及他们的后裔构成了黄金家族[2]（即乞颜孛儿只斤氏）。这个强盛家族的欲望是狂野的、澎湃的、持久的。江山代有才人出，各领风骚数百年，宋宁宗赵扩、卫绍王完颜永济、夏襄宗李安全和夏神宗李遵顼、西辽末代皇帝耶律直鲁古、大理国神宗段智祥站在各自王朝的金字塔塔尖，为了生存空间而奋力厮杀，但终将被黄金家族的无边欲望吞噬。

就像多漩涡龙卷风一样，黄金家族的战马、弯刀、弓弩无情横扫东亚大部分、南亚部分（今巴基斯坦）、中亚、中东、西亚、北亚、俄罗斯、东欧。这个家族在鼎盛时期控制的国土面积高达3300万平

---

[1]《元史本纪第一太祖》记载：秋七月壬午，不豫。己丑，崩于"萨里川""哈老徒之行宫"。临崩谓左右曰："金精兵在潼关，南据连山，北限大河，难以遽破。若假道于宋，宋、金世仇，必能许我，则下兵唐、邓，直捣大梁。金急，必征兵潼关。然以数万之众，千里赴援，人马疲弊，虽至弗能战，破之必矣。"言讫而崩，寿六十六，葬"起辇谷"。

[2] 蒙古语称"阿勒坛·兀鲁黑"（Altan Urugh）。"阿勒坛"意为"金"，"兀鲁黑"意为"子孙"、"后裔"。

方公里,约占这颗蓝色星球陆地面积的22%。[1]

面对这一旷古未有的成就,亚历山大大帝、凯撒大帝、彼得大帝、大流士也不免黯然失色。草原帝国的疆域从朝鲜半岛绵延到蓝色多瑙河,客观上促进了东西方文明的交融,是早期全球化的开拓者。这是一次超前的全球化实验。

> 13世纪,一场来自蒙古帝国的风暴改变了亚洲和欧洲的政治边界,把这片大陆上的人连根拔起然后使其四处流散;它改变了很多地区的人种特点,并且持续改变着三大宗教——伊斯兰教、佛教和基督教的力量和影响。
>
> 更重要的是,蒙古人连通了东方和西方,永远地击碎了西方看待世界的欧洲中心视角,形成了现代亚洲的政治构架,而且在这个过程中首次在历史上建立了同一个世界的观念。[2]

历史是什么?是过去传到将来的回声,是将来对过去的反映。[3]

---

[1] 《元史·卷五十八》:自封建变为郡县,有天下者,汉、隋、唐、宋为盛,然幅员之广,咸不逮元。汉梗于北狄,隋不能服东夷,唐患在西戎,宋患常在西北。若元,则起朔漠,并西域,平西夏,灭女真,臣高丽,定南诏,遂下江南,而天下为一,故其地北逾阴山,西极流沙,东尽辽左,南越海表。盖汉东西九千三百二里,南北一万三千三百六十八里,唐东西九千五百一十一里,南北一万六千九百一十八里,元东南所至不下汉、唐,而西北则过之,有难以里数限者矣。

[2] 英国罗伯特·马歇尔著作,李鸣飞翻译,《东方风暴:从成吉思汗到忽必烈,挑动欧亚大陆》(原作名:Storm fom the east),出版社:山西人民出版社,出版时间:2014年4月。

[3] 法国,浪漫主义文学作家,维克多·雨果(Victor Hugo,1802年—1885年),长篇小说《笑面人》(L'homme qui rit)。

政和元年　19

第一章 史诗级小冰河

大雪江南见未曾,今年方始是严凝。
巧穿帘罅如相觅,重压林梢欲不胜。
毡幄掷卢忘夜睡,金羁立马怯晨兴。
此生自笑功名晚,空想黄河彻底冰。

——宋代,陆游,《大雪》

凛冬袭来

奇幻的北欧，北极圈下有一个神奇的国度。

磅礴的冰川、魔幻的极光、沸腾的温泉，这是一个冰与火的世界。活跃的火山，是冰岛真正的国王。

这里坐落着一座非常有名的火山，赫克拉火山（Hekla Volcano）。中世纪时期，它被称为"地狱之门"。这是一座复式火山，外形像是倒扣的船只，座落在约50千米长的火山岭上，山体上有多个火山口。它的喷发很没规律，难以预测，喷发可能持续几天也可能几年。通常而言，它的休眠期越长，下一次喷发的规模越大、破坏性越高。

自从维京人（Viking，别称"北欧海盗"）874年在冰岛定居开始，赫克拉火山大概喷发了超过20次，间隔9年到121年不等。最大规模的一次喷发出现在北宋徽宗执政的崇宁三年（1104年），天地烧成一片，该座火山毫无预兆地喷射出百万吨火山灰。

火山活动释放出大量火山灰和气体，进入大气层有效地阻挡太阳辐射，导致气温降低。同时，强火山喷发把大量含硫气体注入大气层，这些气体经过一系列化学反应在平流层下部形成硫化物气溶胶，使到达地表的太阳总辐射减少，造成降温。

东升西落,斗转星移。在欧亚大陆的另一端,中国大地出现了更多的极端天气。

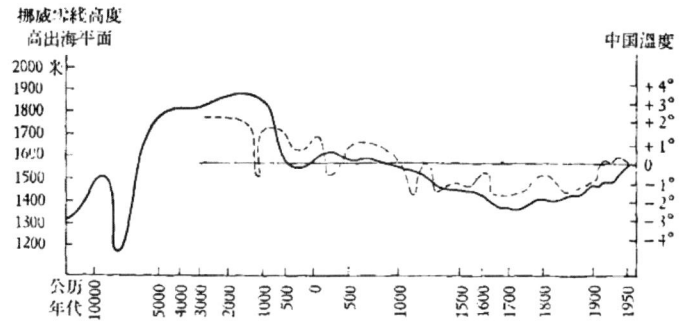

图2　一万年来挪威雪线高度(实线)与五千年来中国温度(虚线)变迁图
　　　雪线高度以米计,目前挪威雪线高度在1600米左右。
　　　温度以摄氏计,以0线作为目前温度水平。
　　　横线时间的缩尺是幂数的,越至左边缩尺越小。

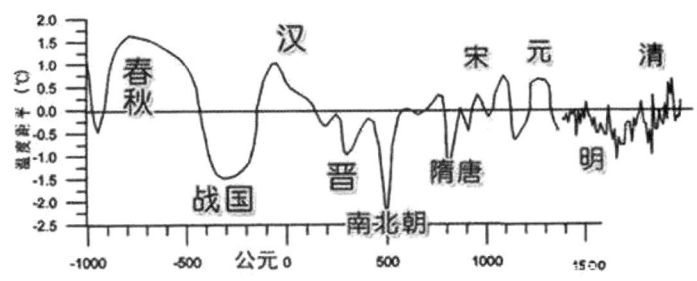

图表来自竺可桢论文《中国近五千年来气候变迁的初步研究》[1]

---

[1] 科学家竺可桢的宝贵研究成果,现今已经成为中外研究气候变迁的重要参考资料。他一方面在浩如烟海的古代典籍中梳理各种有关气候变迁的资料,一方面积极关注国际最新研究进展,两相结合窥探中国五千年来气候的线性变化。

早在隋唐时期，中国的气候为暖湿时期，当时"冬无雪"的年数居各朝代之冠。唐玄宗开元二十八年（740年），春天正月，地处中原的两京路（长安、洛阳）城中苑内，都可以种植柑橘。这是属于热带、亚热带的常绿果树。[1]

北宋太宗以后，气候又急遽转寒，江淮一带漫天冰雪的奇寒景象再度出现。长安、洛阳一带的果树冻死不少。寒冷气候向南侵袭，甚至抵达华南一带。

吴越第四位国君钱俶的儿子钱易（968年—1026年），是宋真宗时期的翰林学士。他的轶事笔记《南部新书》，记录了当时异常寒冷的天气："严冬沍寒；滴水成冰。"即水滴下来，就冻结成冰。

宋神宗熙宁六年（1073年），文坛领袖苏东坡因抨击王安石变法而遭到御史参劾，自请出京任职，被授予杭州通判。这位悲天悯人的诗人奔赴临平赈灾，恰好遇上一场难得的大雪，随手写就一首诗《雪后至临平与柳子玉同至僧舍见陈尉烈》：

> 落帆古戍下，积雪高如丘。
> 强邀诗老出，疏髯散飕飗。
> 僧房有宿火，手足渐和柔。
> 静士素寡言，相对自忘忧。
> 铜炉擢烟穗，石鼎浮霜沤。
> 征夫念前路，急鼓催行舟。
> 我行虽有程，坐稳且复留。

---

[1] 《唐书》："唐玄宗开元二十八年，春正月，两京路（长安、洛阳）城中苑内种柑橘等果树。"

> 大哉天地间，此生得浮游。

那一年，烟雨江南一反常态，仲春时节杭州竟然下雪。他又将"雪入春分"的罕见天气，记录成诗《癸丑春分后雪》：

> 雪入春分省见稀，半开桃李不胜威。
> 应惭落地梅花识，却作漫天柳絮飞。
> 不分东君专节物，故将新巧发阴机。
> 从今造物尤难料，更暖须留御腊衣。

苏东坡的物候观察，并非北宋气候异常的个案。

据树木年轮、冰核碳元素变化及诸项科学勘测分析，古大气科学家推测1100年—1190年间中国进入"寒冷期"。这场由北宋末至南宋初将近百年的冬季奇寒，深刻地影响着中国的生态、经济、政治、军事。

在北宋存续的最后28年，没有涉及冬暖的记载，然而涉及冬寒的记载则有7个年份。梳理这个28年，自1100年（元符三年）2月23日至1126年（靖康元年）1月18日，均为宋徽宗在位执政。气温的下降以及由之带来的霜雪等天气，冻伤草稼，冻死人畜，这在冬春季节体现得尤为明显。东京（又称汴京，今河南省开封市）冬季奇寒，无蔬菜可生。

"立冬前五日，西御园进冬菜。京师地寒，冬月无蔬菜。上至宫禁，下及民间，一时收藏，以充一冬之用。于是车载马驮，充塞道路。时物：姜豉、蒌子、红丝、抹脏、鹅梨、漓理、蛤蜊、螃蟹。"[1]

苏东坡咏叹,"日啖荔枝三百颗,不辞长作岭南人"。到了大观四年(1110年),风雪交加,地处亚热带的福建地区百万荔枝惨遭寒冻。[2] 荔枝树是木患子科常绿乔木,世居华南,性怕冷。这一年十二月二十二日,兴化府(今福建莆田),天气奇寒,满山遍野覆盖着白雪,荔枝木全部冻死。[3]

这里的荔枝树生命力顽强。雪灾过后,老树新生,重现勃勃生机。不过,对于这次雪灾,被宋人视为"三百五十年间未有此寒"。[4]

"历史上最孤独的年份"政和元年冬天,中国大地迎来了极寒的天气。有研究表明,赫克拉火山的史诗级喷发有可能是导致宋代进入小冰河期的诱因之一。

地处长江中下游的太湖洞庭山是北宋著名的柑橘生产中心。当地农民以种植橘子为主业,其经济效益与种植水稻相当。

---

[1] 宋代,孟元老,笔记体散记文《东京梦华录》卷九。
[2] 宋代,彭乘,《墨客挥犀》。
[3]《八闽通志》卷八十一:"兴化府,大观四年十二月二十二日,雨雪,遍山皆白,荔枝木皆冻死。"
[4] 宋代,彭乘,《墨客挥犀》第六章:岭南无雪,闽中无雪。建、剑、汀、邵四州有之。故北人嘲云:"南人不识雪,向道似杨花。"然南方杨柳实无花,是南人非上不识雪,兼亦不识杨花也。大元庚寅季冬二十二日,余时在长乐,雨雪数寸,遍山皆白。土人莫不相顾惊叹,盖未尝见也。公是日召友人吴述正同赏,时南轩梅一株盛开,述正笑曰:"如此景致,亦必北人所未识。"是岁荔枝木皆冻死,遍山连野,弥望尽成枯朽。后年春,始于旧根株渐抽芽蘖,又数年,始复繁盛。《谱》云:"荔枝木坚难老,至今有三百岁者,生结不息。"今去君谟殁,又五十年矣,是三百五十年间未有此寒也。

政和元年冬天，极寒笼罩大地。

位居江、浙之间拥有约2200平方公里面积的太湖，积雪超过一尺，河水全部结冰，车马可以踏冰而行。地处太湖流域的洞庭山盛产出名的柑橘，在这个冬天也被全部冻死！

政和二年，以此谋生的橘农，只能挥泪将这些冻枯而死的橘树砍掉，充作柴火。[1] 吴县人（今属江苏）叶少蕴曾任江东安抚制置大使，兼知建康府，作诗《橘薪》，以记录这个异常的气候变化。

然而，极寒仍在继续。政和三年（1113年）十一月，大雨与大雪交加，连续十多天还没停歇。冰滑，人马都无法行走。飞鸟也纷纷被冻死。[2]

"十二世纪初期，中国气候加剧转寒，这时，金人由东北侵入华北代替了辽人，占据淮河和秦岭以北地方，以现在的北京为国都。宋朝（南宋）国都迁杭州。

根据南宋时代的历史记载，从1131年到1260年，杭州春节降雪，每十年降雪平均最迟日期是四月九日，比十二世

---

[1] 元书法家、藏书家陆友仁：《砚北杂志》："洞庭以种橘为业者，其利与农亩等。宋政和元年冬，大寒，积雪尺余，河水尽冰，凡橘皆冻死。明年伐而为薪，取给焉。叶少蕴作《橘薪》，以志其异。天历二年（1329）冬，大雨雪，太湖冰厚数尺，人履冰上如平地，洞庭柑橘冻死几尽。"

[2] 《宋史》志 卷十五：政和三年十一月，大雨雪，连十余日不止，平地八尺余。冰滑，人马不能行，诏百官乘轿入朝。飞鸟多死。七年十二月，大雪。诏收养内外乞丐老幼。

靖康元年闰十一月，大雪，盈三尺不止。天地晦冥，或雪未下时，阴云中有雪丝长数寸堕地。二年正月丁酉，大雪，天寒甚，地冰如镜，行者不能定立。是月乙卯，车驾在青城，大雪数尺，人多冻死。

纪以前十年最晚春雪的日期差不多推迟一个月。

1153—1155年，金朝派遣使臣到杭州时，靠近苏州的运河，冬天常常结冰，船夫不得不经常备铁锤破冰开路（金蔡珪《撞冰行》："船头傅铁横长锥，十十五五张黄旗。百夫袖手略无用，舟过理棹徐徐归。吴侬笑问吾曹说：'昔岁江行苦风雪，扬锤启路夜撞冰，手皮半逐冰皮裂。'今年穷腊波溶溶，安流东下闲篙工。江东贾客借余润，贞元使者如春风。"见金元好问编《中州集》卷一，中华书局，1962年）。

1170年南宋诗人范成大被派遣到金朝，他在阴历九月九日即重阳节（阳历10月20日）到北京，当时西山遍地皆雪，他赋诗纪念（《范石湖集》卷十二《燕宾馆》诗自注："至是适以重阳，……西望诸山皆缟，云初六日大雪。"）。

苏州附近的南运河冬天结冰，和北京附近的西山阳历十月遍地皆雪，这种情况现在极为罕见，但在十二世纪时，似为寻常之事。"[1]

史诗级的小冰期（Little Ice Age），给了艺术家全新的创作空间。北宋中晚期四季山水题材当中，冬景画或雪景画所占比例很高。以宋徽宗宣和年间（1119年—1125年）官方编撰的宫廷所藏绘画著录《宣和画谱》为例，"达·芬奇式的人物"燕肃27幅山水画当中，19幅为雪景；画家许道宁与宋迪的作品半数为雪景；郭熙、王诜与赵孝颖的画作，近八成为雪景。

---

[1] 1973年，中国科学院科学家竺可桢在《考古学报》上发表经典之作——《中国近五千年来气候变迁的初步研究》。

爱花鸟不爱江山的宋徽宗也留下了关于冬日雪景的传世画作《雪江归棹图》。大雪，万物蛰伏，目光所及，天地苍茫。画卷正中央，只画了一位独驾扁舟者。穿越纸背与时空的无尽孤独，顿时使人感到肃穆凝重的气氛。

值此小冰期，灾异不可胜记，"册己为教主道君皇帝"的宋徽宗愈加迷信灾祥之说。既善舞权术又精于书法的蔡京于诗跋末段盛赞宋徽宗以丹青妙笔"备四时之景色，究万物之情态"，阿谀颂扬皇帝神智与造化相。

> 臣伏观御制雪江归棹，
> 水远无波，天长一色。
> 群山皎洁，行客萧条。
> 鼓棹中流，片帆天际。
> 雪江归棹之意尽矣。
> 天地四时之气不同，万物生于天地间。
> 随气所运，炎凉晦明。
> 生息荣枯，飞走蠢动。
> 变化无方，莫之能穷。
> 皇帝陛下以丹青妙笔，备四时之景色，
> 究万物之情态于四图之内，
> 盖神智与造化等也。
> 大观庚寅季春朔日，
> 太师楚国公致仕臣京谨识。

《雪江归棹图》卷，宋，赵佶作，绢本，设色，纵30.3厘米，横190.8厘米。

值此天下寒苦之际，蔡京新政需耗费额外的资财，增设新型赈济机构如安济坊、安济院、将理院、居养院，供应饥民粮药、居所、薪柴、冬衣，助其度过寒冬之年。与农业、济贫相关的蔡京新政诸项措施，亦因财力耗竭而付诸东流。王安石新政受挫于天灾而半途夭折，蔡京改革同样因天寒遭撤。大观三年（1109年）6月1日，反蔡党人毛注、石公弼、张汝明、张克公等联名上奏弹劾蔡京，三日之后蔡京被罢相。

时间	气象信息及危害
建隆三年春	延、宁二州雪盈尺，沟洫复冰，草木不华。丹州雪二尺。
太平兴国七年三月	宣州霜雪害桑稼。
雍熙二年冬	南康军大雨雪，江水冰，胜重载。

续表

时间	气象信息及危害
端拱元年闰五月	郓州风雪伤麦。
淳化三年九月	京兆府大雪害苗稼。四年二月,商州大雪,民多冻死。
咸平四年三月丁丑	京师及近畿诸州雪,损桑。
天禧元年十一月	京师大雪,苦寒,人多冻死,路有僵尸,遣中使埋之四郊。二年正月,永州大雪,六昼夜方止,江、溪鱼皆冻死。
庆历三年十二月丁巳	大雨雪。
皇祐四年十二月己丑	雪。初,帝以愆亢,责躬减膳,每见辅臣,忧形于色。庞籍等因言:"臣等不能燮理阴阳,而上烦陛下责躬引咎,愿守散秩以避贤路。"帝曰:"是朕诚不能感天而惠不能及民,非卿等之过也。"是夕,乃得雪。
至和元年正月	京师大雪,贫弱之民冻死者甚众。
嘉祐元年正月甲寅朔	御大庆殿受朝。前一夕,殿庭设仗卫既具,而大雨雪折宫架。是日,帝因感风眩,促礼行而罢。壬午,大雨雪,泥途尽冰。都民寒饿,死者甚众。
元祐二年冬	京师大雪连月,至春不止。久阴恒寒,罢上元节游幸,降德音诸道。八年十一月,京师大雪,多流民。
元符二年正月甲辰朔	御大庆殿受朝贺,以雪罢。
政和三年十一月	大雨雪,连十余日不止,平地八尺余。冰滑,人马不能行,诏百官乘轿入朝。飞鸟多死。七年十二月,大雪。诏收养内外乞丐老幼。

续表

时间	气象信息及危害
靖康元年闰十一月	大雪，盈三尺不止。天地晦冥，或雪未下时，阴云中有雪丝长数寸堕地。二年正月丁酉，大雪，天寒甚，地冰如镜，行者不能立。是月乙卯，车驾在青城，大雪数尺，人多冻死。

图为《宋史》志卷十五对于北宋各个时期遭受雪灾的部分记载，表格由作者制作

十二世纪初期，中国气候坠入小冰期，直接引起亚洲草原带、农牧交错地带游牧民族向南迁徙与扩张。

大蒙古帝国（The Great Mongolian Empire）以及之前发迹于亚洲草原带的国家与政权，被历史界称为草原帝国。法国历史学家、亚洲史研究泰斗勒内·格鲁赛（René Grousset）著有古代亚洲北方游牧民族的通史《草原帝国》（L'Empire des Steppes）。他在书中提出一个崭新的视角："在亚洲的历史进程中，存在过两种支配力，一种是亚洲外缘的古定居文明（中国、印度、伊朗）的支配力，它以同化的方式一点一点地、不顾一切地征服了一个又一个的蛮夷之地，从长远的观点看，同化的作用比武力更强大。第二种支配力是从这个大陆的心脏波涛般汹涌而来的、游牧民的猛烈的力量。这种力量的产生是因为他们处于饥饿之中，还因为贪食的狼总要以某些方式，随时搞到较好的、人们豢养的家畜。"

欧亚大陆的澎湃心脏，就是西伯利亚森林南缘的欧亚草原带，持续地、强劲地向农耕交错带、农耕区输出游牧力量。

"长城以南，多雨多暑，其人耕稼以食，桑麻以衣，宫

室以居，城郭以治。大漠之间，多寒多风，畜牧畋渔以食，皮毛以衣，转徙随时，车马为家。此天时地利所以限南北也。"[1]

宋辽金夏时期，这是一条基本的农牧分界线，被称为"生态脆弱带""生态危急带"。经济地理学的"农牧交错带"，与人口地理学的"胡焕庸线"、民族考古学的"童恩正线"，大体重合。中国地农牧分界大体以年降水量400毫米的等值线为界，以东、以南为种植业为主的农区，以西、以北为畜牧业为主的牧区。两个区域之间存在一条沿东北西南向展布、空间上农牧并存、时间上农牧交替的农牧交错带，其范围北起大兴安岭西麓的呼伦贝尔，向西南延伸，经内蒙古东南、冀北、晋北直到鄂尔多斯和陕北榆林地区。[2]

宋辽以及此后宋金兵锋所向的燕云十六州，地处农牧交错带，其气候和植被特点为牛羊的大量养殖提供了条件。由于气候变化导致降水变化，进而导致半农半牧、时农时牧生产方式的转变。这条"生态环境敏感带"呈现出一个有趣的现象：农牧交错带是遏制荒漠化、沙化东移与南下地生态屏障，农耕文化和游牧文化在这个巨大的熔炉里不断冲突、彼此促进，最终融合形成极具特色的中华文化融合带。

气候冷暖与农牧强弱形成了紧密的互动关系。两宋之前，农牧关系总体上呈现出农强牧弱的状态；两宋时期，牧强农弱成为既成事实，变成历史发展的主体趋势。

---

[1] 《辽史·志·卷二》。
[2] 《全球视野下中国北方农牧交错带的形成》发表于2020年7月29日《光明日报》，作者胡松梅，系国家社科基金重大项目"陕北榆林地区公元前3千纪至2千纪生业及环境的多学科研究"首席专家、陕西省考古研究院研究员。

凛冬已至。

游牧民族向南迁徙，跨过长城，寻找更加温暖的生活场景。小冰期也成为辽金北骑南侵、北宋覆灭的众多原因之一，改变着定居文明的历史进程。

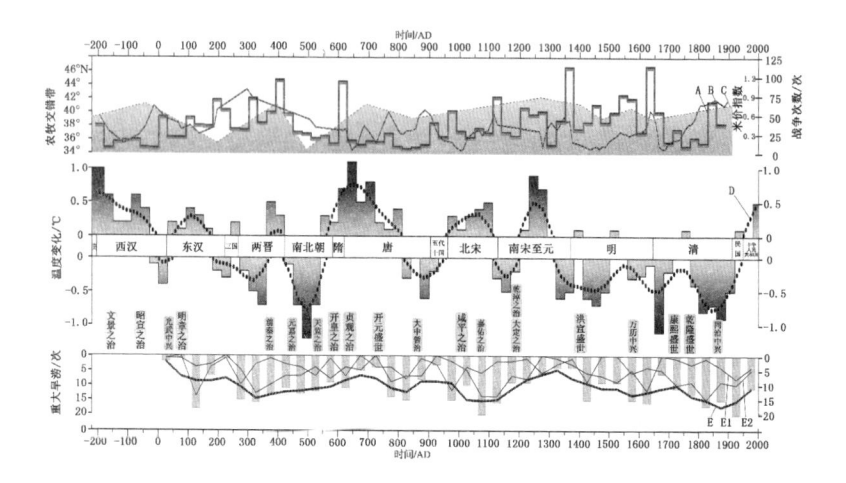

图为秦汉以来中国气候变化图，葛全胜、方修琦、郑景云，《中国历史时期气候变化影响及其应对的启示》，《地球科学进展》月刊，中科院地理所

仙术致雨

与冬日极寒形成强烈对比的是，大旱也开始经常光顾宋境。

崇宁五年（1106年）五月，北宋都城汴京等地苦旱无雨，这是农作物生长最重要的时间。要是旱情持久，秋季必定歉收。于是，礼部的官员决定举办一场祈雨大典，于五月二十四日呈报宋徽宗。

34　政和元年

宋徽宗大手一挥说,"二十六七必有雨"。

天子金口玉言,果然,那两天就下雨了,大臣们纷纷表示天子圣明。

宋徽宗淡淡一笑,"天地之间不离阴阳五行之数,今日太一移宫,水限也,故有雨。"[1]

这并非宋徽宗仙术致雨,而是宋朝为了应对变化无常的天文与气候,自宋建国以来便建立了观测体系。当时交由太史局崇天台、翰林天文院负责,史官记录在案。[2]

皇宫大内建立了翰林天文院,设置了漏刻、观天台、铜制浑仪,其配置都与司天监相同,旨在与司天监的观测报告互相校对核验。按照制度,天文院每天须将观测到的星象变异、云彩颜色、吉凶征兆、行星位次等记录下来,在皇城开门之前报送到宫中。皇城开门之后,司天监的观测奏报也送达了,两份奏报进行对照勘验,试图防止弄虚作假。[3]如有气象异常,须及时呈报皇帝,甚至拥有任何时候呈交报告予皇帝的行政特权。

政和元年,自开春到盛夏,多地苦旱无雨,夏苗全部萎蔫。秋种

---

[1] 《宋会要辑稿礼第十八》。
[2] 《宋会要辑稿—职官第二》:"国朝以来,凡天文气候之异,必下史官谨而志之,外有太史局崇天台,内有翰林天文院。"
[3] 北宋,政治家、科学家沈括,《梦溪笔谈》,象数二:"国朝置天文院于禁中,设漏刻、观天台、铜浑仪,皆如司天监,与司天监互检察。每夜天文院具有无滴见、云物、祯祥,及当夜星次,须令于皇城门未发前到禁中。门发后,司天占状方到,以两司奏状对勘,以防虚伪。近皆是阴相计会,符同写奏,习以为常,其来已久,中外俱知之,不以为怪。其日月五星行次,皆只据小历所算躔度誊奏,不曾占候,有司但备员安禄而已。熙宁中,予领太史,尝按发其欺,免官者六人。未几,其弊如故。"

还没播下，百姓们人心惶惶。

于是，百姓们想到了富有精神力量的传奇之山太行山。"天下脊梁"太行山孕育了一众河流，是华北平原的水塔，默默地滋养着河北、河南、山西。位于太行山脉支脉的发鸠，由三座主峰组成，奇峭山峰逐次排列。傲立苍穹，云腾雾罩，绿涌翠奔，颇有仙境气象。

发鸠山有着美丽的古老传说。上古时共工与颛顼争夺帝位，共工发怒后头触"不周山"，使得天柱折、地维绝，天倾西北，地不满东南。上古三大奇书之一《山海经》当中的传说"精卫填海"讲述的是：炎帝的小女儿女娃游东海溺死之后，为了报仇，便化作精卫鸟，"常衔西山之山石，以堙于东海"。这里所说的"不周山""西山"即指发鸠山。该山以其悠久的历史传说而深得百姓崇敬。

看天吃饭的四方百姓奔赴发鸠山浊漳源头，祈甘霖回天转日。

仙术由来能致雨，诚心所感可回天。山西长子县令王大定顶着烈日，亲自带着官吏和百姓，在泉神庙祈祷。不到两日，竟然天降甘雨，全县境内都被雨水润泽。

王县令随即禀奏朝廷，龙颜大悦，自封"教主道君皇帝"[1]的宋徽宗欣然敕封山祠为"灵湫庙"。

雩（yú）祭，古而有之。《论语》曰："莫春者，春服既成，冠者五六人，童子六七人，浴乎沂，风乎舞雩，咏而归。"《礼》曰："雩祭，祭水旱也。故有雩礼，故孔子不讥，而仲舒申之。夫如是，雩祭，祀礼也。"

宋徽宗深信：天子作民父母，以为天下王。灾异本身属于天人感

---

[1] 《宋史》："夏四月庚申，帝讽道箓院上章，册己为教主道君皇帝，止于教门章疏内用。"

应范畴，天降甘雨是因为他的仁政感应了上天神仙。这源自西汉武帝时期大儒董仲舒的天人感应学说——"唯天子受命于天，天下受命于天子，一国则受命于君"。灾异中心是国家，而国家是君主统治的，因此君主有责任有义务解决灾异问题。

仙术致雨，于是刻石记载：

"县西四十里有山曰发鸠，其麓有泉，漳水之源也。有神主之，庙貌甚古，岁时水旱祈祷，无不应验。

政和元年，自春徂夏不雨，夏苗尽槁。秋种未播，人心惶惶。臣大定躬率吏民，祷于祠下，未二日雨，阖境沾足。邻封接壤，有隔辙而土不濡湿者，神之灵异也。荷神之休，卒获有年之庆。

以其事上闻，漕台考核不诬，以其状奏焉，天子敕名灵湫庙，褒神利国惠民之功也。"

古老传说与现实需求结合，便形成了《修灵湫庙载记》："灵湫庙，在发鸠山西麓，浊漳源头，古称泉神庙，祀神农炎帝之少女，名女娃，当地俗称三圣公主。宋政和初朝廷敕名'灵湫'。"此处四时祭祀香火愈加旺盛。

北宋时期灾变屡见，据统计多达十多种灾害，其中旱灾尤其严重。"民之灾患大者有四，一曰疫，二曰旱，三曰水，四曰畜灾，岁必有其一，但或轻或重耳。四事之害，旱暵为甚，盖田无畎浍，悉不可救，所损必尽。"[1]

---

[1] 《宋史》。

旱灾爆发，必然造成新一轮的次生灾害——"蝗灾"（plague of locusts）。

从环境学角度来看，干旱对蝗虫的繁殖、生长、存活存在许多益处。蝗虫将卵产在土中，土壤坚实且含水量约 10%~20% 最宜产卵。中国自古就是一个蝗灾频发的国家。[1] 旱灾期间，飞速繁衍的蝗群以含水量较低的大量植物为食，让原本小范围的旱灾扩散成为大范围的饥荒，农田、牧场、草木被漫天的蝗虫（螣）疯狂吞噬，从而引发粮食危机、人口危机。

"大田多稼，既种既戒，既备乃事。以我覃耜，俶载南亩。播厥百谷，既庭且硕，曾孙是若。既方既皁，既坚既好，不稂不莠。去其螟螣，及其蟊贼，无害我田稚。田祖有神，秉畀炎火。"[2]

时间	蝗灾信息及相关危害
建隆	元年七月，澶州蝗。二年五月，范县蝗。三年七月，深州蝻虫生。四年六月，澶、濮、曹、绛等州有蝗。七月，怀州蝗生。
乾德二年	四月，相州蝻虫食桑。五月，昭庆县有蝗，东西四十里，南北二十里。是时，河北、河南、陕西诸州有蝗。三年七月，诸路有蝗。

---

1 民国，邓云特（即邓拓），《中国救荒史》中记载：蝗灾一直困扰着中国大地。秦汉时期平均 8.8 年爆发一次，两宋为 3.5 年一次，元代为 1.6 年一次，明、清两代均为 2.8 年一次。

2 《诗经·小雅·大田》。

续表

时间	蝗灾信息及相关危害
开宝二年八月	冀、磁二州蝗。
太平兴国二年	闰七月,卫州蝻虫生。六年七月,河南府、宋州蝗。七年四月,北阳县蝻虫生,有飞鸟食之尽。滑州蝻虫生。是月,大名府、陕州、陈州蝗。七月,阳谷县蝻虫生。
雍熙三年七月	鄄城县有蛾、蝗自死。
淳化元年	七月,淄、澶、濮州、乾宁军有蝗。沧州蝗蝻虫食苗。棣州飞蝗自北来,害稼。三年六月甲申,京师有蝗起东北,趣至西南,蔽空如云翳日。七月,真、许、沧、沂、蔡、汝、商、兖、单等州,淮阳军、平定、彭城军蝗、蛾抱草自死。
至道二年	六月,亳州、宿、密州蝗生,食苗。七月,长葛、阳翟二县有蝻虫食苗。历城、长清等县有蝗。三年七月,单州蝻虫生。
景德二年	六月,京东诸州蝻虫生。三年八月,德、博螽生。四年九月,宛丘、东阿、须城三县蝗。
大中祥符	二年五月,雄州蝻虫食苗。三年六月,开封府尉氏县蝻虫生。四年六月,祥符县蝗。七月,河南府及京东蝗生,食苗叶。八月,开封府祥符、咸平、中牟、陈留、雍丘、封丘六县蝗。九年六月,京畿、京东西、河北路蝗蝻继生,弥覆郊野,食民田殆尽,入公私庐舍。七月辛亥,过京师,群飞翳空,延至江、淮南,趣河东,及霜寒始毕。
天禧	元年二月,开封府、京东西、河北、河东、陕西、两浙、荆湖百三十州军,蝗蝻复生,多去岁蛰者。和州蝗生卵,如稻粒而细。六月,江、淮大风,多吹蝗入江海,或抱草木僵死。二年四月,江阴军蝻虫生。

政和元年 39

续表

时间	蝗灾信息及相关危害
天圣	五年七月丙午，邢、洺州蝗。甲寅，赵州蝗。十一月丁酉朔，京兆府旱蝗。六年五月乙卯，河北、京东蝗。
景祐元年六月	开封府、淄州蝗。诸路募民掘蝗种万余石。
宝元	二年六月癸酉，曹、濮、单三州蝗。四年，淮南旱蝗。是岁，京师飞蝗蔽天。
皇祐五年	建康府蝗。
熙宁	元年，秀州蝗。五年，河北大蝗。六年四月，河北诸路蝗。是岁，江宁府飞蝗自江北来。七年夏，开封府界及河北路蝗。七月，咸平县鸲鹆食蝗。八年八月，淮西蝗，陈、颍州蔽野。九年夏，开封府畿、京东、河北、陕西蝗。
元丰	四年六月，河北蝗。秋，开封府界蝗。五年夏，又蝗。六年夏，又蝗。五月，沂州蝗。
元符元年八月	高邮军蝗抱草死。
崇宁	元年夏，开封府界、京东、河北、淮南等路蝗。二年，诸路蝗，令有司酺祭。三年、四年，连岁大蝗，其飞蔽日，来自山东及府界，河北尤甚。
宣和三年	诸路蝗。五年，蝗。

表为《宋史》志卷十五对于北宋各个时期遭受蝗灾的部分记载，表格由作者制作

依据《宋史》有关记载进行统计可知：仅在宋徽宗执政期间，崇宁元年、二年、三年、四年以及宣和三年、五年，开封府界、京东、河北、淮南、山东等路爆发了严重蝗灾。"连岁大蝗，其飞蔽日"，因

此颗粒无收，民不聊生。[1] 梁山聚义，就是该时期因为干旱饥荒等原因引发造反。

并非只是宋徽宗时期灾异频数、不可胜记，两宋时期伴随着小冰期的到来滋生了数量极多的各类灾害："遭受各种灾害总计八百七十四次。其中水灾一百九十三次，旱灾一百八十三次，雹灾一百零一次，风灾九十三次，蝗灾九十次，歉饥八十七次，地震七十七次，疫灾三十二次，霜雪之灾十八次。"[2]

过去两千多年的气候冷暖变迁，与中国历史上一些朝代的兴衰更迭存在对应关系。大多数朝代的崩塌都发生在气候变冷的低温区间。这是来自中国科学院地球环境研究所的一项研究成果。[3]

青藏高原气候骤变时期产生的中国特有树种"祁连圆柏"（拉丁学名"Juniperus przewalskii Kom."）最早见于第三纪的中新世，曾与银杏一起统治着地球，是名副其实的常青树，被誉为"破译历史的生物密码"。通过研究祁连圆柏现生树的年轮，与深埋千年的唐朝吐谷浑时期墓葬出土的祁连圆柏年轮相衔接，以树木年轮宽度作为温度变化的代用指标，由此构建了从公元前484年至公元2000年共计2485年代表中国中东部地区的气候变迁曲线。

这条树轮重建的气候变迁曲线图显示，秦朝、三国、唐朝、宋朝（北宋与南宋）、元朝、明朝和清朝的灭亡年代，都是处于过去2485

---

1 《宋史》志 卷十五：崇宁元年夏，开封府界、京东、河北、淮南等路蝗。二年，诸路蝗，令有司酺祭。三年、四年，连岁大蝗，其飞蔽日，来自山东及府界，河北尤甚。宣和三年，诸路蝗。五年，蝗。

2 邓云特（即邓拓）：《中国救荒史》，商务印书馆。

3 这一研究得到了国家自然科学基金和国家科学技术部等共同资助，相关论文已刊登在权威学术期刊《中国科学》。

年来平均温度以下或极其寒冷时期。

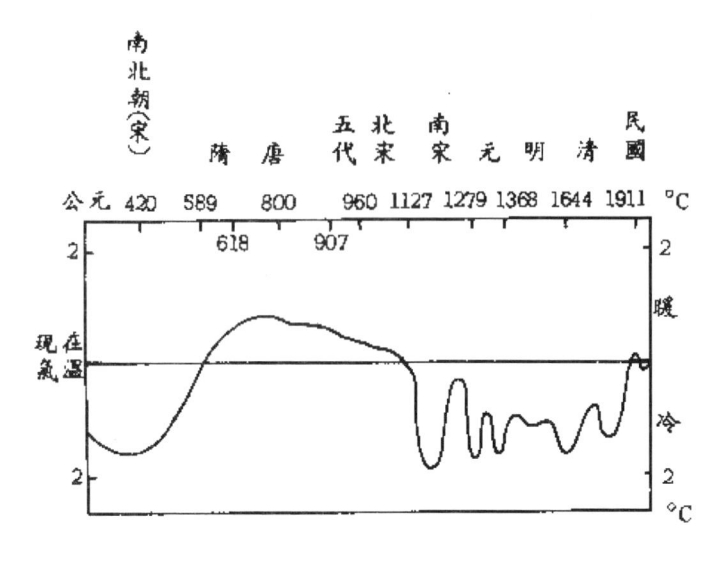

图来自竺可桢论文《中国近五千年来气候变迁的初步研究》

第二章 太后风险投资

> 承担风险,无可指责,但同时记住千万不能孤注一掷!
> 当有机会获利时,千万不要畏缩不前。
>
> ——国际投资大师,乔治·索罗斯(George Soros)

李煜转世

在古代，据说"真命天子"降生，必有祥瑞异象。

汉高祖刘邦、隋炀帝杨广、唐太宗李世民出生瑞象，均与飞龙有关。

汉高祖之母刘媪在大泽旁入睡，梦中与神灵相遇、与蛟龙结合，"是时雷电晦冥，太公往视，则见蛟龙于其上。已而有身，遂产高祖。"[1] 隋炀帝出生时，"有红光竟天，宫中甚惊，是时牛马皆鸣。帝母先是梦龙出身中，飞高十余里，龙坠地，尾辄断。"[2] 唐太宗出生时，两条龙在家门口盘旋，腾飞三日方才离去。"时有二龙戏于馆门之外，三日而去。"[3]

此后，北宋诸帝降生，更是将天象与文治、武功紧密联系。除了飞龙，还出现了赤光、异香等瑞象。

宋太祖赵匡胤（927年—976年）出生于洛阳夹马营的应天禅院。其母杜氏分娩时，赤光、异香惊现，俨然是一个金娃娃。"赤光绕室，

---

[1] 《史记·高祖本纪》。
[2] 《隋炀帝海山记》。
[3] 《旧唐书·太宗本纪》。

异香经宿不散。体有金色，三日不变。"[1]

相比他的哥哥，宋太宗赵光义（939年—997年）出生除了赤光、异香，更具神话色彩。杜太后先是梦见神仙捧着太阳交给她，于是便有了身孕。"初，后梦神人捧日以授，已而有娠，遂生帝于浚仪官舍。是夜，赤光上腾如火，闾巷闻有异香，时晋天福四年十月七日甲辰也"。

宋真宗赵恒生前，"五星从镇星聚奎"。凡五星所聚，其国王，天下从。第二年正月，后宫有娠，后生于开封府第，赤光照室，左足指有文成"天"字。

宋仁宗赵祯（1010年—1063年）并非章献皇后刘娥所生，而是刘娥侍女"宫人李氏"所生，之后被刘娥抱养。[2]关于他的出生吉兆，《宋史》没有记录。不过，野史小说与各类笔记十分青睐，"真宗久无嗣，用方士拜章至上帝所，有赤脚大仙微笑，上帝即遣大仙为嗣，大仙辞之。帝曰：'当遣个好人去相辅赞。'"[3]这次，宋仁宗变成了"赤脚大仙"转世，是真正的神仙。

宋英宗赵曙（1032年—1067年）生时，"初，王梦两龙与日并堕，以衣承之。及帝生，赤光满室，或见黄龙游光中。"

宋神宗赵顼（1048年—1085年）于庆历八年四月戊寅，生于濮王宫，"祥光照室，群鼠吐五色气成云"。

宋神宗第六子、宋哲宗赵煦（1077年—1100年）出生时，仍旧

---

[1] 《宋史》。
[2] 《宋史·卷二百四十二·列传第一》：初，仁宗在襁褓，章献以为己子，使杨淑妃保视之。仁宗即位，妃嘿处先朝嫔御中，未尝自异。人畏太后，亦无敢言者。终太后世，仁宗不自知为妃所出也。
[3] 宋代赵潜：《养疴漫笔》。

照搬赵氏皇族的那套标准化祥瑞模式——"赤光照室"。

而到了宋神宗第十一子、宋徽宗赵佶出生,他的异象和他的祖辈、父辈不同,"符瑞之义大矣"。

相传,在赵佶出生前夜,其父驾幸秘书省,看到超逸绝伦的南唐后主李煜(937年—978年)画像,见其风流儒雅再三赞叹。生前,梦到"千古词帝"李后主前来拜谒。之后出生的赵佶果然文采风流,深得宋神宗与向太后(1046—1101年)喜爱。

> "神宗幸秘书省,阅李后主像,见其人物俨雅,再三叹讶,而徽宗生。生时梦李主来谒,所以文采风流,过李主百倍。及北狩,女真用江南李主见艺祖故事。"[1]

这是李煜转世传说。李煜与赵佶的共同境遇是:作个才子真绝代,可怜薄命作君王。

同时,关于宋徽宗是神仙下凡的多个版本在民间流传。

一个版本是玉堂天子:"前身是玉堂天子,因不听玉帝说法,固谪降,今在人间。"宋徽宗的前世是玉堂天子,因为不听"三界至尊"玉皇大帝的御旨,故而被贬谪下放,今世在人间。原来,他是一个被谪天子,从天廷下凡人间。[2,3]

另一个版本是"天地之间男仙之首"东华帝君。"古今书画名家而得仙者……徽宗为东华帝君。"[4] 在宋朝,全真教逐渐形成,将东华

---

1 宋代赵溍笔记《养疴漫笔》。
2 宋末元初周密史料笔记《癸辛杂识》。
3 宋代无名氏所作讲史话本《宣和遗事》。
4 明代书画鉴赏家张丑著《清河书画舫》。

帝君奉为全真教的祖师。

还有一种比较流行的版本是神霄玉清真王南极长生大帝,由"北宋第一道士"林灵素提出并向世人推广。林灵素字通叟,温州人,生卒年不详,为神霄派大宗师。善雷法(法术),得幸宋徽宗,赐号通真达灵先生,加号元妙先生、金门羽客。

宋徽宗梦游神霄府,受到玉皇大帝的召见。

召见结束,他从天门向下约百余步,见到一位穿着青服青巾的道人,跨骑青牛而上。道人走到御驾前面,扬鞭高呼"万岁!"

宋徽宗急忙停车问询,道人奏报说:"今日目睹皇帝天颜,臣下万分荣幸。"话语刚落,道人便驾驭青牛,继续向上离去。

政和六年(1116年),宗教画家徐知常向宋徽宗引荐林灵素。宋徽宗看到林灵素的仪态风范,犹如往日相识,问道,"卿早年可曾入仕过?曾经当面见过朕吗?"

林灵素奏对:"臣下早年上朝拜见玉帝,瞻见过陛下的天颜。"

宋徽宗说道:"朕方才想起,记得卿乘坐青牛,如今青牛何在?"

"青牛寄牧在外国,非久进来。"林灵素答道。

宋徽宗顿时觉得非常神奇。[1]林灵素输出了一个无法证实的梦境:"陛下是神霄玉清真王下凡,如今是东华帝君掌管神霄府。而我是神

---

[1] 《樵书初编·卷一》:徽宗"梦游神霄府,赴玉帝所召。见毕而出,自天门而下约百余步,见一道人青服青巾,跨青牛而上。至御驾前,扬鞭呼万岁。帝急驻车按问。道人奏曰:'今日伏睹天颜,臣之万幸。'言讫,驾青牛而上……政和六年,徐知常引林灵噩入见,帝视其风范如旧识。帝曰:'卿昔仕乎,旧曾面朕乎?'先生奏对:'臣往年上朝玉帝,瞻见陛下天颜,曾起居圣驾。'帝曰:'朕方省之,记得卿乘青牛,今牛何在?'先生曰:'青牛寄牧外国,非久进来。'帝甚奇之"。

霄府的仙卿，下凡辅佐陛下。"

宋徽宗非常高兴，于是诏告天下，修建神霄万寿宫，坚信自己是"神霄玉清真王南极长生大帝"下凡。在追册宠妃刘氏为明节皇后的诏书里，他特别提及："在神霄之府，号九华玉真之妃。生南极之天，实赤文大帝之女。嫔于初载，式是六宫。"

一出生就有祥瑞故事的赵佶，论辈分排序，仅为宋神宗第十一子，"非嫡非长"。其后半身的悲剧命运，源自他本来就没有准备继任帝位。他安乐于诗词书画，对政治缺乏兴趣，继承的是宋哲宗的皇位，但宋哲宗是他的哥哥。他的命运并不任由自己主宰，而是服从皇族的需要。

作个才人真绝代，可怜薄命作君王。向太后选择了他。

皇位之争

向氏是宋神宗赵顼的皇后。当宋神宗还是颍王的时候，21岁的向氏嫁给了他。她出身政治世家，是宋真宗时期宰相向敏中（949年—1020年）的曾孙女。

向氏诞育过一位嫡长女，封延禧公主（1067年—1078年）[1]。公主生而警悟，自羁丱（guàn）习嗜宛如成人，年十二早夭。向氏此后便再无子嗣。她的人生幸福在于得到了丈夫的宠爱，不幸在于没有存活一个属于自己的孩子。这是最大的遗憾。

---

1 《宋史·卷二百四十八 列传第七》。

元丰八年（1085年）三月，宋神宗驾崩，宋哲宗赵煦继位。尊嫡母向皇后为皇太后，生母朱氏被封为皇太妃。

　　向太后垂帘听政之前，北宋已有三位太后垂政：有"吕武之才"的章献明肃皇太后刘娥、享"巾帼风范"美誉的慈圣光献皇太后曹氏、历经两朝的宣仁圣烈皇太后高滔滔。宋朝是各个朝代中女性垂帘听政最多的王朝。319年国祚，历经18位皇帝，有过9位太后垂帘听政。她们或出于"新帝年幼"，或出于"帝统不正"，先后执掌大宋江山数十载。

　　元符三年（1100年）正月十二日，寒风凛冽。

　　皇宫之内的福宁殿[1]，气氛凝重，毫无欢庆祥和的节日气氛。这里是皇帝的寝殿，用于就寝与用膳。平时，皇帝会在天明之前两个小时从福宁殿起床，整理装束，准备处理国之政事。有时，他也会在这里紧急接见臣工。

　　这一天，在位十五载、年仅二十五的宋哲宗没能起床。他没有等到新年的上元节，便驾崩了。[2] 大内的夜空，传出一阵阵哭泣之声。

　　十五年前，同样在福宁殿，他与高太后一起送走了他的父亲宋神宗。

　　宋哲宗执政期间，大败西夏，收取青唐，占领河湟，拓土千里，"然自有国以来，用兵西方，而能所为必成，所伐必克，使天威远畅，

1　元丰八年（1085年）2月，宋神宗病重，3月立子赵佣为太子，嘱咐由高太后协同处理国事。戊戌日，驾崩于福宁殿。宋哲宗赵煦原名赵佣。
2　《续资治通鉴长编》卷五百二十：（元符三年）春正月戊辰朔，不受朝……（丁丑）三省、枢密院诣内东门问圣体，至申时，入对于福宁殿。上着帽，背坐御座，神色安愉……戊寅，三省、枢密院诣内东门入问圣体，上坐榻上，神采光泽如常……己卯，上崩于福宁殿，寿二十有五。

政和元年　49

丑氏震叠,未有如陛下今日之盛者也。"[1]

一代英主英年早逝,留下《元符遗制》:

> 朕嗣守大业。十有六年。永惟付托之重。夙夜祇惧。靡敢遑宁。赖天之休。方内乂安。蛮夷率服。乃自故冬以来。数冒大寒。浸以成疾。药石弗效。遂至弥留。恐不获嗣言。以诏列位。皇弟端王某。先帝之子。而朕之爱弟也。仁孝恭俭。闻于天下。宜授神器。以昭前人之光。可于柩前即皇帝位。皇太后、皇太妃、保佑朕躬。恩德至厚。凡在礼数。其议所以增崇。以称朕欲报无已之意。方嗣君践祚之初。应军国事。请皇太后权同处分。应诸军赏给。并取嗣君处分。丧服以日易月。山陵制度。务从俭约。在外群臣止于本处举哀。不得擅离治所。成服三日而除。应缘边州镇皆以金革从事。不用举哀。于戏。死生之期。理有必至。宗社之奉。其永无疆。尚赖股肱近臣。中外百辟。协辅王室。底绥万邦。咨尔臣民。咸体朕意。

关于病情,对外公开的说法是:"乃至故冬以来,数冒大寒,浸以成疾,药石弗效,遂至弥留。"据此分析,他并非因伤风感冒而崩,很可能是死于性生理疾病。

---

[1] 《续资治通鉴长编》卷五百六。

宋哲宗真像

  赵宋帝王当中，患有性生理与性心理疾病者，不仅有宋哲宗，还有宋徽宗第九子、宋高宗赵构。

  建炎三年，金国功勋将领、靖康之耻的缔造者完颜宗翰（1080年—1137年）派兵奔袭扬州，前锋直抵天水军（今安徽天长市）。初三清晨，高宗正搂着妃嫔共赴"巫山云雨"，内侍省押班康履报告紧急军情。乍闻战报，正在行淫欢合的宋高宗惊恐万分，从此患下性无能症（impotence），"后宫皆不孕"。他仓皇带领御营都统制王渊等少数随从，策马出城泗水。"康王泥马渡江"的故事源出于此。

宋哲宗的病情与后果都比宋高宗严重。根据当朝的枢密使曾布所撰《曾公遗录》，元符二年（1099年）十二月至元符三年正月上旬期间，宋哲宗的病情持续恶化，呈现以下症状：

一、"苦痰嗽、吐逆，既早膳，至晚必吐"。早上进膳的食物，晚上又吐了出来。

二、"腰疼，便旋中下白物"。这是阳气亏损、精血不足的表现。

三、"精液不禁，又多滑泄"。"滑泄"又称"滑精"（Spermatorrhea），是指夜间无梦而遗，甚至清醒时精液也会自动滑出。

隋朝著名医学家巢元方在中国第一部专论疾病病因、证候的著作《诸病源候论·虚劳失精候》中指出："肾气虚损，不能藏精，故精漏失"。

四、"复冒大寒，脏腑为梗，久未痊平"，"脉气小弱"。

五、"自汗不止"。[1] 中医认为，"汗为心之液""血汗同源"。如果长期自汗，则会伤阴，最终导致气阴两虚、阴阳两虚，造成身体的恶性循环。

从现代医学角度来看，宋哲宗的病因是性放纵（sexual permissiveness）、性沉溺（sexual addiction）。性放纵对于身体的内分泌、免疫、神经等

---

[1] 《曾公遗录》，卷三：元符三年正月戊辰朔，拜表于东上閤门，又拜牋于内东门。辛未，宅引。是日，御药刘友端传宣三省、密院，罢初五日紫辰宴。上自十二月苦痰嗽、吐逆，既早膳，至晚必吐，又尝宣谕以腰疼，便旋中下白物。医者孔元、耿愚深以为忧，以谓精液不禁，又多滑泄。至是，友端亦云疾势虽尚安，然未愈。壬申，聚都堂，同列皆以上疾为忧。又传宣：五、六、七日权不视朝三日。癸酉，押虏使朝辞，宴于都亭驿。是日，虏使止门辞受书，巳时赴坐，未时罢，酒十二行。是日，又于都亭见友端，云："上服金液丹，吐止，渐安。"

人体生理系统造成损害。

他的宫中美女如织。宰相吕大防（1027年—1097年）的夫人曾经亲眼所见后宫艳光。

"前后宫侍女固多，皆天下奇色。惟四人一样妆梳，衣服之类无少异。""其服饰珠翠之盛，信天下所未睹。"

他的脑中有着"贪婪的多巴胺"。[1] 神经传导物质多巴胺（Dopamine）是一种欲望分子，让人已经获得很多的同时产生更高的期许、更大的目标，也同时让人欲望无止境。人总是贪恋美好的感觉，多巴胺带来的兴奋使人上瘾。

面对以上棘手的症状，御医孔元、耿愚"深以为忧"。根据病情的变化，他们迅速调整了治疗方案，主要的治疗目标是温阳补肾、固精止遗。

具体的治疗方案包括：

一、服用"金液丹"（一名保元丹，又名壮阳丹）、硃砂七返丹[2]（传说中的一种丹药，亦作七返还丹，增功保健，得享遐龄），以及硫黄（Sulphur）等补助阳气药。这些猛药都是为了除久寒痼冷，补劳伤虚损。

---

1 《贪婪的多巴胺》(The Molecule of More ：How a Single Chemical in Your Brain Drives Love,Sex,and Creativity-and Will Determine the Fate of the Human Race)，由美国乔治·华盛顿大学精神病和行为学部临床事务副主任丹尼尔·利伯曼、乔治城大学迈克尔·E·朗共同著作，2021年9月由中信出版社出版。
2 宋朝，苏轼，《钱安道席上令歌者道服》："如今且作华阳服，醉唱侬家七返丹。"

在北宋，金液丹是温阳圣品，收入《太平惠民合剂局方》。苏轼门生、书法大家黄庭坚便是忠实用户。他的好友黄介寄来金液丹三十两，嘱咐道："此物唯有德之士才能享用，可以排荡阴邪，守卫真火，不要当作一般物品看待。"黄庭坚作诗纪念："皱面黄须一老翁，尊前犹发少年红。金丹乞与须真友，只恐无名帝籍中。"

在御医看来，硫黄是"世间第一温阳之品"。由硫黄制成的金液丹更是纯阳之物，"有破邪归正，返滞还清，消阴回阳，化魄生魂之力"。

然而，宋哲宗"脏腑久不能安，服硫黄、硃砂皆未效。"

二、"灼艾"，即燃烧艾绒熏灸人体一定的穴位。[1] 灼艾是北宋御医常用的医术之一。宋太祖、宋太宗就有过"灼艾分痛"的感人故事。"（太祖）受命杜太后，传位太宗。太宗尝病亟，帝往视之，亲为灼艾。太宗觉痛，帝亦取艾自灸。"[2]

物盛而衰，乐极生悲。深陷花丛中的宋哲宗撒手人寰，御医们因此受到了责罚。诊视大行皇帝（宋哲宗）医官秦玠、孔元、耿愚等，

---

[1]《曾公遗录》，卷三：丁丑，五鼓，同三省赴景灵，前导太宗神御赴大定，至午时，奉安，退。得中批付三省、密院：「以复冒大寒，脏腑为梗，久未痊平，令四京诸路降德音。」御药又申，上脉气小弱。余以谓上服药久，方春发生，何惜一赦，及检至和三年，仁庙亦大赦，众皆然之。遂至内东门求对，须臾宣召，至福宁东閤中，见上著帽，背坐椅子，但云：「脏腑久不能安，服硫黄、硃砂未效。」众皆勉上以灼艾，上云：「合灸即须灸。」余云：「一日不可缓，须今晚便灸。」上云：「只今便灸。」又问德音，遂言至和大赦，不若更一赦为便。上云：「甚好。」余云：「已与三省草定进入，送学士院次。」又乞下五岳四渎等处，遣长吏祈祷。从之。遂退，以翊日酌献为名，与三省俱宿禁中。

[2]《宋史·太祖本纪》。

一并除名、勒停、编管、夺官、罚金有差。[1]

年轻的皇帝还没来得及留下遗诏。此生，他遭遇的最大魔咒和宋仁宗一样：虽君临天下，但膝下终无继位之子。

元符二年（1099年）八月，汴京皇宫喜气洋洋。昭怀皇后刘氏（1079年—1113年）当时位号为贤妃，"明艳冠后庭"。她生下了一位皇子，名为赵茂，寓意子嗣繁衍茂盛。然而，刚一出生便得疾病，"命国医治疗，弗效，访医于民间，医又弗效薨"。三个月便夭折了，这是宋哲宗唯一的儿子。"上震悼，为辍视朝三日，又不视事三日"。

祸不单行，四天之后，刘氏的小女儿扬国公主也暴病而亡，宋哲宗又为之辍朝三日。子嗣凋零，宋哲宗深受打击。

"皇帝已弃天下，未有皇子，当如何？"显然，帝国的权力不能出现真空。那么，神器帝位由谁继承呢？天下翘首以待。

希腊哲学的集大成者亚里士多德（Aristotle）在政治学著作《政治学》（The Politics Of Aristotle）中指出：政治就是治理人的艺术，这门艺术的目的在于保障社会安全，增进人类的福祉。作为政治家，向太后召集宰臣会议，决定王朝的前途与命运。

向太后垂帘，哭着说道："国家不幸，大行皇帝无子，天下事须早定。"她直接提出此次议政的主题：帝国兴衰的皇位继承人选。

按照中国封建王朝"父死子继、兄终弟及"的规制，新皇帝要从宋神宗的皇子当中选择，也就是宋哲宗的御弟们。宋神宗育有十四子，其中八子早殇、六子存活。除了宋哲宗，在世的宋神宗之子包括：简王赵似、申王赵佖、端王赵佶、莘王赵俣、睦王赵偲。

在宋朝，皇帝与士大夫共治天下。在会议现场，参与决策的重臣

---

[1] 《续资治通鉴长编》卷五百二十。

包括宰相章惇、枢密使曾布（曾巩胞弟）、尚书左丞蔡卞（蔡京胞弟、王安石女婿）、中书门下侍郎许将（嘉祐八年癸卯科状元）。宋哲宗亲政时期，章惇、曾布、蔡卞，均为王安石之后变法新党派的旗帜性人物。这三位重臣既争斗又合作，彼此掣肘，可谓相爱相杀。

作为北宋历史上具有划时代意义的人物，章惇豪爽真率，直截了当地提出了两套方案：优先方案是"当立哲宗同母弟简王赵似"；次优方案是"当立长弟申王赵佖"。[1] 他的伦理依据是"礼律"，大宋仁孝治天下。

向太后否决了宰相的奏请。

她给出了两条意见，既合乎情又合乎理：首先，太后膝下没有嫡子，神宗诸皇子皆为庶子，换言之就是否定拥立简王。其次，长弟申王患有目疾，仪容不符九五之尊，不宜承继大统为嗣皇帝。

这是铺垫。显然，她已经有了心仪人选。向太后抛出的终极方案是拥立端王，并且搬出了宋神宗的圣语：端王有福寿，又仁孝，不同诸王。

即便如此，章惇依然提出明确的反对意见，说出了名留青史的一句话：赵佶"轻佻不可以君天下"，[2] 并引用宋神宗语佐证着他的提案："先帝尝言：简王有福寿，且仁孝，当立。"

太后与宰相的观点针锋。此时此刻，其他重臣的投票至关重要。

---

[1]《宋史·卷十九·徽宗本纪一》：元符三年正月己卯，哲宗崩，皇太后垂帘，哭谓宰臣曰："国家不幸，大行皇帝无子，天下事须早定。"章惇又曰："在礼律当立母弟简王。"皇太后曰："神宗诸子，申王长而有目疾，次则端王当立。"惇厉声对曰："以年则申王长，以礼律则同母之弟简王当立。"皇太后："皆神宗子，莫难如此分别，于次端王当立。"

[2]《宋史·卷二十二·徽宗本纪四》。

曾布开始表态，"章惇未尝与臣等商议，如皇太后圣谕极为恰当。"蔡卞、许将也相继表态，支持向太后。

天平倒向一边，章惇为之默然。

大局已定，宣召端王入宫。

宰臣章惇宣读宋哲宗遗制：

朕嗣守大业，十有六年，永惟付托之重，夙夜祗惧，靡敢遑宁。赖天之休，方内乂安，蛮夷率服。

乃自去冬以来，数冒大寒，寖以成疾，药石弗效，遂至弥留，恐不获嗣言以诏列位。

皇弟端王佶，先帝之子而朕之爱弟也。仁孝恭俭，闻于天下，宜授神器，以昭前人之光。可于柩前即皇帝位。

皇太后、皇太妃保佑朕躬，恩德至厚，凡在礼数，其议所以增崇，以称朕欲报无已之意。方嗣君践阼之初，应军国事皇太后权同处分。应诸军赏给，并取嗣君处分。

丧服以日易月，山陵制度务从俭约。在外群臣止于本处举哀，不得擅离治所，成服三日而除。应缘边州镇皆以金革从事，不用举哀。于戏！死生之期，理有必至，宗社之奉，其永无疆。尚赖股肱近臣，中外百辟，辅王室，底绥万邦。

咨尔臣民，咸体朕志。[1]

琼林玉殿，在文武百官的拥戴之下，赵佶头戴皇冠，身披黄袍，

---

1 《宋会要辑稿·礼二九》。

登上御座，即皇帝位，皇太后权同处分军国事。[1]

可以想象，赵佶当时并没有任何称帝的心理准备，即刻肩负起当时全球最富有帝国的未来。"11世纪和12世纪的宋代，中国无疑是世界上经济最先进的地区。自11世纪和12世纪的宋代以来，中国的经济在工业化、商业化、货币化和城市化方面远远超过世界其他地方。"[2]

那一年，他才满18岁。

此时，距离宋太祖立国已过140年，而距离北宋灭亡仅有27年。

多年之后，由于章惇反对端王为帝，宋徽宗坐稳皇位之后便将他贬谪为雷州（今广东雷州市）司户参军，流放到远离中原的荒蛮岭南。这个官位掌户籍赋税、仓库受纳，属"正七品下"。早年，同为宰相出身的寇准，被刘皇后、丁谓一贬再贬，客死雷州司户参军岗位。

---

1 《宋史·卷十九·徽宗本纪一》：知枢密院曾布曰："章惇未尝与臣等商议，如皇太后圣谕极当。"尚书左丞蔡卞、中书门下侍郎许将相继曰："合依圣旨。"皇太后又曰："先帝尝言，端王有福寿，且仁孝，不同诸王。"于是惇为之默然。乃召端王入，即皇帝位，皇太后权同处分军国事。

2 世界体系理论的奠基人之一安德烈·冈德·弗兰克（Andre Gunder Frank，1929年—2005年），1998年发表了一部重要著作《重新面向东方》（中文版译名为《白银资本》），他全新论述了几个世纪里世界各地的经济联系，将亚洲置于全球经济的中心，把中国（和印度）置于亚洲的中心，认为中国在工业革命之前的全球经济史中占据极为突出的地位。

画像为《宋徽宗坐像轴》，现藏于台北故宫博物院

向太后的私心、章惇与曾布、蔡卞的新党内斗，共同造就了"非嫡非长"的赵佶走到历史舞台的中央。

向太后否决简王、申王而执意拥立端王，背后蕴含着什么深意呢？

首先，压制太妃。"子以母贵，母以子贵，"[1] 宋哲宗与简王均为朱氏所生，倘若宋哲宗同母弟简王继承皇位，按照礼法就会尊生母朱氏为皇太后，朱氏的尊荣将会达到极致。此消彼长，向太后的个人地位与向氏家族的核心利益，必将受到巨大威胁。

相比之下，端王生母陈氏（1054年—1089年）出身低微，自幼姿色美丽，聪颖庄重，长大之后选入掖庭，即宫中旁舍、妃嫔居所。17岁成为御侍，受到宋神宗宠幸。28岁那年，生下皇子赵佶，被册封才人，后来升为美人。神宗驾崩，陈美人自请守护神宗的永裕陵。当时的赵佶年仅四岁，被迫与生母分离。

每当思及先帝的旧恩，陈氏悲伤过度，身体虚弱。侍女想让她喝粥吃药，她撤去粥药，说道："若能早早去服侍先帝，我就知足了。"陈美人去世时，赵佶也不过八岁。对于向太后而言，他生母的威胁已经不存在了。没有生母，只能依靠嫡母支持，即位之后只能尊崇嫡母。

其次，情感纽带。在几位候选人中，端王是最亲近向太后的。亲王时期，他就经常跑到宫中请安，陪伴向太后，从而得到了照拂。向太后内心觉得他仁孝。

再者，艺术相通。向太后从小生于宰府，生活优渥，加之家风熏陶，精通诗书礼乐。而端王是艺术奇才，自然深得她的赏识。

权衡利弊得失，拥立端王成为向太后的最优选项，既可以压制太妃朱氏，也可以成为她的一笔政治风险投资。向太后的奇货可居思维，有点像战国时期风险投资家吕不韦。周游列国的商贾吕不韦押下重注，看好仍在赵国为人质的嬴异人，借助华阳夫人最终将他推向秦

---

[1] 战国，公羊高，《公羊传·鲁隐公元年》。

王宝座，是为秦庄襄王。此后更是助力秦庄襄王之子嬴政成为"千古一帝"秦始皇。[1]

宋徽宗即位第二年，改年号"建中靖国"，寓意颇丰。建中，建立中正之道；靖国，荡涤海内污秽。"建中靖国"年号是宋徽宗表明新朝的政治愿景，计划平息纷扰已久的新旧党争，还朝政以清新风气。

同年正月甲戌，万物萧瑟。

向太后崩逝，年五十六，谥号"钦圣宪肃皇后"。宋徽宗追念不已，为她操办了风光大葬，命曾布为山陵使，负责陵寝事务。

他兑付了向太后风险投资（Venture Capital）所获的超额收益（carry）：不断推恩向氏家族，数次加封向氏子弟。向太后的兄弟向宗良、向宗回，均位列开府仪同三司，册封郡王；自向敏中以上三世，亦追授王爵。[2] 向氏家族获得了丰厚的回报。

这一年，和向太后一同驾鹤西去的，还有北宋中期文坛领袖苏轼（1037年—1101年）。

赵佶是一个闲散风流王爷，是一位"天纵将圣，艺极于神"的艺术家，可偏偏造化弄人，却被拥立为帝，肩负着生命难以承受之重。

---

[1] 《史记·吕不韦列传》："子楚，秦诸庶孽孙，质于诸侯，车乘进用不饶，居处困，不得意。吕不韦贾邯郸，见而怜之，曰：'此奇货可居。'"
[2] 元代，脱脱等撰，《宋史》卷二百四十三，中华书局，1999：第7163-7164页 宋代，李埴撰 燕永成校正，《皇宋十朝纲要校正》，中华书局，2013：第252页。

第三章 可怜薄命作君王

玉京曾忆昔繁华。

万里帝王家。

琼林玉殿,朝喧弦管,暮列笙琶。

花城人去今萧索,春梦绕胡沙。

家山何处,忍听羌笛,吹彻梅花。

——宋代,赵佶,《眼儿媚·玉京曾忆昔繁华》

金融危机

纵观中国两千多年封建帝制当中的数百位皇帝，宋徽宗的艺术造诣首屈一指，在璀璨的历史长河中留下了独特的风姿、无穷的韵味。他开创的"瘦金体"独步古今，对于书法、绘画、瓷器、宗教、音乐、园林等各门艺术，均有鹤立鸡群的认知与引领创新的实践。

在位25年期间，有过6个风雅的年号：建中靖国（1101年）、崇宁（1102年—1106年）、大观（1107年—1110年）、政和（1111年—1118年10月）、重和（1118年11月—1119年2月）、宣和（1119年2月—1125年）。这些年号有着共同的美好寓意：政通人和、天下太平。

试想政和三年（1113年），宋徽宗打开他的得意门生、18岁宫廷画师王希孟所绘《千里江山图》山水长卷，立刻被满目的青绿、锦绣的河山所震撼。金碧山水、咫尺千里，是对盛世王朝的歌颂。千山万壑绵延起伏，江河交错烟波浩渺，意境雄浑壮阔，气势雄伟瑰丽。

坐拥千里江山的北宋王朝是当时的全球第一大经济体。按照购买力平价理论（Purchasing Power Parity），中国的GDP规模约占世界GDP总量的五分之一；财政收入可谓富甲天下，不仅秒杀辽金夏，而且远远超越隋唐盛世；普天之下，统治人口多达数千万人。[1]

"天下岁入，皇佑、治平皆一亿万以上，岁费亦一亿万以上。"[2] "治平二年，内外入一亿一千六百十三万八千四百五。"[3]

这些数字折合成银两的话，北宋进入宋仁宗皇佑年间、宋英宗治平年间，已经成为中国历史上第一个年度财政收入超过一亿两的王朝。

虽贵为天子，坐拥天下，却"别无他好，惟好画耳"。[4] 宋徽宗在《腊梅山禽图》中有一句题画诗，"山禽矜逸态，梅粉弄轻柔。已有丹青约，千秋指白头"，这才是他内心深处的真实写照。

政治活动，不同于笔墨丹青，它是复杂、迷幻、危险的实践，容

---

[1] 英国经济学家安格斯·麦迪森（Angus Maddison）发展了生产法购买力平价理论及其在国际比较中的应用。其著作《世界经济千年史》（The World Economy: A Millennial Perspective）有一项利用购买力平价理论换算得出的统计数据：公元1000年左右（正值北宋咸平三年），全球GDP规模约为1168亿国际元，中国GDP规模约为265.5亿国际元，即中国约占世界GDP总量的22.7%。这里的中国不单指北宋，还包括了中国大地上的其他政权。刨除其他政权的比例，按照麦迪森的理论模型，大体可以认为宋朝GDP约占世界经济的20%。
此外，1000年前后的中国人口约5900万。一般认为，980年的北宋人口约3250万，因此5900万当中还包括辽、西夏、大理等人口。

[2] 北宋，曾巩，《议经费扎子》。

[3] 《宋史》，卷一百三十二。

[4] 南宋，邓椿，《画继》卷第一《圣艺·徽宗皇帝》："徽宗皇帝天纵将圣，艺极于神，即位未几，因公宰奉清闲之宴，顾谓之曰：朕万几余暇，别无他好，惟好画耳。故秘府之藏，充牣填溢，百倍先朝。"

政和元年

易让人魅惑。从事政治的人就像跟魔鬼打交道，很容易走火入魔。德国负有盛名的社会学奠基人之一马克斯·韦伯（Max Weber，1864年—1920年）在其经典的演讲《政治作为志业》[1]中告诫：政治家必须引领官僚系统，为其"注入灵魂"，才能在政治事业上有所作为。政治家在人格上应当具备三种品质：热情（Enthusiasm）、责任感（responsibility）、判断力（understanding 或 judgment）。

在他看来，强健的政治热情是一种崇高信念支持下的激情、无畏、从容，既不是心血来潮的一时狂热，也不是夸夸其谈的媚俗煽情（sensation）。关于责任感，政治家经常面对两种不同的伦理要求，即"心志伦理""责任伦理"。简单地说，心志伦理遵循自己信奉的理想信念行动，不计后果、不论成败、无条件地忠实于原则的纯洁性。而责任伦理的要求则完全不同，需要行动者格外关注后果。至于判断力，这是政治家相当难得的品质。面对错综复杂的国内外形势，能够审时度势，高度清醒，精确施策，进退自如。

对照之下，宋徽宗在政治热情、责任伦理、判断能力方面，是明显缺失的。

---

[1] 1917年11月7日，德国慕尼黑市，斯坦尼克艺术厅（Kunstsaal Steinicke）。马克斯·韦伯主题为"学术作为志业"的演讲，吸引了大批年轻的大学生、不少著名的学者。一年多后，同一地方又举行了一场演讲，题为"政治作为志业"。两场"志业演讲"后来结集出版，成为二十世纪西方重要的思想文献。

赵佶，《腊梅山禽图》（绢本设色），台北故宫博物院藏

  笔墨丹青可以绘就千里江山图，却无法解决国家的财政困境与货币难题。货币是一个国家的流动血液，是一个政权的统治工具。北宋的财政收入峰值，出现在宋神宗熙宁、元丰年间。然而，这个盛世王朝一直遭受冗兵、冗官、冗费等"三冗"的困扰。

  宋徽宗执政时期，灾异频数，不可胜纪；"三冗"愈演愈烈；皇帝的挥霍泛滥成灾。与此同时，财政收入开始锐减，开支却是越来越

政和元年　67

多。一年的全部财赋收入只能支撑九个月的用度。北宋名臣范雍之曾孙、户部侍郎范坦算了一笔经济账:"户部岁入有限,支用无穷,一岁之入,仅了三季,余仰朝廷应付。今岁支遣,较之去年又费百万。"

在辽金夏的长期威胁下,北宋长期处于战时状态,军队规模庞大,军费消耗巨大。北方、西北地区的各行各业生产都受到不同程度的影响。随着战场上的一次次失利,经济日渐萎缩。

吏禄泛冒等冗官问题,已经到了极其严重的地步。御史中丞张克公有一组对比数据,触目惊心。仅仅过了十几年,朝廷官员人数就增加了十多倍。"今官较之元丰已多十倍,国用安得不乏?"[1]十余倍增长的官员当中,相当一部分是挂名吃饷,"吏禄泛冒已极,以史院言之,供检吏三省几千人"。

中书省、门下省、尚书省、枢密院等中央核心部门的高级官员队伍当中,同样出现中大夫大肆领取空饷的现象,"一身而兼十余俸"。当时就出现了"俸入超越从班,品秩几于执政"的议论。

同时,节度使数量多达八十余人,留后、观察下及遥郡刺史多达数千人,学士、待制中外也有150人。[2]

"军无现粮,吏无月俸,公私虚耗"。虽已身处财政悬崖,宋廷仍未勒马。政和二年(1112年),官员已经高达43000多人,官僚体系当中根本没有足够的职位予以消化,最终不得不在各州县增加官员职位500余处,用来填充;宣和元年(1119年),官员数量继续猛增,攀升至48337人。[3]数据对比发现:近5万人,是半个多世纪前宋仁

---

1 《宋史·食货志》。

2 《宋史》卷一百三十二:于时天下久平,吏员冗溢,节度使至八十余员,留后、观察下及遥郡刺史多至数千员,学士、待制中外百五十员。

3 宋代,洪迈,笔记小说《容斋随笔》。

宗皇祐年间的近 2.5 倍！

年份	北宋官员数量	信息来源
宋真宗景德年间 （1004 年—1007 年）	10000 多人	《文献通考》
宋仁宗皇祐年间 （1049 年—1054 年）	20000 多人	
宋英宗治平年间 （1064 年—1067 年）	24000 人	
宋神宗元丰八年 （1085 年）	21900 人 元丰三年改革官制 官员数量有所下降	
宋哲宗元祐三年 （1088 年）	34000 多人	
宋徽宗政和二年 （1112 年）	43000 多人	《通鉴长编纪事本末》
宋徽宗宣和元年 （1119 年）	48337 人	《容斋随笔 宣和冗官》

表为北宋各个时期冗官的部分记载，表格由作者制作。

当然，还有宋徽宗为了满足个人私欲进行了名目繁多的无尽挥霍。蔡京阿谀奉承，一味取悦帝意，鼓吹"丰亨豫大"的美梦。收罗天下宝物而诞的花石纲，便是劳民伤财的典型。

"京又专用丰亨豫大之说，谀悦帝意，始广茶利，岁以一百万缗进御，以京城所主之。其后又有应奉司、御前生活所、营缮所、苏杭造作局、御前人船所,其名杂出,大率争以奇侈为功。岁运花石纲,一石之费,民间至用三十万缗。奸吏旁缘,牟取无艺,民不胜弊。用度日繁,左藏库异时月费缗钱三十六万,至是,衍为一百二十万。"[1]

当时光进入政和元年,府库空虚。一场规模浩大、影响深远的史诗级金融危机扑面而来。

对于花鸟皇帝而言,这是一个前所未有的全新课题:货币金融学。"货币或货币供给是任何在商品或劳务的支付或在偿还债务时被普遍接受的东西。"[2]

宋徽宗时期,金属货币的铸造量规模空前。宋朝年号钱非常丰富,在通宝钱规定之外,再加上皇帝年号。初期发行的货币为宋元通宝,之后还有太平通宝、淳化通宝,历任皇帝每次改元都会重铸新的年号钱,字号都是通宝、重宝、元宝等。同时,字体五花八门,真、草、隶、篆、行等皆有。

由于各地经济发展水平不同,铸币的币材也呈现多样化。北宋时期,铜钱区为开封府、京东西、河北、淮南、江南、两浙、福建、广东西等地;铁钱区为四川;铁钱并用区为陕西、河东。南宋时期,铜钱区为东南;铁钱区为两淮、京西、湖北;铁钱并用区为荆门,汉中等地;会子最初在东南地区民间发行,后来政府设立会子库,仿照川引的方法发行会引。此外,地方性货币还有淮交、湖会、川引、银会子。

---

1 《宋史》卷一百三十二。
2 美国经济学家,弗雷德里克·S·米什金(Frederic S. Mishkin),《货币金融学》(The Economics of Money, Banking and Financial Markets)。

人类有史以来曾有三项伟大的发明：火、轮子和中央银行业务（central banking）。[1]"中央银行"早期是有着具体职能的"中央银行业务"，而不是一个具体机构"中央银行"（central bank）。按照货币金融学的基本原理，一个国家或地区的经济每增长1元价值，作为货币发行机构的中央银行也应该供给货币1元，超出1元的货币供应则视为货币超发（super currency）。宋徽宗时期，朝廷主导的"中央银行业务"被运用到极致，金属货币的铸造量达到中国封建社会铸币量的最高峰，而当时的GDP增速并没有取得同步发展。

交子也称楮币，属于完全可兑付的信用凭证，被认为是人类金融史上的第一代纸币。宋仁宗天圣年间（1023年—1032年11月），官府开始发行交子，限于四川一地。宋神宗时期，几次计划扩大其使用范围，没能成功，只能将交子发行改为"两界相沓而行"，等于增加了一倍的发行量。宋哲宗绍圣年间（1094年4月—1098年5月），西线作战，经费不足，发行量开始增加。

到了宋徽宗时期，财政收支出现困难，"北宋的凯恩斯主义者"蔡京拉开了财政改革与货币创新的大幕，交子发行量剧增。

崇宁二年（1103年）以后，交子改称"钱引"，走出四川，推向多地。政府加大了食盐的票据化，把盐引当作货币，结果发行量迅猛。"崇宁间用兵陕西，开拓境土，通行钱引法，以助兵费。元年增二百万，二年增一千二百四十三万五千,四年增五百七万五千，大观元年增五百五十四万五千五百六十六。"[2] 大观初年（1107年），交子发行量约为二千五百万贯，是宋仁宗天圣初（1023年）的二十倍。一

---

[1] There have been three great inventions since the beginning of time: fire, the wheel and central banking.

[2] 元代，史学家费著，《楮币谱》。

张新钱一度可以换四张旧钱,导致物价暴涨。朝廷见钱法大坏,下令四十一至四十三界更不收换,民间交子瞬间成为废纸。

这是北宋朝廷公然违约,严重削弱了主权国家的信用,动摇了主权货币的地位。

一千年前的货币超发已经来了!

货币超发是通货膨胀(inflation)、资产泡沫(asset bubble)的温床,也是社会矛盾、暴乱起义的土壤。

大观四年(1110年),全国范围内弥漫着一种紧张的气氛。这种气氛并非边境烽火所致,而是货币超发引发的通货膨胀。蔡京被认为是始作俑者,"凡以私钱得罪,有司上名数,亡虑十余万人。蔡京罔上毒民,可谓烈矣。时御府之用日广,东南钱额不敷,宣和以后尤甚。"[1]

次年,即为政和元年。大宋境内"诸路绸绢布帛比价高数倍,而给直犹用旧法,言者请稍增之,度支以元丰例定,沮抑不行,令如期给散而已",通货膨胀不断加剧,假币盗铸持续泛滥,违规行为屡禁不绝。这一年,宋徽宗在通告臣民的诏书中承认了当前的经济形势充满挑战:

> 钱重则物轻,钱轻则物重,其势然也。今诸路所铸小平钱,行之久而无弊,多而不壅,为利博矣。往岁图利之臣鼓铸当十钱,苟济目前,不究悠久,公私为害,用之几十年,其法日弊而不胜。奸猾之民规利冒法,销毁当二、小平钱,所在盗铸,滥钱益多,百物增价。若不早革,即弊无已时。

---

[1] 《宋史》卷一百三十三,食货下二。

其官私见在当十钱,可并作当三,以为定制。尚虑豪猾悍于折阅,胥动浮言,可内自京尹,外逮监司、郡县,悉心开谕。

面对金融风暴,朝廷发布诏书,阐明当前金融形势,严厉打击盗铸投机的违法行为,试图建立公平透明的货币运行机制,从而希望稳定市场预期。

然而,宋徽宗推出了一个糟糕的"救市"方案:下令"当十钱"贬值为"当三钱"。大钱被官方宣布贬值,家家户户资财直接缩水。

宋徽宗宠信的童贯宣抚陕西。也在政和元年,童贯启用"紧急熔断停盘"的方式,下令禁止流通夹锡钱,导致物价上涨更加严重,其危害远远超过当十钱。

"在延五年,童贯宣抚陕西,得便宜行事。时长安百物踊贵,钱币益轻,贯欲力平之,计司承望风旨,取市价率减什四,违者重置于法,民至罢市。徐处仁争之,得罪。"[1]

朝廷铸造夹锡钱的初衷是为了应对边境战争,增加财政收入,惠及万千百姓,但由于制作不精、劣钱泛滥,造成钱轻物重、物价飞涨。夹锡钱在陕西关中地区流通时间最长,造成的危害也最为严重。

延安知府贾炎深感民生疾苦,上疏朝廷,痛陈货币改革失败的种种恶果:因货币贬值,家庭财富严重缩水;边境民众生活萧条,鄜延路处于宋夏前线,边民非常不安;兵民薪俸相应缩水,国防力量为之

---

[1]《宋史》列传,卷七十六。

削弱。

"钱法屡变,人心愈惑。今人以为利者,臣见其害;以为是者,臣见其非。中产之家,不过畜夹锡钱一二万,既弃不用,则惟有守钱而死耳。边氓生理萧条,官又一再变法,廊延去敌迫近,民殊不安。民不安则边不可守,愿得内郡以养母。"

由此可见,夹锡钱严重破坏了北宋的金融货币体系。

当十钱、夹锡钱严重贬值的同时,当时的纸币贬值率[1]也居高不下。

四川是当时金融风暴的重灾区。作为宋朝经济最发达的区域之一,四川经济规模仅次于江南,这里铸造铁钱的大钱每贯重达12斤,小钱每贯也重达6.5斤,而铁钱的实际购买力非常有限。以一匹绢为例,其价格约为20贯小钱,即约重130斤。假如一位爱美的妇人出门购买一匹绢,需要带上一个壮实的仆人。这位仆人不是为了提货,而是为了背钱。在这样的需求之下,钱庄发行了一种特殊的存款凭证交子。

宋朝的交子从景德四年(1007年)至皇佑元年(1049年),价格上涨了5倍。到了政和元年,上升了12倍。随后进入崩溃的节奏,纸币的贬值率高达几十倍。最终,朝廷不得不作废一些批次的纸币,持有这些纸币的百姓也就直接被破产了。

---

[1] 纸币贬值率=(1-流通中所需要的金属货币量/纸币发行量)×100% 例如,一个国家某时期流通中所需的金属货币量是100亿元,实际发行的纸币是200亿元,那么,纸币贬值率=(1-100/200)×100%=50%。

人间悲剧不断发生。有的人白天还是富商,晚上已经沦为流民乞丐,有的人甚至投水自尽、上吊自缢。

"民无资更钞,已输钱悉干没,数十万券一夕废弃,朝为豪商,夕侪流丐,有赴水投缳而死者。"[1]

金银天然不是货币,货币天然是金银。[2] 朝廷大量铸行虚值大钱之后,民间盗铸蜂起,盗铸者被血腥镇压。

朝廷的货币在发行时由于准备金不足,发行数量失控,持续超发导致其真实购买力下降,而百姓以劳动时间来换取财富的形式也将在无形之中被快速掠夺。当市面上流通的纸币远高于实际需求的时候,恶性通货膨胀便出现了。"通货膨胀在任何地方都是货币现象"。[3]

物价腾踊,百姓艰食,金融危机势必引发社会矛盾激化。宋徽宗王朝进入至暗时刻,城市商民起来闹事,"民至罢市";农民开始造反,"寇盗繁滋"。江南方腊、齐鲁宋江揭竿而起,星星之火呈现燎原之势。

"中国崩溃的真正原因其实与道德松弛无关,而似乎更像是在其经济学和社会学的本质之中。有关 13 世纪中国南方之安定繁荣的印

1　《宋史》。
2　德国思想家,卡尔·马克思(Karl Marx), A Contribution to the Critique of Political Economy, 1859:"Gold and silver are not by nature money, but money consists by its nature of gold and silver."
3　货币学派的代表人物、诺贝尔经济学奖者米尔顿·弗里德曼(Milton Friedmann, 1912 年 —2006 年): Inflation is always and everywhere a monetary phenomenon.

象不过是幻象。在此幻象背后的,却是国库之连年悲剧性的空虚、农村之贫困和不满,以及统治阶层内部的党争。这座大厦已是十分虚弱,只要蛮族用力地推他一把,就会倒塌下来。"[1]

瑞鹤仙图

时针跨入政和二年(1112年)。

一年一度的盛大节日上元节来了。宋人称正月十五为上元节,喜庆祥和的气氛超越当时的元旦节。上元节期间,宋朝各座城市城门弛禁,通宵开放,举国同庆。乾德五年(967年),宋太祖更是决定"燃灯五夜",从最初的正月十四至十六放灯三天,再增加正月十七、十八两天,此后一直延续如此。

都城汴京张灯结彩,烟火升腾,华光溢彩。皇宫正门宣德门是视觉盛宴的中心、与民同乐的源泉。

宣德门又称宣德楼,是帝王权力与尊严的象征,建筑考究,威严壮丽。"大内正门宣德楼,列五门,门皆金钉朱漆,壁皆砖石间甃。镌镂龙凤飞云之状,莫非雕甍画栋。峻桷层榱,覆以琉璃瓦,曲尺朵楼,朱栏彩槛。下列两阙亭相对。"[2]

---

[1] 语出著名汉学家、法国科学院院士谢和耐(Jacques Gernet)。他的著作《蒙元入侵前夜的中国日常生活》(原作名:La Vie quotidienne en Chine à la veille de l'invasion Mongole, 1250年—1276年),以细腻的笔触描绘了南宋临安的日常生活、艺术美学。该著作由刘东译、2008年12月北京大学出版社出版。

[2] 宋代,孟元老,笔记体散记文《东京梦华录》。

宣德门前，临时搭建的山型大棚拔地而起，巨型立木正对宣德楼。山棚被装饰成灯山，犹如白昼。灯山上，画满了骑跨狮子、白象的文殊菩萨与普贤菩萨等一群神仙的奇幻故事。其间，还精巧地设置了运用物理原理营造的人工瀑布。

以稻草编制而成的龙灯，使用青幕覆盖，里面密密麻麻地点上万盏灯烛。远远望去，彷佛蜿蜒飞走的双龙，栩栩如生。

> 昨汴京大内前缚山棚，对宣德楼，悉以彩结。山沓上皆画群仙故事，左右以五色彩结文殊、普贤，跨狮子、白象，各手指内五道出水。其水用辘轳绞上灯棚高尖处，以木柜盛贮，逐时放下，如瀑布状。又以草缚成龙，用青幕遮草上，密置灯烛万盏，望之蜿蜒，如双龙飞走之状。上御宣德装观灯，有牌曰'宣和与民同乐'。万姓观瞻，皆称万岁。[1]

宣德门外的御街上，摆放了一盏巨型的"棘盆"灯，内设两长竿，高数十丈。纸糊的百戏人物，悬挂在长竿上。风是导演，只要风儿一吹，这些百戏人物宛若天外飞仙降临人间。

游人如织，已经集结到御街。这里还有临时搭设的演艺场地，声乐、歌舞、杂戏、奇术异能等百戏表演令人目不暇接。

> 自灯山至宣德门楼横大街，约百余丈，用棘刺围绕，谓之'棘盆'。内设两长竿，高数十丈。以缯彩结束，纸糊百戏人物，悬于竿上，风动宛若飞仙。内设乐棚，差衙前乐人作

---

1 宋代，吴自牧，《梦粱录》。

乐、杂戏,并左右军百戏在其中,驾坐一时呈拽。[1]

为了营造"丰亨豫大"的和谐气氛,朝廷从正月十四开始每夜都会派遣官员出街,不是督察巡视,而是分发红包。相关官员遇到舞队给与犒赏,遇到街坊买卖人也支给赏钱。

元夕之时,自十四为始,对支所犒钱酒。十五夜,帅臣出街弹压,遇舞队照例特犒。街坊买卖之人,并行支钱散给。[2]

欢快的气氛是爱情的催化剂。

月色迷人,人间烟火,食色男女也在这段时间纷纷出动,寻找属于自己的浪漫。众里寻他千百度,蓦然回首,那人却在灯火阑珊处。假期,宋朝女子佩戴的珠翠、闹蛾、玉梅、雪柳等首饰品类繁多,但有一个共同特点——"尚白"。因为,皎洁月光下,白色更纯美。出游的时候,她们会"戴灯球",也就是在身上挂着枣子大小的小灯笼,所谓"星球雪柳"。蛾儿雪柳黄金缕,笑语盈盈暗香去。

"都民士女,罗绮如云,盖无夕不然也。"[3]在一代儒宗欧阳修的眼中,上元节就是情人节。他留下了脍炙人口的爱情佳作《生查子·元夕》。

去年元夜时,花市灯如昼。

---

1 宋代,孟元老,笔记体散记文《东京梦华录》卷六。
2 宋代,吴自牧,《梦粱录》卷一。
3 宋代,周密,《武林旧事》卷二。

月到柳梢头，人约黄昏后。

今年元夜时，月与灯依旧。

不见去年人，泪湿春衫袖。

东京梦华，难怪来自英国的"近世以来最伟大的历史学家"阿诺德·约瑟夫·汤因比（Arnold Joseph Toynbee，1889年—1975年）不止一次在公开场合表达了一种美好的期望："宋朝是最适合人类生活的朝代，如果让我选择，我愿意生活在中国宋朝。"

十五的月亮十六圆。上元节次夕，在万民期盼下，宋徽宗照例携皇后、嫔妃、皇子、帝姬（公主）驾临宣德门，与城中百姓一齐，观看各式花灯、百戏表演。东风夜放花千树，更吹落，星如雨。宝马雕车香满路，凤箫声动，玉壶光转，一夜鱼龙舞。[1]

忽然间，祥云缭绕宣德门，天空之间仙鹤盘旋。鸱尾之上，两鹤

---

[1] 南宋，辛弃疾，《青玉案·元夕》。

驻立，互相呼应。一先一后，一静一动。

大气恢宏的皇宫殿宇之上，这群仙鹤神态各异，栩栩如生，长鸣如诉，竟似善解人意，盘旋良久不散，后迤逦向西北方向飞去。人群仰首瞻望，惊叹称奇瑞象，细数共计二十只白色仙鹤。

仙禽告瑞忽来仪，此时恰至宋徽宗三十而立。冥冥之中，元宵仙鹤来仪好似上天对他"统御天下有方"的嘉许。

极寒气候噩运和社会矛盾频发，被二十只瑞鹤对冲。崇奉道教的徽宗执笔作画赋诗，跃然绢素之上，留下"超现实主义"画作《瑞鹤图》，承载着风流天子对"国泰民安、江山永固"的殷殷期望。

祥云拂欝，瑞鹤环绕宫殿。天空则用石青色平涂，映衬出白鹤的圣洁与华贵。一线屋檐结构缜密，笔致匀停，整件作品透露出庄严肃穆、飘逸灵秀、高洁隽雅、神秘吉祥的气氛，构成一幅精美和谐的玄鹤告瑞景象。

宣德门正上方群鹤环绕的中央位置，四只鹤的飞行朝向组成一个璇玑的形状，这是道的象征。宋徽宗以此构思表明自己"受天明命"。[1] 璇玑也泛指北极星，喻权柄、帝位。

此画标名"御制御画并书"，题跋为：

> 政和壬辰上元日之次夕，忽有祥云拂郁低映端门。众皆仰而视之，倏有群鹤飞鸣于空中，仍有二鹤对止于鸱尾之端，颇甚闲适，余皆翱翔如应奏节。往来都民无不稽首瞻望，叹异久之，经时不散，迤逦归飞西北隅，散。感兹祥瑞，故作诗以记其事。

其后附七言诗：

> 清晓觚棱拂彩霓，仙禽告瑞忽来仪。
> 飘飘元是三山侣，两两还呈千岁姿。
> 似拟碧鸾栖宝阁，岂同赤雁集天池。
> 徘徊嘹唳当丹阙，故使憧憧庶俗知。

宋徽宗运用独步天下的瘦金体，怀着艺术家的孤傲与自信，三笔写就四字，使用"天下一人"花押落款。他的健笔开张，挺劲爽利，侧峰如兰竹，媚丽之气溢于字里行间。虽身处权力中心，却只想做回自我。他是权力的奴隶。

宋徽宗的创作当中，画过许多吉兆异象，如赤乌、芝草、骈

---

[1] 清华大学艺术博物馆研究员谈晟广。

（pián）竹、甘露、白色禽兽等。泱泱大国的天子不仅要为整个国家负责，还需对大自然的天象变化担责。"史界造物主"司马迁在《史记·天官书》中就把人间社会与天上星座相比附，以太微垣为上垣，紫微垣居中为中垣，天市垣为下垣。

瑞鹤果真能够呈祥？

美好的政治愿景，在铁马冰河中被无情地踏破。

正当宋徽宗执笔玄鹤仙图的时候，辽朝天祚帝正月驾临鸭子河。契丹皇帝按照旧俗开始了新一年的四季捺钵。春捺钵的主要内容是捕天鹅、钩冰鱼，同时接受女真"千里之内"诸酋长的朝贺。

二月十日，天祚帝赴春州（今内蒙古兴安盟突泉县境内），接见生女真酋长们来朝。在"头宴会"上，天祚帝轻信宠臣萧奉先，放弃了诛杀完颜阿骨打的最佳机会。

三年之后，雄才大略的完颜阿骨打变身金朝开国皇帝，成为契丹王朝、北宋王朝的掘墓人。

赵佶《瑞鹤图》，绢本设色，纵 51 厘米，横 138.2 厘米，现藏辽宁省博物馆。

道君皇帝

政和元年，宋徽宗登基十周年。

这一年，他新生了2个儿子。此时，他已经累计生了37个孩子，其中存活27个，可谓子嗣繁盛、后世绵延。在未来的岁月里，他还将继续开枝散叶。北宋灭亡之前，他生育了32个儿子与34个女儿。[1] 此后的19个子女是他在北房金国的途中以及到达金国之后所生。[2]

在中国古代皇帝当中，宋徽宗生育的子女数量高居榜首。或许，这是上天神仙的恩赐。

政和元年初，他自己染上了疾病，经过一百多天的治疗才稍有康复。

某天晚上，睡梦中有人召唤。梦境中，他当时还在端王潜邸，尚未登上皇帝宝座。他来到宫观，两个道士作为"傧相"迎候，然后引导他到达一处神坛上。

---

[1] 《宋史》记载，北宋灭亡之前，"徽宗三十一子"（《宗室传》），"三十四女"（《公主传》）。事实上，宋徽宗被俘之前，还生有一子，即赵相，不过《宋史·宗室传》失于记载。另据《宋会要·后妃》记载，"（宣和）七年八月四日，诏：'婕妤王氏隆诞，亲属可依下项推恩……'"，这个新生儿即为三十二皇子赵相，后封为韩国公。《靖康稗史笺证·开封府状》亦有记载，"韩国公相三岁，即小皇子"。由此计算，靖康蒙难之前，宋徽宗生有三十二子、三十四女。
[2] 《靖康稗史笺证·宋俘记》称，宋徽宗"入国后，又生六子八女"，"别有子女五人，具六年春生，非昏德胤"。换言之，宋徽宗被俘后，他的后宫嫔妃们共生下十九个孩子。其中"六子八女"是宋徽宗的子女，"别有子女五人"是金人的骨血。

政和元年

道士谕示说："汝以宿命，当兴吾教。"

他再次叩拜，"受命而还"。

二位傧相也升入天际。

仙梦醒来之后，宋徽宗记录了这个神奇的经历。他派遣使者前往钱塘，将相关内容告知蔡京。

于是，宋徽宗在皇宫之内大修宫观，即旧奉天神所在玉清和阳宫玉虚殿。道士以岁时入内筑坛设供，供斋醮神，宋徽宗亲制道乐《步虚乐章调》。而道家称呼宋徽宗为"赤明和阳天帝"。[1]

在中国古代，金木水火土五行相生相克学说不但可以解释自然界的万千变化，还用来解释王朝兴衰更替。自秦汉至宋辽金夏，"五德终始说"一直是历代王朝阐释其政权合法性的基本理论框架。宋朝以火德取天下，故以赤明配宋，成为当时的共识，宋朝也被称为"火宋""炎宋"。

这个真伪难辨的仙梦，为赵氏的君权神授制造神化的舆论，使得宋徽宗更有信心、更为系统地将道教引入国家礼制。

这年7月27日，他颁布了一项法令，编制一套覆盖全国神祠资料的《图志》。负责纂修《图志》的礼官，需将神祠进行等级分类。操作指引如下："太常寺、礼部遍行取索，纂类《祀典》。将已赐额并

---

[1] 《皇宋通鉴长编纪事本末》，卷第一百二十七："蔡絛《史补·道家者流》篇：政和初，上有疾，逾百日稍康。后一夕，梦有人召。上方其梦中，谓若昔在藩邸时，如赴哲庙宣召者。及至，乃一宫观尔，即有道士二人为傧相焉。道至一坛上，谕上曰：'汝以宿命，当兴吾教。'上再拜，受命而还，一傧相者复导上而去。及寤，作记良悉。尝遣使示鲁公，鲁公时犹贵居于杭也。始大修宫观于禁中，即旧奉天神所在玉清和阳宫玉虚殿，羽人以岁时入内讲斋醮事，亲制《步虚乐章调》，其音声焉，而道家遂谓上为赤明和阳天帝。然上肃祇神祇，所崇者祀事而已，亦未有少君、栾大者。"

曾封号者作一等；功烈显著，见无封额者作一等；民俗所建，别无功德及物，在法所谓淫祠者作一等。各条具申尚书省，参详可否，取旨。其封爵未正，如屈原、李冰之类，岂有一身两处庙貌、封号不同者宜加稽考，取一高爵为定，悉行改正。佗皆放此。仍就礼部、太常寺见今官吏行遣，兹盖修举本职，不得辄有申请差官差书写人等。"[1]

他还频繁封赐祠庙里的神灵，涵盖山神、水神、神龙以及民间神仙。比如，敕封位于山西汾州西河县的白彪山神后魏贺虏将军祠；敕封位于山西长子县的山祠为"灵湫庙"；政和元年，敕封位于今河北邢台沙河市赵泗水村的甄泽观乐氏姐妹为冲惠、冲淑真人，封为真泽二仙。

在宋徽宗的亲自擘画下，举全国之力对民间宗教活动的体系化、标准化、日常化管理达到高潮，敕封的庙额、神灵超越以往任何时期。每隔几天，他就敕下一个新的册封。在位期间，他授予了764个庙额以及对神灵的册封。[2]

从政和元年开始至重和元年（1118年），宋徽宗再诏天下，搜访道教遗书，设立经局。敕令道士元妙宗、王道坚校订，送至福州闽县，由龙图阁直学士中大夫福州郡守黄裳役工镂板，共五百四十函、五千四百八十一卷，称《万寿道藏》。因修藏于政和年间，又称《政和万寿道藏》。这是中国第一部有刊板的道藏。不过，这部耗资耗力巨大的道藏，在靖康之乱（1126年—1127年）散佚，至金代已残缺，如今不存于世。

政和二年，苏轼的弟弟苏辙（1039年—1112年）逝去。也就在

---

1 《宋会要辑稿》礼二。

2 《宋会要辑稿》。

这一年，宋徽宗将蔡京[1]召回开封，再次任为宰相，改封鲁国公。

次年十一月，宋徽宗前往圜丘（天坛）祭天，道士百余人执仪仗为前导，车辆南薰门，蔡京长子蔡攸（1077年—1126年）随行。

忽然，宋徽宗问蔡攸："玉津园东若有楼台重复，是何处也？"

蔡攸心领神会，马上附会说："见云间楼台殿阁隐隐数重，既而审视，皆去地数十丈。"

宋徽宗又问："见人物否？"

蔡攸奏道："有若道流童子，持幡幢节盖，相继而出云间，眉目历历可识。"

蔡攸真是一个活生生的表演艺术家。按照他的说法，童子眉目、幡幢节盖、腾云驾雾都看得清清楚楚，必定是天神下降。于是，宋徽宗便在此地建设道宫，命名为迎真，并作《天真降灵示现记》，"由是益信神仙之事矣"。他下令蔡京将此事宣付史馆。

后来，宋徽宗又以天神降临"旌旗辇辂，冠服仪卫，见于云际，万家咸见"为由，御笔手诏将每年的十一月五日定为天佑节，纪念天帝降临庇佑天下苍生。

政和六年（1116年），宋徽宗前往玉清和阳宫，上玉帝尊号为"太上开天执符御历含真体道昊天玉皇上帝"，命令在全国各地洞天福

---

[1]《宋史》："京天资凶谲，舞智御人，在人主前，颛狙伺为固位计，始终一说，谓当越拘挛之俗，竭四海九州之力以自奉。帝亦知其奸，屡罢屡起，且择与京不合者执政以梡之。京每闻将退免，辄入见祈哀，蒲伏扣头，无复廉耻。燕山之役，京送攸以诗，阳寓不可之意，冀事不成得以自解。见利忘义，至于兄弟为参、商，父子如秦、越。暮年即家为府，营进之徒，举集其门，输货僮隶得美官，弃纪纲法度为虚器。患失之心无所不至，根株结盘，牢不可脱。卒致宗社之祸，虽谴死道路，天下犹以不正典刑为恨。"

地修建宫观，塑造画像。

温州籍道士林灵素走进了徽宗的视野，很快就得到了宠信。

接见的时候，宋徽宗问林灵素："你有什么仙术？"

他答道："臣上知天宫，中识人间，下知地府。"[1]

林灵素一见宋徽宗就忽悠他是上帝之长子，是长生大帝君下凡，并自称他自己是神霄府府仙卿褚慧投胎下凡辅佐"帝君之治"。

他还阿谀奉承当时的几位权臣，说"蔡京是左元仙伯，王黼是文华吏，盛章、王革是园苑宝华吏，受宠的贵妃刘氏是九华玉真安妃"。反正，道君皇帝身边人士都是仙臣、仙妃。

显然，宋徽宗很受用这一套，对林灵素赏赐极多，并且在京城为他建上清宝箓宫，各地都建神霄万寿宫。

林灵素提出"神霄说"，引导宋徽宗成为"教主"。他通过教主在全国建立了庞大的神霄派组织，编造了大量道书，确定了该派的宗教意识和斋仪科范。宣和元年（1119年），神霄派教名已成为定称，神霄派完全建立。

林灵素得到宋徽宗的极致恩宠，他的尊号多达罕见的九十八个字："高上神霄玉清府右极西台仙卿、雷霆玉枢元明普化天师、洞明文逸契元应真传道辅教宗师、金门羽客、冲和殿侍宸行特进太宰同中书门下平章事、上柱国鲁国郡开国公，食邑八千一百户，实封三千户，赐紫玉方符通真达灵元妙护国先生林灵素。"

"宗教是理解宋徽宗的关键密码之一。宋徽宗在位早期，对正统道教就有着浓厚的兴趣。他接受了君权神授的古老观念，也接受了这

---

[1]《宋史·林灵素传》："政和末，王老志、王仔者既衰，徽宗访方士于左道录徐知常，以灵素对。"

种观念赋予统治者履行仪式的核心地位；他看到了仪式在复古上发挥的威力；此外，他接受了有关天庭以及他自己与道教神仙联系的新启示。"[1]

宋徽宗将道教元素深度应用到政治事件和艺术活动当中。政和七年（1117年），宋徽宗御作《听琴图》出炉。画作创作的重要背景是：夏天四月庚申，宋徽宗"册己为教主道君皇帝"。这是他崇信道教历年活动的一个高潮。

> 二月癸亥，以大理国主段和誉为云南节度使、大理国王。甲子，会道士二千余人于上清宝箓宫，诏通真先生林灵素谕以帝君降临事。辛未，改天宁万寿观为神霄玉清万寿宫。乙亥，幸上清宝箓宫，命林灵素讲道经。乙未，以童贯权领枢密院。夏四月庚申，帝讽道箓院上章，册己为教主道君皇帝，止于教门章疏内用。己丑，如玉清和阳宫，上承天效法厚德光大后土皇地祇徽号宝册。辛卯，命蔡攸提举秘书省并左右街道箓院。乙未，诏权罢宫室修造。癸卯，改玉清和阳宫为玉清神霄宫。[2]

在《听琴图》中，以"教主道君皇帝"崇高身份自居的宋徽宗，身穿一身道袍。凌霄花缠绕在青松之上，"庭中青松四无邻，凌霄百尺依松身。"旁有数竿小竹，左右摇曳，似有微风吹拂，可谓此处无声胜有声。一只黑漆高几，上陈金盘玉炉，飘逸着袅袅御香。

---

[1] 美国，华盛顿大学历史系教授伊沛霞（Patricia Ebrey）著，韩华译，《宋徽宗》（Emperor Huizong），广西师范大学出版社，2018年，616页。

[2]《宋史·本纪·卷二十一徽宗三》。

道君皇帝接见朝中权臣，抚琴论道，暗通心曲。左面绿袍者笼袖仰面，右面红袍者持扇低首。二人悠然入定，仿佛正被这鼓动的琴弦撩动着神思，完全陶醉在琴声之中。

松风、青竹、高几、香炉、清供。在这幅道法自然、超然世外的画面中，迷信道家的皇帝不问政事，流连于声色之间。君臣一片和谐，帝王的道德之音被臣下遵行。

蔡京是他的"知音"，在画上题诗：

> 吟征调商灶下桐，
> 松间疑有入松风。
> 仰窥低审含情客，
> 似听无弦一弄中。

文采斐然的蔡京题诗引用了"灶下桐""焦尾琴"[1]的音律典故。一方面指出宋徽宗琴艺高超，另一方面亦暗示听琴者深谙琴音，并非寻常俗人。在中国的传统文化中，以音乐比况政治源远流长。

"焦尾"是东汉文学家、音乐家蔡邕[2]亲手制作的一张七弦琴。蔡邕"亡命江海、远迹吴会"的时候，曾于烈火中抢救出一段尚未烧完、声音异常的梧桐木。他依据木头的长短、形状，制成一张琴，声音不凡，闻名四海。因琴尾尚留焦痕，故取名"焦尾"。后世遂用"焦尾琴、焦尾、焦桐、焦琴"等指美琴，亦比喻历尽磨难的良才、未被赏识的宝器；用"桐尾焦、桐爨（cuàn）、爨下桐、爨下残、爨

---

1 《后汉书·蔡邕传》："吴人有烧桐以爨者，邕闻火烈之声。知其良木，因请而裁为琴，果有美音，而其尾犹焦，故时人名曰焦尾琴焉。"
2 "中国四大才女"之一蔡文姬之父。

政和元年

下余、良才入爨"，比喻良才未得其用，或遭受摧残幸免于难。

《听琴图》画作落款是宋徽宗独步天下的"花押"，"天下一人"。琴在古代文人眼中，尤其在文化鼎盛的北宋，早已超越了乐器本身，琴感天地以致和，可谓"圣人之器"。"盖闻圣人之作琴也，鼓天地之和而和天下。琴之道大乎哉"。[1]

《听琴图》

1　北宋，范仲淹，《与唐处士书》。

御制艮岳

靖康之变，与瑞鹤一同消失的还有宋徽宗亲自监制的皇家园林艮岳。

相传宋徽宗即位之初，未有子嗣，堪舆风水术士刘混康进言："京城东北隅，地协堪舆，倘形势加以少高，当有多男之祥。"大意是，"京城东北方向，地势符合风水，但是形势不够挺拔，如果能够增加高度，那么皇家将子嗣昌盛。"

子嗣昌盛关乎王朝兴衰，宋哲宗无子方有宋徽宗今日。按照易经说法，"艮，东北之卦也"。于是，宋徽宗于汴京宫城东北隅选石筑山的欲望开始发酵。[1]

政和元年，朱勔奉迎上意，在江浙等东南地区兴办花石纲，百计搜求珍奇花石进献。此役连年不绝，百姓备遭困扰涂炭。六年之后，皇家园林正式开工营建，"括天下之美，藏古今之胜"。据记载，此园东西相望，前后相续，左山而右水，后溪而旁垄，连绵而弥满，吞山而怀谷。园内植奇花美木，养珍禽异兽，构飞楼而杰观，天下之美、古今之胜汇聚于此。

营造期内，宋徽宗搜刮天下，大兴花石纲。纲是指一个运输船队，每十船为一纲，成批运输物资的方式叫做纲运。他派童贯前往苏杭，动用上千船只负责太湖石的运输。一时间，汴河之上舳舻相衔，

---

[1] 宋代，张淏，《艮岳记》："徽宗登极之初，皇嗣未广，堪舆家言：'京城东北隅，地协堪舆，但形势稍下，倘少增高之，则皇嗣繁衍矣。'上遂命工培其冈阜，使稍加于旧，已而果有多男之应。"

船帆蔽日,这直接引发了沸腾的民怨,也导致国力困竭。北宋末年最大规模的农民起义方腊起义,便因花石纲而起。

家住睦州青溪县(今浙江杭州市淳安县)的方腊(1078年—1121年),家有漆园,但被造作局屡屡强取,心中有恨却不敢发泄。[1]

宣和二年(1120),深受其害的方腊利用摩尼教(Manichaeism)带领着受苦的百姓聚众起义。摩尼教源自古代巴比伦,于唐朝武则天延载元年(694年)传入中国。到了宋朝,摩尼教完全汉化并演变为明教,教义要旨为"清净、光明、大力、智慧",颇得民心,传播甚炽。方腊充分利用宗教力量,揭竿而起的公开旗号就是反抗结怨于东南的朱勔。方腊称圣公,建元永乐。宣和元年(1119年),宋江聚众在山东梁山泊起义。

> 方腊、宋江,虽皆亡命之徒,而非贪官污吏之有以激之,则必不能为叛逆之举。就令潜图不轨,而附和无人,亦宁能孑身起事?盖自来盗贼蜂起,未有不从官吏所致,苛征横敛,民不聊生,则往往铤而走险,啸聚成群,大则揭竿,小则越货,方腊、宋江,其已事也。[2]

方腊起义揭开了北宋王朝崩塌的大幕。农民起义军一路攻略睦、歙、杭、处、衢、婺等州县,众至数十万,占领朝廷的税赋重地,威镇东南,声摇汴京。

宣和三年(1121年),宋廷任命童贯为江、淮、荆、浙等路宣抚

---

1 《宋史纪事本末·卷五十四》:腊有漆园,造作局屡酷取之,腊怨而未敢发。
2 中国近代演义小说作家、历史学家,蔡东藩。

使，领十五万大军南下讨伐，方腊最终被俘遇害。

"苏湖熟，天下足。"起义被剿灭之后，留下的是一个残破的东南，以及破碎的"丰亨豫大"太平盛世假象。

方腊遇害的第二年，即宣和四年（1122年），大型皇家园林竣工，初名万岁山，后改名艮岳、寿岳，亦号华阳宫。宋徽宗亲写《御制艮岳记》记载这一盛举。

然而，好景不长，宋徽宗仅在艮岳畅春游玩五年。靖康二年（1127年），金人攻陷了当时全世界人口最多的梦华之城汴京。城破，国亡。宋徽宗、宋钦宗也被金兵掳走，残死北国。

在汴京保卫战中，艮岳发挥的唯一作用就是军民将园内珍贵的太湖石砸碎充当炮石，用来抵御金兵，剩余的被黄水几次淹城淤没于地下。

金兵将艮岳的一批秀石不远千里运往燕京，今堆放于北京的中山公园、北海等地；中南海瀛岛有艮岳遗石堆砌的假山，这是清代造园名家张南垣、张然父子精心之作。

留在当地的遗石保存在大相国寺，成为今开封与铁、繁二塔齐名的千年遗物。

金兵南侵时，部分正在运往汴京的太湖石，遗弃途中。上海著名景点豫园、苏州网师园、南京瞻园有名的太湖石，均为花石纲遗物。其中，豫园有一块镇园之宝名曰"玉玲珑"，高约3米、宽约1.5米、厚约80厘米、重约3吨，细巧秀润，富有太湖石皱、漏、瘦、透之美。据称，该石有72个天然蜂巢孔穴，若以一炉香置于石底，便会呈现"百孔淌泉，百孔冒烟"的奇观。明代文学家王世贞盛赞："压尽千峰耸碧空，佳名谁并玉玲珑。梵音阁下眠三日，要看缭天吐白虹。"

元初名儒郝经咏叹：

> 万岁山来穷九州，
> 汴堤犹有万人愁。
> 中原自古多亡国，
> 亡宋谁知是石头？

北掳皇族

靖康元年（1126年）八月，金兵南下，渡过天堑黄河，兵锋直抵汴京。同年闰十一月，汴京外城沦陷。此时，金军允许北宋前往议和。宋钦宗被迫写下降表，接受了金国提出"金1千万锭，银2千万锭，绢1000万匹"的巨额赔偿。

靖康二年（1127年），北宋覆亡。金人尽掠汴京九十二府库、一百六十七年所积藏的金银财宝、书画珍玩等。

> "金人以帝及皇后、皇太子北归。凡法驾、卤簿，皇后以下车辂、卤簿，冠服、礼器、法物，大乐、教坊乐器，祭器、八宝、九鼎、圭璧、浑天仪、铜人、刻漏，古器、景灵宫供器，太清楼秘阁三馆书、天下州府图及官吏、内人、内侍、技艺、工匠、娼优，府库畜积，为之一空。"[1]

---

[1]《宋史》。

此时，金银财宝、书画珍玩等，已经无法满足金军无尽的贪婪与无边的欲壑。正月二十二日，他们提出了一套关于战争赔偿的补充方案：假如宋廷无法按时、足额交割赔款，可以将皇家女子按照一定的对价卖给金军，冲抵金银之数。"以女子换金银"的方案，有着简单粗暴的等级分类与换算公式：

> 原定犒军费一百万锭，白银五百万，须于十日内轮解无阙。如不敷数，以帝姬、王妃一人准金一千锭，宗姬一人准金五百锭，族姬一人准金二百锭，宗妇一人准银五百锭，族妇一人准银二百锭，贵戚女子准银一百锭，任听帅府选择。[1]

宋徽宗、宋钦宗是天子，也是男人。面对奇耻大辱，父子二人全盘接受，并极其高效地组织、交付了。仅仅三天时间，开封府于正月二十五日便完成了任务，照料护送各个等级的女子前往金军大寨。上自嫔御，下至官妓，数量超过五千人，均着盛装。

同时，金军遴选接收了处女三千名。金朝宗室名将完颜宗翰迫不及待，自取数十女；从诸位将领到基层军官谋克（相当于百夫长）以上，分别奖赏数女；谋克以下，有时奖赏一二女。[2]

另有一组更为详细的选送名单，来自宋代确庵、耐庵编纂记载关于汴京陷落、宫室宗族北迁的文献《靖康稗史笺证》，略云：选纳妃

---

1 元代，李天民，《南征录汇》。
2 元代，李天民，《南征录汇》：自正月二十五日，开封府津送人物络绎入寨，妇女上自嫔御，下及乐户，数逾五千，皆选择盛装而出。选收处女三千，余汰入城，国相（完颜宗翰）自取数十人，诸将自谋克以上各赐数人，谋克以下间赐一二人。因病汰还千余……"

政和元年

嫔83人，王妃24人，帝姬[1]22人，人准金一千锭，帝妃5人倍益；嫔御98人，王妾28人，宗姬（郡主）52人，御女78人，近支（宗族关系较近的支派）宗姬195人，人准金五百锭等。最终，作价交割的宋朝女子超过一万人。

宋代佚名撰写的笔记《开封府状》记载皇室女子名录（部分）：

帝姬二十一人：

嘉德帝姬，二十八岁，即玉盘。

荣德帝姬，二十五岁，即金奴。

安德帝姬，二十二岁。

茂德帝姬，二十二岁，即福金。

成德帝姬，十八岁。

洵德帝姬，十八岁，即富金。

显德帝姬，十七岁。

顺德帝姬，十七岁，即缨络。

仪福帝姬，十七岁，即圆珠。

柔福帝姬，十七岁，即多富嬛嬛。

保福帝姬，十六岁。

仁福帝姬，十六岁。

惠福帝姬，十六岁，即珠珠。

永福帝姬，十六岁。

---

1 政和三年（1113年），宋徽宗采纳宰相蔡京的建议：仿照周朝的"王姬"称号，一律改称"公主"为"帝姬"。由此前的以国号为名，改为美好之名。

贤福帝姬，十六岁。

于福帝姬，十四岁，即串珠。

和福帝姬，十二岁。

令福帝姬，十岁。

华福帝姬，九岁。

庆福帝姬，七岁。

纯福帝姬，四岁。

契勘来目，尚有崇德帝姬金仙，即征福帝姬、寿福帝姬，三金即敦福帝姬、熙福帝姬，恭福即小金帝姬，亦即小帝姬，并先薨逝，谨再陈叙者。

少帝（宋钦宗）妃嫔三十八人：

朱慎德妃，十八岁。

郑才人，十七岁，名庆云。

韩才人，十八岁，名静。

刘才人，十五岁，名月娥。

卢才人，十七岁，名顺淑。

何才人，十六岁，名凤龄。

狄才人，十五岁，名玉辉。

戚夫人，二十岁，名玉。

郑夫人，十九岁，名月宫。

蒋夫人，十六岁，名长金。

鲍夫人，十九岁，名春蝶。

宋内宰，二十一岁，名淑媛。

田副宰，十九岁，名芸芳。

曹内吏，十九岁，名妙婉。

卜内史，十九岁，名女盂。

席内史，十六岁，名进士。

程内史，十七岁，名巧。

俞内吏，十八岁，名玩月。

黄内吏，十六岁，名勤。

徐尚仪，二十一岁，名金五。

许尚仪，十六岁，名春云。

周尚服，十六岁，名男儿。

徐尚服，十八岁，名宝莲。

何尚食，十九岁，名红梅。

杨尚食，十六岁，名调儿。

方尚寝，十七岁，名芳香。

陈尚寝，十七岁，名文婉。

沈尚功，十九岁，名知礼。

叶尚功，十八岁，名寿星。

华宫正，二十四岁，名正仪。

吕使令，十八岁，名吉祥。

褚使令，十七岁，名月奴。

骆使令，十五岁，名蝶儿。

顾使令，十五岁，名顽童。

芮使令，十五岁，名秀。

严使令，十四岁，名莺簧。

姜使令，十四岁，名田田。

卫使令，十三岁，名猫儿。

朱内宰以下未封夫人,是与来目两歧,谨再陈叙者。

"中土祸患,至宋徽、钦而极,子息蕃衍,耻辱亦大,前史未有也。"[1] 战火纷飞,女人永远是最脆弱的受害者。随着徽钦二帝北虏,后宫皇后及妃嫔、王妃、帝姬、公主、嫔御、王妾、宗姬、御女、近支宗姬、宫女、贵戚官女,悉数成为金人的优先级战利品。"十人九娼,名节既丧,身命亦亡。"

二月五日夜,完颜宗翰宴请手下将领,命令送来的宫嫔换装侍酒,如有不从者即处死。当时有郑氏、徐氏、吕氏抗命不从,即被斩杀;又有"烈女张氏、曹氏抗拒金朝二太子完颜宗望的意愿,刺以铁竿,挂在帐前,流血三日而死。此后,王妃、帝姬送进军寨,金人威胁她们引以为鉴,人人乞命。"命福金帝姬抚慰之,令施膏沐,易后宫舞衣入帐侍宴。"[2]

被扣留金国而出仕的北宋使节宇文虚中(1079年—1146年)曾经遇见沦为歌妓的北宋宗姬,有感而发作词《念奴娇》,称其为"宋室宗姬,秦王幼女,曾嫁钦慈族"。

《燕人麈》的作者记录了一则故事,荒诞离奇,又真实残酷。

"以八金买倡妇,实为亲王女孙、相国侄妇、进士夫人。"

故事梗概是:他的铁匠邻居,花费八金买了一位娼妇。问询之后

---

1 宋代,确庵、耐庵编纂,《靖康稗史笺证》。
2 元代,李天民,《南征录汇》。

政和元年 99

才知晓,该女子原是北宋亲王的孙女,嫁给了相国的侄子,而她的夫君曾经高榜进士。[1] 如今,一切有为法,如梦幻泡影。

南朝多少伤心事,犹唱后庭花。
旧时王谢,堂前燕子,飞向谁家。
恍然一梦,仙肌胜雪,宫髻堆鸦。
江州司马,青衫泪湿,同是天涯。[2]

这群身份高贵的女人,就像汴京夜市琳琅满目的沿街商品,被金军大肆瓜分、凌辱、买卖、赠送,"被掠者日以泪洗面,房酋皆拥妇女,恣酒肉,弄管弦,喜乐无极。"[3] 覆巢之下,焉有完卵。宋徽宗第四女赵福金(1103年—1128年)、宋钦宗皇后朱琏(1102年—1128年)、宋高宗生母韦氏(1080年/1090年—1159年),同样难以幸免。"邢、朱二妃、二帝姬以坠马损胎,不能骑行"。

年仅25岁的茂德帝姬赵福金,可谓金枝玉叶。这位人尽皆知的美人,初嫁蔡京第五子、宣和殿待制蔡鞗(tiáo),随流五国城(今黑龙江哈尔滨市依兰县)。[4]

来到北国,赵福金的第一段噩梦是:诱骗、灌醉、占有。"议和

---

1 《燕人麈》。
2 宋末金初,吴激,《人月圆·宴北人张侍御家有感》。
3 明代,吕坤,《呻吟语》。
4 金朝,可恭,《宋俘记》:四女赵福金,已嫁。自刘家寺五起北行。福金,六年八月殁于兀室寨。

诸臣诱姬至寨，误饮狂药，婉委顺从，斡遂肆欲无厌"。[1]

她被迫改嫁金太祖完颜阿骨打次子、完颜宗望（不详—1127年）。然而，这位吞辽破宋的二太子不久病逝。岂料，她又迎来了第二段噩梦：改嫁金朝宰相完颜希尹（不详—1140年）。

关于赵福金的遭遇，金人王成棣撰写的《青宫译语》描述了另一个版本：

完颜宗翰长子、真珠大王设也马看中了赵福金，完颜宗望于是向宋徽宗索要。宋徽宗以"女儿已是蔡京儿媳"的理由而婉言拒绝。

完颜宗翰大怒："昨奉朝旨分房，汝何能抗令？堂上客各挈二人。"

宋徽宗说："上有天，下有帝，人各有女媳。"

然而"战俘天子"的话语已经毫无作用，设也马北上途中强占赵福金为妻。回到上京之后，金太宗诏许，赐帝姬赵福金、王妃徐圣英、宫嫔杨调儿、陈文婉作为设也马的妾室。[2]

赵福金芳龄薨逝，具体原因不详。相关史书只留下可怜的只言片语，"六年八月殁于兀室寨"。

朱琏当时二十六岁，艳丽多姿，经常遭受金兵调戏。金人要求她与皇太后入金宫"赐浴"。浸染儒家文化的朱皇后羞愤至极，上吊自缢，被人救起后又投水自尽。

金太宗完颜晟（1075年—1135年，本名"完颜吴乞买"）闻讯之

---

[1] 《燕人麈》：靖康之役，斡离不（完颜宗望）初欲得一帝姬，萧庆语斡云："天家女，非若民妇，必抗命自尽。"斡意沮。宋帝许归于庆人家属，未计福金帝姬为蔡京妇，在所归中。盟书既定，无中变理。议和诸臣诱姬至寨，误饮狂药，婉委顺从，斡遂肆欲无厌，蔡京流祸烈已。

[2] 金朝，王成棣，《青宫译语》。

后，敬重她的气节："怀清履洁，得一以贞。众醉独醒，不屈其节。永垂轸恤"，封靖康郡贞节夫人。[1]

受尽千般凌辱的，还有韦氏。[2]二帝（徽宗、钦宗）、二后（郑皇后、朱皇后）等皇室成员被押到金上京会宁府（今黑龙江省哈尔滨市阿城区），韦、邢等嫔妃、帝姬被迫"肉袒"（脱去上衣裸露肢体），与帝后一起在金朝太庙参与献俘礼、牵羊礼。

之后，韦氏与三百女眷安排在"浣衣院"。浣衣院不是真正的洗衣房，而是专供金人取乐的地方，相当于官妓院。这些女人被迫随女真乡俗，"露上体，披羊裘"。

靖康之耻是人类文明史上的一次空前劫难。《永乐大典》称："靖康之变，耻莫大焉。仇雪耻，今其时矣。"作为皇室仅有的幸存者，南渡的宋高宗一直处于金兵不断追击的状态下，可谓颠沛流离。绍兴十一年（1141年），南宋与金朝达成了屈辱的绍兴和议。

宋高宗派遣签书枢密院何铸、知阁门事曹勋等人送誓表给金朝。誓表内容，卑微恭顺：

---

[1]《靖康稗史之七 - 宋俘记笺证》：后六年八月二十四日殁上京。八年七月，封贞节夫人。妃随流五国。呻吟语：建炎二年【即金天会六年】八月"二十四日，虏主以二帝见祖庙……朱后归第自缢，苏，仍投水薨。"又引燕人麈云："是夜，少后朱氏自缢，救免，仍死于水。"又同书建炎四年【即金天会八年】七月"又诏，赵妻朱氏，怀清履洁，得一以贞。众醉独醒，不屈其节。永垂轸恤，宜予嘉名，可封为靖康郡贞节夫人。典重激扬，共喻朕意。"

[2]《宋史·卷二百四十三·列传第二》：韦贤妃，开封人，高宗母也。初入宫，为侍御。崇宁末，封平昌郡君。大观初，进婕妤，累迁婉容。高宗在康邸出使，进封龙德宫贤妃。从上皇北迁。建炎改元，遥尊为宣和皇后。封其父安道为郡王，官亲属三十人。由是遣使不绝。

> 臣构言：今来画疆，合以淮水中流为界，西有唐、邓州，割属上国。自邓州西四十里并南四十里为界属邓州，其四十里外并西南尽属光化军，为敝邑沿边州城。既蒙恩造，许备藩方，世世子孙，谨守臣节。每年皇帝生辰并正旦，遣使称贺不绝。岁贡银绢二十五万两匹，自壬戌年为始，每春季差人搬送至泗州交纳。有渝此盟，明神是殛，坠命亡氏，踣其国家。臣今既进誓表，伏望上国蚤降誓诏，庶使敝邑永有凭焉。

这封誓表，核心内容就是向金称臣、割地、纳贡。

绍兴十二年（1142年）三月，金熙宗完颜亶（1119年—1150年）派遣光禄大夫、左宣徽使刘筈（kuò）带着衮冕、圭宝、佩璲、玉册等前往临安册命。册文内容，傲慢少礼：

> 皇帝若曰：咨尔宋康王赵构，不吊，天降丧于尔邦，丞渎齐盟，自贻颠覆，俾尔越在江表，用勤我师旅，盖十八年于兹。朕用震悼，斯民其何罪！今天其悔祸，诞诱尔衷，封奏押至，愿身列于藩辅。今遣光禄大夫、左宣徽使刘筈持节册命尔为帝，国号宋，世服臣职，永为屏翰。呜呼！钦哉，其恭听朕命！

这封玉册，核心内容就是金熙宗接受宋高宗的称臣誓表，以居高临下的心理优势，册封赵构为宋朝皇帝。宗主国对于藩属国，寄予明确的角色定位：世服臣职，永为屏翰。

经历十五年的人生至暗时刻，作为和议成果之一，金朝同意遣返韦氏。

夏四月丁卯（5月1日），启程返回临安的名单没有宋钦宗，惟有韦氏丈夫宋徽宗、显肃皇后郑氏、儿媳邢秉懿的梓宫（皇帝、皇后的棺材）。邢秉懿是南宋高宗赵构的发妻。北掳之时，便传出多位皇室女子相继坠马流产，其中包括邢秉懿和郓王妃朱凤英、洵德帝姬赵富金、柔福帝姬赵嬛嬛。几天后，盖天大王完颜宗贤强逼邢秉懿，使她几乎想要自尽。

离别之际，乔贵妃（1086年—不详）[1]为她的好姐妹韦氏备下薄酒，深情送别。两人都曾侍奉郑皇后，结为姊妹，相约先贵者毋相忘。后来，乔贵妃得到宋徽宗宠幸，先后生下七个儿子，并向皇帝引荐了韦氏。沧海桑田，天下骤变。

金朝明威将军、少府少监高居安，沂王、御前左副都点检完颜宗贤，秘书监刘陶等人负责全程护送南归。乔贵妃向高居安赠送了"金五十两"，拜托他："薄物不足为礼，愿好护送姊还江南。"

"姐姐此归，善自珍重。见儿郎，为皇太后矣。妹妹永无归期，当死于北方荒凉之地！"贵妃痛哭，韦氏亦哭。

乔贵妃说道："姐姐到快活处，莫忘了此中不快活。"

韦氏回应："不敢忘今日。"

乔贵妃方授杯，韦氏执杯一饮而尽，悲伤痛哭。

---

[1]《皇宋十朝纲要》卷十五·嫔妃十四：初为御侍。崇宁二年五月封宜春郡君。三年九月进美人。四年闰二月进婕妤。五年二月进婉容。大观元年十二月进贤妃。二年二月进德妃。三年五月进贵妃。生，景王杞、济王栩、邠王材、华原郡王朴、郓王楗、郓国公橰、瀛国公樾。

在旁的皇室成员不禁泪流满面。[12]

经过四个月的漫漫长途,宋高宗的母亲宣和皇后韦氏"回銮"。八月十八日,凤辇抵达行在临安近郊临平。

宋高宗带领黄麾半仗二千四百八十三人亲自奉迎。时年十六岁的普安郡王、检校少保赵瑗(1127年—1194年,后改名"赵昚")也一同前往,他便是日后受禅登基的宋孝宗。

阔别十五年,母子喜极而泣,军士们一片欢呼,声振天地。

然后,韦氏乘坐御舫经上下塘河,在城北的五里塘口俞家桥上埠,经艮山门被迎入皇城,住进慈宁殿。

从五国城到临安府,犹如从地狱到天堂,简直是世界的两极。不过,韦氏并没有兑现承诺接回好姐妹。这位受尽凌辱的传奇女子,此后享受了十八年的极致尊荣,以八十岁高寿辞世,葬于永佑陵(今浙江绍兴市东南)之西,谥号"显仁皇后"。她成为中国历史上最长寿的太后之一。

彻夜西风撼破扉,萧条孤馆一灯微。家山回首三千里,目断山南无雁飞。徽钦北虏,感兹祥瑞的《瑞鹤图》在战火中遂散落民间,不知所踪。

宣和道君天帝子,降灵下作长生主。

---

1 宋代,徐梦莘,《三朝北盟会编》卷二百一十一。
2 《宋史》卷二百四十三·列传第二·后妃下:乔贵妃初与高宗母韦妃俱侍郑皇后,结为姊妹,约先贵者毋相忘。既而贵妃得幸徽宗,遂引韦氏,二人愈相得。二帝北迁,贵妃与韦氏俱。至是,韦妃将还,贵妃以金五十两赠高居安,曰:"薄物不足为礼,愿好护送姊还江南。"复举酒酌韦氏曰:"姊善重保护,归即为皇太后;妹无还期,终死于朔漠矣!"遂大恸以别。

政和元年　105

风流不混世间尘，清出冰壶湛秋宇。
前身雅是太霄君，金编玉策多奇勋。
感此仙禽四十翼，朝真东度三山云。
低回不肯去，舞雪依端门。
长鸣若有诉，飞声彻昆仑。
是时道君振衣起，遥听鹤语通仙意。
濡毫为写青田真，龙香更洒亲题字。
朱顶凝丹砂，白羽吹霜袂。
内府珍藏谁敢沽，大贝南金烂无比。
想当政和年，善治谈老庄。
遂令霞上仙，控鹤森翱翔。
一朝中原成永诀，五国城高卧风雪。
此时老鹤如可呼，便欲骑之上天阙。[1]

六百年后，《瑞鹤图》竟奇迹现世。入清朝内府前，《瑞鹤图》经元胡行简、明项元汴、吴彦良等人递藏。后归藏清朝内府，倍受清帝珍爱，钤有"乾隆御览之宝""宝笈重编""嘉庆御览之宝""宣统御览之宝"等玺印，著录于《石渠宝笈》续编之中。

清朝末代皇帝爱新觉罗·溥仪（1906年—1967年）逊位之后，以各种名义，赏赐御弟爱新觉罗·溥杰（1907年—1994年），将紫禁城宝物盗运出宫。1945年8月17日，溥仪得知日本战败投降之后，逃至吉林省临江县大栗子沟，密谋经沈阳前往日本。

他随身携带数箱珍贵书画及珠宝玉器，在沈阳东塔机场被人民解

---

[1] 明，蒲庵禅师，《蜀府命题所藏宣和瑞鹤图》。

放军及苏联红军截获。

宋徽宗《瑞鹤图》、宋徽宗《摹张萱虢国夫人游春图》、宋张择端《清明上河图》等国宝，结束颠沛流离，入藏东北博物馆（即辽宁省博物馆）等处。一同入藏的国宝还有唐代阎立本《步辇图》、唐代周昉《簪花仕女图》、五代十国南唐顾闳中《韩熙载夜宴图》、元代赵孟𫖯《水村图卷》等传世珍品。

据说，历史喜欢作弄人，喜欢同人们开玩笑。本来要到这个房间，结果却走进了另一个房间。

在历史上，凡是不懂得、不认识自己的真正实质，既不了解实际上（而不是凭自己的想象）倾向于哪些阶级的人们、集团、派别、经常会遇到这样的事情。

显然，宋徽宗本来要到这个房间，结果却走进了另一个房间。他本是一位天才艺术家，却偏偏当了皇帝。

他也万万不会想到：他的御作《瑞鹤图》《摹张萱虢国夫人游春图》和他最先收藏的宣和画院作品《清明上河图》，在约八百年后被另一位末代皇帝收藏。溥仪所属的清朝（1636年—1912年）与给宋徽宗带来灭顶之灾的金朝（1115年—1234年），均龙兴于东北地区，脱胎于白山黑水之间的女真族。

不过，宋徽宗和溥仪也有共同的传奇故事：从天子到战俘。

赵佶，《摹张萱虢国夫人游春图》，绢本设色，51.8×148cm，辽宁省博物馆藏

赵佶,《摹张萱虢国夫人游春图》,绢本设色,51.8×148cm,辽宁省博物馆藏

第四章
胡马欲踏河冰渡

那些背叛同伴的人，常常不知不觉地把自己也一起灭亡了。

——古希腊，伊索，《伊索寓言》（Aesop's Fables）

澶渊之盟

> 垦地播宿麦，饭牛临野池。
> 未能贪佛日，正恐失农时。
> 砣砣锄耰力，勤勤祝史辞。
> 嘉平得三白，吾饱岂无期？

这是南宋诗人陆游写就的《种麦》诗。春种一粒粟，秋收万颗子。秋收之际，及时抢收秋熟作物是农民一年当中的大事，以免遭受早霜冻、连阴雨的自然灾害。

景德元年（1004年），金色的秋天来了，碧空被秋风抹拭得澄净而美丽。

喜看小麦千重浪，遍地农民下夕烟。喜割麦浪的农忙计划被意外打乱了节奏。北方呼啸南下了一支庞大的军队，尘土飞扬，人数多达20万。

10月10日，辽国南京（今北京），辽国萧太后、辽圣宗驾临陪都。次日，设立祭坛，供奉祭品，祭祀辽太宗耶律德光（902年—947年）皇帝庙。

"国之大事,在祀与戎。"[1] 此次祭祀,并非例行的宗庙活动,而是向先帝汇报一项特别军事行动。

一场关乎国运、影响深远的南征开始了。萧太后、辽圣宗下达了军事部署:北院大王磨鲁古、太尉老君奴分别统领北、南王府军队,辽圣宗的弟弟、楚王耶律隆佑留守京师。各项事务安排妥当之后,10月24日(闰九月初八),萧太后、辽圣宗以收复瓦桥关(今河北雄县旧南关)的名义,亲率大军深入宋境,意在收复关南十县。[2]

萧太后不愧是一位杰出的政治家、军事家,她选择的进攻路线富有兵机。位于宋辽边境线上的瓦桥关是后周世宗北伐之时收复的边城,而瓦桥关所在的雄州"北连草原,南接中原,西贯高原,东望大海"。这里就像一把打开四方的密钥。

这位"辽国的武则天"以女主临朝听政,国家大事一决于其手。[3] 辽国每次大军出征,萧太后都会披甲督战,尽显巾帼英雄风采。[4] 此次御戎澶州,并不是她第一次亲征宋军。十九年前的宋雍熙三年(986年),她大败宋真宗的父亲宋太宗赵光义,复克幽云十六州,俘

---

1 《左传·成公·成公十三年》:刘子曰:"国之大事,在祀与戎,祀有执膰,戎有受脤,神之大节也。今成子惰,弃其命矣,其不反乎?"
2 《宋史·卷二百八十一·列传第四十》:景德元年九月,契丹统军挞览引兵分掠威虏、顺安、北平,侵保州,攻定武,数为诸军所却,益东驻阳城淀,遂攻高阳,不得逞,转窥贝、冀、天雄,兵号二十万。
3 《契丹国志》卷六:"以女主临朝,国事一决于其手。大诛罚,大征讨,蕃汉诸臣集众共议,皇后裁决,报之知帝而已。"
4 李焘,《续资治通鉴长编》卷七十二:"萧氏有机谋,善驭左右,大臣多得其死力。先是,蕃人殴汉人死者,偿以牛马,汉人则斩之,仍没其亲属为奴婢,萧氏一以汉法论。每戎马入寇,亲被甲督战。及通好,亦出其谋。然天性残忍,多杀戮。"

政和元年　113

虏当时宋军旗帜人物杨业（不详—986年）。

时间退回到雍熙三年。北宋雄州（今河北雄县）知州贺令图及其父岳州刺史贺怀浦及文思使薛继昭、军器库使刘文裕、崇仪副使侯莫陈利用等，相继向宋太宗进言："虏主年幼，国事决于其母，其大将军韩德让宠幸用事，国人疾之，请乘其衅以取幽蓟。"他们爆料称，萧太后与韩德让是情人关系。萧绰幼时，曾许配韩德让，已经谈婚论嫁。后来萧绰入宫嫁给辽景宗耶律贤（948年—982年）。萧绰守寡之后，又与韩德让旧情重燃。[1]

子少母壮，宋太宗认为有机可乘，于正月二十一日第二次北伐，史称"雍熙北伐"。天平军节度使曹彬（931年—999年），侍卫马军都指挥使、彰化军节度使米信，检校太师、忠武军节度使潘美，云州观察使杨业，侍卫步军都指挥使、静难军节度使田重进等名将纷纷出阵，兵分三路，直指幽云。曹彬素有"宋良将第一"美誉，在宋太祖统一全国的征战中，以主帅身份攻灭南唐，后来又随宋太宗伐北汉、攻辽国。她的孙女曹氏后来成为宋仁宗赵祯的皇后、宋英宗赵曙的皇太后。

听闻宋军相继攻陷岐沟、涿州、固安、新城，萧太后三月初七便宣布亲征，辽圣宗、韩德让同行。王牌对王牌，对阵曹彬的是辽国宗室、名将耶律休哥（？—998年）。萧太后以耶律休哥抵御曹彬一路，又以耶律斜轸抵御杨业一路。五月初三，曹彬军队在岐沟关大败，败军连夜渡过拒马河，溺死者数量众多，剩余部队逃奔高阳又被辽军冲杀，死者数万，丢弃戈甲堆积如山。七月初九，耶律斜轸派侍御涅里

---

[1] 宋代，路振，笔记《乘轺录》："（萧绰）幼时尝许嫁韩氏，即韩德让也，行有日矣。而耶律氏求妇于萧氏，萧氏夺韩氏妇而纳之，生隆绪，即今虏主也。"
清代著名地理学家，徐松，《宋会要辑稿》："萧氏与韩私通，遣人缢杀其妻，乃入居帐中同卧起，如夫妻共案而食。"

底、干勤哥奏报克复朔州，活捉号称"杨无敌"的杨业。中箭疮发的杨业绝食三日而死，萧太后下令割下他的头颅，装入匣中，传送边关各地，鼓舞辽军士气。固守云、应诸州的宋军听说杨业殉国，纷纷弃城而逃，辽军顺利收回了原有所占疆土。[1] 雍熙北伐的歧沟关之战，铁娘子的个人威望达到巅峰，辽圣宗率领百官给她上尊号"睿德神略应运启化承天皇太后"。

早在宋太平兴国四年（979年），宋太宗第一次北伐，击败北院大王耶律奚底、统军使萧讨古等，围困辽国南京。耶律休哥率五院军前往救援，与宋太宗遭遇高梁河（今北京西直门外），斩首宋兵万余人。耶律休哥身负三处创伤，追至涿州（今河北涿州），险些俘虏受伤南逃的宋太宗。

让我们的视线重新回到景德元年澶渊之战。

战争初期，辽军气势如虹，辽国名将萧挞凛攻破边陲要地遂城（今河北保定市徐水区内），生俘宋将王先知、云州（今山西大同市）观察使王继忠，力攻"控幽燕之肘腋"的定州（今河北保定市附近）[2]。

辽主南牧，宋廷震动。宋真宗赵恒胆小怯懦，听闻辽军压境，顿时惊慌失措。

---

1 《辽史》本纪，卷十一，圣宗二：宋将杨继业初以骁勇自负，号杨无敌，北据云、朔数州，至是，引兵南出朔州三十里，至狼牙村，恶其名，不进；左右固请，乃行。遇斜轸，伏四起，中流矢，堕马被擒。疮发不食，三日死。遂函其首以献。诏详稳辖麦室传其首于越休哥，以示诸军，仍以朔州之捷宣谕南京、平州将吏。自是宋守云、应诸州者，闻继业死，皆弃城遁。

2 北宋，定州知州宋祁，《论镇定形势疏》："天下根本在河北，河北根本在镇（正定）定（定州），以其扼贼冲，为国门户也。"

澶州是重要粮仓与军事重镇，距离汴京仅约150公里，地处冀、鲁、豫三省交界，属于黄河下游地区冲积平原。面对突发的特别军事行动，当时的北宋朝廷形成了三个阵容：主战派、主和派、迁都派。

主战派领袖人物是同中书门下平章事毕士安（938年—1005年）和集贤殿大学士寇准。[1]"双宰相"力请宋真宗御驾亲征，亲往战争前线澶州（今河南濮阳市）。迁都派有两个代表人物：参知政事王钦若、状元出身的陈尧叟。王钦若是临江军新喻县（今江西省新余市）人，主张迁都升州（今江苏南京）；陈尧叟来自蜀地阆州（今四川阆中市），主张迁都益州（今四川成都）。[2]

宋真宗问寇准："你知道王钦若、陈尧叟两人的谋划，表面上装作不知道。说说你的想法。"

"谁为陛下谋划这种计策的？其罪当诛！"寇准直接否定了主和派、迁都派。

"陛下英明神武，武将文臣团结协作。如果陛下御驾亲征，契丹贼寇自然望风而逃。我方出奇兵打乱敌方的战略部署，用坚守消磨敌军，形成敌疲我逸之势，我们胜算多矣。"

寇准进一步强调了迁都的严重危害，"怎么可以放弃汴京宗庙社稷而逃跑到遥远的楚、蜀之地？一旦如此，军心离散，敌寇乘机长驱直入，天下还怎么能够保存呢？"

---

[1]《宋史》：景德元年，以毕士安参知政事，逾月，并命同中书门下平章事，准以集贤殿大学士位士安下。

[2]《宋史·卷二百八十一·列传第四十》：参知政事王钦若，江南人也，请幸金陵。陈尧叟，蜀人也，请幸成都。

他依然坚持，请宋真宗亲临澶州。[1]

如果此时迁都南撤，北宋政权也许就烟消云散了。宋真宗内心很不情愿地踏上了北上之路。

一行人刚到澶州南城，辽国兵势正旺，众人请求先驻扎南城以观察军事形势。

寇准奏请说："陛下不过黄河前往对岸的北城，人心势必更加恐慌，敌军的气焰无法受到震慑，这不是扬威取胜之道。"

为了消除顾虑，他给大家吃了一颗定心丸，"更何况，将军王超率领劲兵屯驻中山扼守着咽喉之地，李继隆、石保吉分别设立大阵扼住了敌人的左右两侧，四方前来救援的军队很快就到达，为何迟疑不进呢？"

虽如此，众人依然惧怕前进，寇准竭力争取真宗渡河，但是，真宗犹豫不决。

寇准走出行营，遇到了殿前都指挥使高琼，对他说："太尉深受国恩，今天用什么来报答呢？"

"我是武人，愿以死效力。"高琼回答说。

高琼是一个很有戏剧故事的武将。年轻时候，凶猛无赖，沦为强盗，将在午门被斩首。行刑当日，夏雨滂沱，高琼趁看守松懈，便掣断锁钉逃遁，先在后周王审琦部下为将，后投身赵光义帐下做贴身侍卫。赵光义登上帝位，高琼升任御龙直指挥使。咸平六年（1003年）秋，宋廷招募近京的强壮乡兵补任禁卫军，宋真宗下诏殿前都指挥使

---

1 《宋史·寇准传》：帝问准，准心知二人谋，乃阳若不知，曰："谁为陛下画此策者，罪可诛也。今陛下神武，将臣协和，若大驾亲征，贼自当遁去。不然，出奇以挠其谋，坚守以老其师，劳佚之势，我得胜算矣。奈何弃庙社欲幸楚、蜀远地，所在人心崩溃，贼乘势深入，天下可复保邪？"遂请帝幸澶州。

政和元年　117

高琼训练、演习阵势，召集近臣一起前往观阅。各军纪律严整，宋真宗非常高兴，对高琼说："昨日的村民，都变为精锐啦！"[1]许多年之后，高琼的曾孙女高滔滔成为宋英宗的皇后、宋神宗的母亲，史称高太后。

时值朝廷危难之际，高琼体现出责任与担当。寇准带着高琼，再次拜见宋真宗，严肃地说："陛下不认为我说的是对的，可试问高琼等人。"

高琼跟着寇准来到御前，上奏说："寇相主战，实乃良谋。陛下若不驾幸北城，北城百姓就如同家里失去父母。"

近臣冯拯在旁呵斥："高琼大胆无礼！"

高琼发怒回怼："大人凭借锦绣文章进入两府大臣，如今敌人骑兵杀到这里，你却责备高琼无礼，大人何不赋诗一首却敌？"

宋真宗终于决定驾幸北城。然而，他来到黄河浮桥边，又惧敌不敢向前了。

高琼敲打着驭辇武士的后背说："还不快走！今天都到这里了，还有什么可以迟疑的呢！"

宋真宗这才下令过河。[2]

在寇准和高琼的力劝下，宋真宗从黄河南岸通过浮桥抵达北岸，

---

1 《续资治通鉴长编·卷五十五》：（咸平六年）是秋，募近京强壮补禁卫，诏殿前都指挥使高琼阅习阵势，召近臣观之。日将午，左右进伞，上令撤之，睹行伍整肃，甚喜，谓琼曰："昨日村民，皆为精锐矣。"

2 北宋，司马光，语录体笔记《涑水记闻》：上在澶渊南城，殿前都指挥使高琼固请幸河北，曰："陛下不幸北城，北城百姓如丧考妣。"冯拯在旁呵之曰："高琼何得无礼！"琼怒曰："君以文章为二府大臣，今虏骑充斥如此，犹责琼无礼，君何不赋一诗咏退虏骑邪？"上乃幸北城，至浮桥，犹驻辇未进，琼以所执檛过筑辇夫背，曰："何不亟行！今已至此，尚何疑焉？"上乃命进辇。

登上北城门楼。

黄龙旗现身城楼，数十万宋军将士山呼万岁，一片沸腾，声势威震数十里。辽军士兵相视惊愕，不能成列。让他们没想到的是，从未上过战场的宋真宗居然亲临战争最前线。[12]

在澶州前线，宋真宗把军事要务全权委托给寇准。寇准奉旨独自决策，号令明确严肃，宋兵欢欣鼓舞。

期间，辽军数千骑兵乘胜迫近澶州城下，寇准命令部队迎头痛击来犯之敌，杀敌大半，辽兵于是退去。

宋真宗回到行营，留下寇准坐在城楼上，暗地里派人看看寇准到底做什么。寇准正在与"西昆体"诗歌的代表人物、翰林学士杨亿饮美酒、赌输赢，唱歌玩笑欢呼。

宋真宗高兴地说："寇准如此，我又有什么可以忧虑的。"

双方相持十几天。

55岁的北宋名将李继隆（950年—1005年）受任驾前东西排阵使，先于宋真宗抵达澶州，排兵布阵。南征北战的李继隆积极防御，在各处埋伏强弓劲弩，控制扼守各个关键要害。

---

1 《宋史·寇准传》：及至南城，契丹兵方盛，众请驻跸以觇军势。准固请曰："陛下不过河，则人心益危，敌气未慑，非所以取威决胜也。且王超领劲兵屯中山以扼其亢，李继隆、石保吉分大阵以扼其左右肘，四方征镇赴援者日至，何疑而不进？"众议毕惧，准力争之，不决。出遇高琼于屏间，谓曰："太尉受国恩，今日有以报乎？"对曰："琼武人，愿效死。"准复入对，琼随庭下，准厉声曰："陛下不以臣言为然，盍试问琼等？"琼即仰奏曰："寇准言是。"准曰："机不可失，宜趣驾。"琼即麾卫士进辇，帝遂渡河，御北城门楼，远近望见御盖，踊跃欢呼，声闻数十里。契丹相视惊愕，不能成列。

2 北宋，司马光，语录体笔记《涑水记闻》：既至，登北城门楼，张黄龙旗，城下将士皆呼万岁，气势百倍。会虏大将挞览中弩死，虏众遂退。

政和元年　119

这支特种部队的统军顺国王挞览,富有策略并英勇善战,所率部队皆为精锐。刚被任命为先锋,便更换旗帜,亲临前线督战。

对弈的辽军来势汹汹,从三面围合宋军。其中,轻骑部队由西北角突破穿插。

此时,受封兰陵郡王的萧挞凛现身最前线,视察地形,靠前督战。[1]

面对以逸待劳的澶州守军,萧挞凛没有把他们放在眼里,仅率数十轻骑抵近澶州城下侦察军情。雍熙三年,他参加辽宋燕云之战,以诸军副部署身份跟从枢密使耶律斜轸鏖战于山西朔州,俘获杨业,声名鹊起。[2]

一个意外事件发生了!交战双方数十万人的敏感心理和两个帝国的战和棋局,由此改写。

宋朝已经打造了完整的国防军工体系,建立了制造器甲的工署南北作坊及弓弩院,每个州都有作院,可谓是"弓弩帝国"。其中,弓弩制造规模、工艺质量达到了前所未有的高度。每年,南北作坊制造涂金脊铁甲等大约三万二千件,弓弩院制造角弝弓等大约一千六百五十余万件。这些兵工厂批量下线的各色武器,源源不断地

---

[1]《宋史·寇准传》:帝尽以军事委准,准承制专决,号令明肃,士卒喜悦。敌数千骑乘胜薄城下,诏士卒迎击,斩获大半,乃引去。上还行宫,留准居城上,徐使人视准何为。准方与杨亿饮博,歌谑欢呼。帝喜曰:"准如此,吾复何忧?"相持十余日,其统军挞览出督战。

[2]《辽史·卷八十五·萧挞凛传》:"统和四年,宋杨继业率兵由代州来侵,攻陷城邑。挞凛以诸军副部署,从枢密使耶律斜轸败之,擒继业于朔州。"

运往前线。[1]此时的宋军已经装备了"黑科技"——射程最远、杀伤最大的弓弩"三弓八牛床子弩"。某个隐蔽处,这件攻守兼备的狙击武器静静地等待着契丹传奇名将的现身。

在人类古代军事科技史上,三弓八牛床子弩是弓箭创新发展的巅峰之作,其结构是在一个特制的木架子上安装三张大弓,利用三张强弓合并一处的力量发射长箭。这种弓弩最强发射时需要八头牛才能拉动弓弦。为了便于实战使用,通常在三弓床弩后部两边安装两个绞盘,运用转动绞盘的杠杆力量把弓弦拉开,需要两个人至四个人一起操作。床弩箭矢硕大,类似当今奥运会运动员投掷的标枪。这种箭矢需要以长度一米以上的硬木作为箭杆、以三个铁片为箭翎、以锋利的钢铁为箭头,被称为"一枪三剑箭"。[2]

当时,一位名叫"张瑰"的威虎军低级将校负责床子弩。突然,一队侦察骑兵扑入了他的视野,也进入了他的射程。

随即,他唤起兵士们迅速行动,上好箭矢,拉满弓弦,对准这对骑兵的头目。

"发!"瞄准、击发由专人负责,大力士使用巨斧扣动扳机。

"嗖!"一阵尖锐的声音刺破空气。

"嘭!"一声脆响,不偏不倚,飞来的箭矢刚好射中骑兵头目的

---

1 《宋史》志 卷一百五十 兵十一 器甲之制:器甲之制 其工署则有南北作坊,有弓弩院,诸州皆有作院,皆役工徒而限其常课。南北作院岁造涂金脊铁甲等凡三万二千,弓弩院岁造角弝弓等凡千六百五十余万,诸州岁造黄桦、黑漆弓弩等凡六百二十余万。又南北作坊及诸州别造兵幕、甲袋、梭衫等什物,以备军行之用。京师所造,十日一进,谓之"旬课"。上亲阅视,置五库以贮之。尝令试床子弩于郊外,矢及七百步,又令别造步弩以试。戎具精致犀利,近代未有。

2 《武经总要》,"有三弓八牛床子弩,射及二百余步,用一枪三剑箭,最为利器,攻守皆可用。"

额头。

头目当即中箭坠马,随行士兵纷纷举着盾牌上前掩护,将他带回辽军大寨。

突变发生在瞬间,坠马者居然是萧挞凛!

当晚,一代传奇名将气绝身亡。[12]

天发一矢胡无酋。这一箭,算是宋军为被俘绝食的老将杨业报了仇。

这位来自山东寿光的北宋将校一战成名,载入史册。他射出的这支箭,将改写历史。

辽军意外遭遇"斩首行动",退却不敢轻动,士气受到重挫,有时派遣轻骑兵前来侦察宋军动态。

出师未捷身先死,萧太后等人悲痛不已,为之"辍朝五日"。

战场形势瞬息万变。辽国孤军深入宋朝腹地,战线漫长,补给困难,一旦被围,恐有覆灭风险。大将折损,萧太后审时度势,在决策层内部提出了议和想法:

> "闻挞与宋军作战,中弩身亡,我军失去砥柱。和议就这么决定。"

---

1 《宋史·卷二百八十一·列传第四十》:时威虎军头张瑰守床子弩,弩撼机发,矢中挞览额,挞览死,乃密奉书请盟。
2 《续资治通鉴长编》,卷五十八:契丹既陷德清,是日,率众抵澶州北,直犯大阵,围合三面,轻骑由西北隅突进。李继隆等整军成列以御之,分伏劲弩,控扼要害。其统军顺国王挞览,有机勇,所将皆精锐,方为先锋,异其旗帜,躬出督战。威虎军头张瑰守床子弩,弩潜发,挞览中额陨,其徒数十百辈竞前舆曳至寨,是夜,挞览死。敌大挫衄,退却不敢动,但时遣轻骑来觇王师。瑰,寿光人也。

萧太后说："或许是苍天厌倦战争，希望长城内外、南北百姓能够休养生息。"[1]她是一个务实的领导人，已经做好战与和的两手准备。此消彼长，她需要秘密派出使者持书前往澶州转达罢兵息战的意愿。

那么，谁是宋辽双方均可接受的信使呢？萧太后想到了"德仪雄美"的王继忠。他有着完美的双重身份。

王继忠父亲王珫曾任武骑指挥使，戍守瓦桥关。王继忠自幼丧父，六岁凭借恩荫补任东西班殿侍，后来在韩王藩邸任职，因为谨慎厚重，得到韩王信任。这位韩王就是日后的宋真宗。宋真宗即位后，亲信王继忠补任内殿崇班，累迁至殿前都虞候，掌领云州观察使，出任深州副都部署，改任镇、定、高阳关三路钤辖兼河北都转运使，升任高阳关副都部署，不久移任定州。[2]从藩邸到皇宫，他一直是宋真宗的亲信爱将。

咸平六年（1003年），辽国数万骑兵南侵，到达望都，王继忠与大将王超、桑赞等人率军支援。将士殊死作战，王继忠最终被俘。宋真宗闻讯震惊，十分悼念，开始认为王继忠已死，优诏赠大同军节度

---

[1]《辽史》："将与宋战，挞凛中弩，我兵失倚，和议始定。或者天厌其乱，使南北之民休息者耶！"

[2]《宋史·卷二百七十九·列传第三十八》：王继忠，开封人。父珫，为武骑指挥使，戍瓦桥关，卒。继忠年六岁，补东西班殿侍。真宗在藩邸，得给事左右，以谨厚被亲信。即位，补内殿崇班，累迁至殿前都虞候，领云州观察使，出为深州副都部署，改镇、定、高阳关三路钤辖兼河北都转运使，迁高阳关副都部署，俄徙定州。

使,助办丧事、相赠财物,并安排他的四个儿子为官。[1]

事实上,王继忠被萧挞凛擒获之后,萧太后非常欣赏他,知其贤能,授户部使,并将辽太祖耶律阿保机(872年—926年)的佐命功臣之一康默记(不详—927年)族女嫁给了他。王继忠非常感动,事必尽力。[2] 康默记原是蓟州的低级军官,后来归顺辽太祖,参与了契丹灭渤海国之战,主持修建了皇都城以及辽太祖陵墓。

既是往日宋皇嫡系,又是如今辽国女婿,萧太后便指令王继忠给宋真宗写了一封书信,传递议和之意。

宋朝方面收到书信之后方知,王继忠还活着。[3] 死而复生的将军,成了交战两国的和平使者。

对于萧太后请求结盟,寇准最初并不答应,而辽国使者态度反而更加坚决,一再请求罢兵。

这恰恰暗合了宋真宗内心深处的真实意愿。如果没有寇准强势力劝,他也不会来到危机四伏的战争前线。

宋真宗回信表示,宋朝不喜穷兵黩武,愿与辽国和解。寇准听到

---

[1] 《宋史·卷二百七十九·列传第三十八》:咸平六年,契丹数万骑南侵,至望都,继忠与大将王超及桑赞等领兵援之。继忠至康村,与契丹战,自日昳至乙夜,敌势小却。迟明复战,继忠阵东偏,为敌所乘,断饷道,超、赞皆畏缩退师,竟不赴援。继忠独与麾下跃马驰赴,服饰稍异,契丹识之,围数十重。士皆重创,殊死战,且战且行,旁西山而北,至白城,遂陷于契丹。真宗闻之震悼,初谓已死,优诏赠大同军节度,赗赙(fēng fù)加等,官其四子。

[2] 《宋史·卷十一》:统和二十一年,宋遣继忠屯定之望都,以轻骑觇我军,遇南府宰相耶律奴瓜等,获之。太后知其贤,授户部使,以康默记族女女之。继忠亦自激昂,事必尽力。

[3] 《宋史·卷二百七十九·列传第三十八》:景德初,契丹请和,令继忠奏章,乃知其尚在。朝廷从之,自是南北戢兵,继忠有力焉。

消息后，急忙赶回澶州南城苦谏，称辽国已是强弩之末，正是打败他们的大好时机。他对宋真宗说："继续和契丹作战，可保后世百年无事。不然，数十年之后，草原政权还会滋生战祸。"

宋真宗却不以为然："几十年后，自然有能人可以对付他们。"

"朕不忍心生灵涂炭。为了百姓休养生息，暂且议和吧。"[1]

寇准此时倚重的主战将领是在历次抗辽战斗中屡立战功的杨嗣、杨延朗（杨业之子，后改名延昭）。战机稍纵即逝，杨延朗上疏建议"饬诸军，扼其要路，众可歼焉，即幽、易数州可袭而取"。杨家将的作战思路是：辽军人困马乏，宋军士气鼎盛。此时正可扼守各路要道，集结兵马围歼辽军。然后乘胜北上，趁势收复燕云十六州。

这是一个求真务实又富有战略远见的作战方案。可惜，同样未被宋真宗采纳。此时的宋真宗只想逃离险象环生的战场，尽早媾和便可回銮。繁华的汴京才是他应该出现的地方。

萧太后计划收兵退去，伸出橄榄枝。寇准提出的条件是辽国称臣，并且献出幽州地区归还宋朝。而宋朝反对派纷纷支持议和，甚至联合起来攻击寇准拥兵自重。无奈之下，寇准被迫同意与辽国讲和。

宋真宗厌恶兵事，想要不断笼络辽国。[2] 他秉承"以金钱买和平"的谈判思路，急于启动议和谈判。那么，谁是合适的议和人选呢？

---

1 《续资治通鉴长编·卷五十八》：既而曹利用与韩杞至行在议和，准初欲勿许，且画策以进，曰："如此，可保百年无事。不然，数十岁后，戎且生心矣。"上曰："数十岁后，当有能扞（hàn）御之者。吾不忍生灵重困，姑听其和也。"
2 《宋史·寇准传》：挞览死，乃密奉书请盟。准不从，而使者来请益坚，帝将许之。准欲邀使称臣，且献幽州地。帝厌兵，欲羁縻不绝而已。
《宋史·卷二百八十一·列传第四十》：准欲邀使称臣，且献幽州地。帝厌兵，欲羁縻（jī mí）不绝而已。有潜（zèn）准幸兵以自取重者，准不得已，许之。

当时，殿直[1]曹利用（不详—1029年）正在行营奏报相关事项，枢密院便推他为候选人。宋真宗说："这是重要大事，不要随意用人。"第二天，枢密使王继英又推荐了曹利用，宋真宗因此授任曹利用为阁门祗候、崇仪副使，奉诏书前往辽军大营。

曹利用的父亲曹谏通过科举进入仕途，官至右补阙，因富有武略，改任崇仪使。曹谏死后，曹利用凭借父亲的恩荫"补殿前承旨，改右班殿直"。

临行之前，宋真宗嘱咐曹利用："辽军南下入侵，不是谋求土地便是想要求得财物。关南之地归属中国久已，不可许给辽国。汉代用玉帛赐给匈奴单于，有成例在先。"

曹利用痛恨辽国，便愤愤不平地说："他们若妄图有所贪求，臣绝不敢活着回来见陛下。"

宋真宗很欣赏他的豪言壮语。[2]

曹利用请示底线数额，宋真宗财大气粗地谕示："只要不割地，能讲和，百万以下皆可许可。"

强硬的寇准听到消息之后，暗中把曹利用唤到帷帐内，指示说："皇上虽有百万之约，我只许可你不超过三十万。超过这个数字，我

---

1 殿直，皇帝的侍从官。
2 《宋史·卷二百九十·列传第四十九》：景德元年，契丹寇河北，真宗幸澶州，射杀契丹大将挞览，契丹欲收兵去，使王继忠议和，择可使契丹者。利用适奏事行在，枢密院以利用应选，帝曰："此重事也，毋轻用人。"明日，枢密使王继英又荐利用，遂授阁门祗候、崇仪副使，奉书诣契丹军。帝语利用曰："契丹南来，不求地则邀赂尔。关南地归中国已久，不可许；汉以玉帛赐单于，有故事。"利用愤契丹，色不平，对曰："彼若妄有所求，臣不敢生还。"帝壮其言。

就砍了你的脑袋！"[1]

得到最高指示后，曹利用飞驰到辽军大营，萧太后在车舆上接见了他。

车辂上放置了一块横板，摆放着食用餐具，请曹利用一同饮食，而随从官吏则分列两排陪坐。接待之后，果然议论割让关南之地，曹利用断然拒绝。

萧太后派遣官员韩杞随曹利用一起前来澶州向宋皇复命，曹利用再次奉命出使。萧太后说："后晋感激我，送给我关南之地，后又被后周周世宗夺取，今天应归还给我。"

曹利用回复道："后晋将关南之地送给贵国，后周又把该地夺回，对此我大宋并不知悉。如果每年求取一些金银玉帛之类，用以资助军费，尚不知我们皇上是否同意。至于割地的请求，我根本就不敢向皇上奏报。"

燕云十六州以南的关南之地，一直都是宋辽两国反复争夺的焦点，有着复杂的历史渊源。农牧交错带的燕云十六州气候温和，地势平坦，盛产茶盐铁等重要的战略物资。这片战略要地东西六百公里，南北二百公里，面积约占十二万平方公里，相当于如今福建省的面积。天显十一年（936年），辽太宗耶律德光亲自带兵，"自雁门而入，旌旗不绝五十余里"。石敬瑭在辽太宗帮助下取得帝位，建立后晋，灭亡后唐。作为交换条件，石敬瑭自称儿皇帝，相约为父子之国，把燕云十六州割让给辽国，每年给辽国输送金帛三十万。后周广顺元年（951年），五代时期最后一个朝代后周建立，郭威养子柴荣（史称周

---

1 《宋史·卷二百八十一·列传第四十》：帝遣曹利用如军中议岁币，曰："百万以下皆可许也。"准召利用至幄，语曰："虽有敕，汝所许毋过三十万，过三十万，吾斩汝矣。"利用至军，果以三十万成约而还。

政和元年　127

世宗），力主北伐，势如破竹，取得莫州、瀛洲、易州和瓦桥关、益津关、淤口关。正当一鼓作气继续向北夺取幽州时，他突然病重驾崩。除了关南之地，燕云十六州当中剩余十四州依然还在辽国控制之下。

正当萧太后与曹利用拉锯谈判陷入胶着的时候，辽国政事舍人高正始冲上前威胁道："我们引兵南来，意图是收复故地。如果只是取得一些金银玉帛回去，那会愧对辽国臣民。"

"你何不为辽国仔细想想，假使按你说的，恐怕辽国要与大宋打仗结仇，辽国就得不到休养生息，于国家不利。"曹利用不慌不忙，分析利弊得失。

辽国估计无法使他屈服，便缔结和议，并未涉及割地。曹利用带着成约返回澶州。

正在行宫用膳的宋真宗没有马上接见他。不过，宋真宗十分关心岁赂金帛之数，就派了内侍前去询问曹利用"所许几何"。

曹利用推脱说："如此机密，只能当面禀明皇上。"

宋真宗斥责太监："姑且问个粗略数字！"

后经催促，曹利用"三指夹颊"，向内侍伸出三个手指头作表示。

太监看后，连忙跑回奏报："三指夹颊，岂非三百万？"

宋真宗一听，先是失声，说"太多"。很快，他又开始自我安慰："如果能够结束战争，三百万也可以。"

当时曹利用站在门外，先是听到"太多"，有些惶恐不安，又听到后半句，顿时喜上眉梢。

用膳之后，宋真宗召见曹利用。曹利用故意做作，再三称罪："为臣该死，许辽人银绢甚盛！"

"到底多少？"此时的宋真宗心里已经接受三百万这个额度。

"三十万！"

宋真宗顿时喜出望外，特地重赏了曹利用。[1]

从此，曹利用平步青云，被提拔为东上阁门使、忠州刺史，并赏赐一套在汴京的府第。辽国派遣使节前来访问，宋廷便命曹利用接待慰劳。[2]

澶渊之功，宋真宗也没有忘记王继忠。宋廷每年遣使到契丹，必定以袭衣、金带、器币、茶叶、药物赏赐予他，王继忠对宋使也必定泪下。[3]

每次接到宋真宗赏赐的礼物，王继忠都会"服汉服，南望天阙，

---

1 《续资治通鉴·宋纪二十五》：利用果以三十万成约而还。入见行宫，帝方进食，未即见，使内侍问所赂。利用曰："此机事，当面奏。"复使问曰："姑言其略。"利用终不肯言，而以三指加颊。内侍入曰："三指加颊，岂非三百万乎？"帝失声曰："太多！"既而曰："姑了事，亦可耳。"帷宫浅迫，利用具闻其语。及对，帝亟问之，利用再三称罪，曰："臣许之银绢过多。"帝曰："几何？"曰："三十万。"帝不觉喜甚，故利用被赏特厚。

戊子，帝作《回銮诗》，命近臣和。幸北寨劳军，遣雷有终领所部兵还并州屯所。时王超等逗挠无功，唯有终赴援，威声甚振，河北列城赖以张其军。

2 《宋史·卷二百九十·列传第四十九》：利用驰至军中，耶律隆绪母见利用车上，车辕设横板，布食器，召与饮食，其从臣重行坐。饮食毕，果议关南地，利用拒之。遣其臣韩杞来报命，利用再使契丹。契丹母曰："晋德我，畀我关南地，周世宗取之，今宜还我。"利用曰："晋人以地畀契丹，周人取之，我朝不知也。若岁求金帛以佐军，尚不知帝意可否，割地之请，利用不敢以闻。"其政事舍人高正始遽前曰："我引众以来，图复故地。若止得金帛归，则愧吾国人矣。"利用曰："子盍为契丹熟计，使契丹用子言，恐连兵结衅，不得而息，非国利也。"契丹度不可屈，和议遂定，利用奉约书以归。擢东上阁门使、忠州刺史，赐第京师。契丹遣使来聘，遂命利用迎劳之。

3 《宋史·卷二百七十九·列传第三十八》：岁遣使至契丹，必以袭衣、金带、器币、茶药赐之，继忠对使者亦必泣下。

政和元年 129

称未死臣,哭拜不起,问圣体起居,不避虏嫌"。[1]

他曾附奏上表请求召他回宋,宋真宗鉴于盟书约定各无所求,不想叛盟,赐诏书晓谕旨意。辽主也十分优待王继忠,赐皇族姓氏,改名为耶律显忠,后又更名耶律宗信,加封楚王。[2]

"澶渊之盟"以两国互致誓书的形式最终达成,基本解决了宋辽两国的领土争端。

北宋盟书:

> 维景德元年,岁次甲辰,十二月庚辰朔,七日丙戌,大宋皇帝谨致誓书于大契丹皇帝阙下:共遵诚信,虔守欢盟,以风土之宜,助军旅之费,每岁以绢二十万匹,银一十万两。更不差使臣专往北朝,只令三司差人般,送至雄州交割。沿边州军,各守疆界,两地人户,不得交侵。或有盗贼逋逃,彼此无令停匿;至于垄亩稼穑,南北勿纵绎骚。所有两朝城池,并可依旧存守;沟濠完葺,一切如常。即不得创筑城隍,开拨河道。誓书之外,各无所求。必务协同,庶存悠久。自此保安黎献,慎守封陲。质于天地神祇,告于宗庙社稷,子孙共守,传之无穷。有渝此盟,不克享国。昭昭天鉴,当共殛之。远具披陈,专俟报复。不宣谨白。

---

[1] 北宋,僧人文莹撰,历史小说《玉壶野史》,卷第四:继忠服汉章,南望天阙,称"未死臣",哭拜不起,问圣体起居,不避虏嫌。以其德仪雄美,虏以女妻之,伪封吴王,改姓耶律。卒于虏,人谓陷蕃王氏也。

[2]《宋史·卷二百七十九·列传第三十八》:尝附表恳请召还,上以誓书约各无所求,不欲渝之,赐诏谕意。契丹主遇继忠甚厚,更其姓名为耶律显忠,又改名宗信,封楚王,后不知其所终。子怀节、怀敏、怀德、怀政。

辽国誓书：

维统和二十二年，岁次甲辰，十二月庚辰朔，十二日辛卯，大契丹皇帝谨致誓书于大宋皇帝阙下：共议戢兵，复论通好，兼承惠顾，特下誓书。云"以风土之宜，助军旅之费，每岁以绢二十万匹，银一十万两。更不差使臣专往北朝，只令三司差人般，送至雄州交割。沿边州军，各守疆界，两地人户，不得交侵。或有盗贼逋逃，彼此无令停匿；至于垄亩稼穑，南北勿纵绎骚。所有两朝城池，并可依旧存守；沟濠完葺，一切如常。即不得创筑城隍，开拨河道。誓书之外，各无所求。必务协同，庶存悠久。自此保安黎献，慎守封陲。质于天地神祇，告于宗庙社稷，子孙共守，传之无穷。有渝此盟，不克享国。昭昭天鉴，当共殛之"。孤虽不才，敢遵此约。谨当告于天地，誓之子孙。苟渝此盟，明神是殛。专具谙述。不宣谨白。

概括而言，宋辽两国盟书要点如下：

一、定义两国关系。宋辽为兄弟之国，辽圣宗年幼，称宋真宗为兄。

二、划定两国边界。宋辽以白沟河（今河北省保定市）为界，辽放弃瀛、莫二州，双方撤兵。

三、确定岁币之数。"以风土之宜，助军旅之费"，宋每年向辽提供银十万两、绢二十万匹，送至雄州交割。

四、建立双边贸易。于边境设置榷场，互市贸易。

澶渊之盟尘埃落定，宋真宗班师回朝，大喜过望，写下御诗《契丹出境》（又称"回銮诗"）：

我为忧民切，戎车暂省方。
征旗明爱日，利器莹秋霜。
锐旅怀忠节，群胡窜北荒。
坚冰消巨浪，轻吹集嘉祥。
继好安边境，和同乐小康。
上天垂助顺，回斾跃龙骧。

对于澶渊之盟，北宋决策层始终存在着截然不同的认知。

澶渊之战，权任东京留守事的王旦（957年—1017年）认为这是一笔非常划算的经济账。在他的眼中，大宋每年贡奉辽国的岁币，与打仗的军费相比，都不到百分之一的占比，简直太合算了，并且免遭生灵涂炭。[1]

宋仁宗即位后，宰相富弼（1004年—1083年）上疏，也表达了类似于王旦的论调："澶渊之盟订之后，边境百姓享受了近四十年太平生活。我朝每年给出的岁币，与庞大的国防预算相比，相当于百分之一二。因此，澶渊之盟没有失策。"[2]

宋神宗时期宰相王安石（1021年—1086年）盛赞寇准，作诗颂

---

[1]《续资治通鉴长编》卷七十：旦曰："国家纳契丹和好已来，河朔生灵，方获安堵，岁每岁赠遗，较于用兵之费，不及百分之一。昨陛下登封告成，天地助顺，尽人事和而天象应也。"

[2] 北宋，富弼，《上仁宗河北守御十三策》：自此河湟百姓，几四十年不识干戈。岁遗差优，然不足以当用兵之费百一二焉。则知澶渊之盟，未为失策。

扬澶渊之功。

> 去都二百四十里，河流中间两城峙。
> 南城草草不受兵，北城楼卤如边城。
> 城中老人为予语，契丹此地经钞房。
> 黄屋亲乘矢石间，胡马欲踏河冰渡。
> 天发一矢胡无酋，河水亦破沙水流。
> 欢盟从此至今日，丞相莱公功第一。

不过，富弼居安思危，也发出了警示：由于缔结和约，致使宋朝上下普遍放松警惕，"重文轻武"的现象越来越严重。别说打仗，就连基本的武备都没有了。[1]

事实上，澶渊之盟签订之后，宋真宗便立即着手大裁军。"景德二年（1005年）正月初四，废罢各种行营，将镇州（今河北正定）、定州（今河北定州市，保定市代管）两路都部署合为一个。初六，废罢北面部署、铃辖、都监、使臣二百九十多人。十九日，裁减河北戍兵十分之五，边境裁减三分之一。"

从宋真宗开始，北宋后继之君骨子里都深深地刻上了"以金钱买和平"的烙印，宋太祖、宋太宗金戈铁马抵御强敌的英雄气概荡然无存。

一千多年前，北宋名将杨延昭镇守如铁的北部边境门户雄州搁置

---

[1] 北宋，富弼，《上仁宗河北守御十三策》：而所可痛者，当国大臣，论和之后，武备皆废。以边臣用心者，谓之引惹生事；以缙绅虑患者，谓之迂阔背时。大率忌人谈兵，幸时无事，谓敌不敢背约，谓边不必预防，谓世常安，谓兵永息，恬然自处，都不为忧。

争议,转型成为当时经济战线上的边境贸易特区,享受了宋辽两国的百年和平红利;一千多年后,宋辽古战道依然得到保留。在这片古战场上拔地而起的雄安新区,正站在新的历史起点上,开创着中国北方经济腾飞的新奇迹。京津保腹地,碧波荡漾、鱼翔浅底、塔吊林立、机械轰鸣,历史的烽烟与现实的梦想交相辉映。

平燕之谋

自澶渊之盟始,宋辽之间开始了长达一百二十年的和平,"生育蕃息,牛羊被野,戴白之人,不识干戈"。

政和元年,一个"远交近攻"的图谋在一个深夜开始谋划,并导致十六年之后的靖康之耻。宋辽金夏之间的"合作性博弈",开始走向"非合作性博弈"。一个叛徒拜会一个太监,献出一计奇谋,导致辽、宋两个超级大国覆灭!

同年六月,蔡京复任为太子少师;八月,复任为太子太师。九月,宋遣使赴辽,以端明殿学士郑允中充贺生辰使,童贯作为他的副手。

关于使臣人选,朝中有人提出反对意见:"以宦官为使臣,难道泱泱大宋没人了吗?"

宋徽宗力挺说道:"辽国听说童贯打败羌人,因此想见他。派他作为使臣,察看敌国,也是良策。"于是,使团成行。[1]

---

[1]《续资治通鉴》卷九十一:童贯既得志于夏,遂谓辽亦可图,因请使辽以觇之,乃以端明殿学士郑允中充贺生辰使,而贯副之。或言:"以宦官为上介,国无人乎?"帝曰:"辽人闻贯破羌,故欲见之;因使觇其国,策之善者也。"遂行。

童贯与蔡京备受宋徽宗宠信。少年时，童贯投身宦官、将领李宪门下。他的一大本事就是"性巧媚，善逢迎"，善于揣度皇帝意旨，预先做出顺承之事。宋徽宗即位，在杭州置金明局，童贯以供奉官的身份主管此事，开始与蔡京结交，并助力蔡京为相。蔡京为相后，赞成攻取青唐，竭力推荐童贯为西北监军。出兵交战，收复四州，迁为景福殿使、襄州观察使。此后童贯一路升迁，领枢密院事，掌兵权二十年，时称蔡京为"公相"，称童贯为"媪相"。

童贯一行人进入辽境，走到卢沟，夜宿驿馆。一位名叫马植的燕京人莫名求见，自称有收复燕云十六州的良策。马植是出生在燕云故地的汉族人，系辽国当地大族，一度官至光禄卿，专掌酒醴膳馐之事。作为皇帝的司务长兼总厨师，他的品行不端，"行污而内乱，不齿于人。"[1]

燕云十六州又称幽云十六州，形势雄伟，龙蟠虎踞，北连朔漠，南控江淮，且天子必居其中以受四方朝觐。

五代时，后晋石敬瑭以燕云十六州割让给契丹。燕云十六州以巍峨险峻的燕山、太行山为界分为山前七州、山后九州。位于太行山北支、燕山东南面的山前七州包括幽（今北京）、顺（今北京顺义）、檀（今北京密云）、蓟（今天津蓟州区）、涿（今河北保定涿州）、瀛（今河北沧州河间）、莫（今河北沧州任丘北）；山后九州包括儒（今北京延庆）、新（今河北张家口市涿鹿县）、妫（今河北张家口市怀来县）、武（今河北张家口市宣化区）、蔚（今河北张家口市蔚县）、应（今山西朔州市应县）、寰（今山西朔州东）、朔（今山西朔州）、云

---

[1]《续资治通鉴·宋纪·徽宗政和元年》："燕人马植，本辽大族，仕至光禄卿，行污而内乱，不齿于人。"

（今山西大同）。山前七州的核心是幽州，山后九州的中心在云州。山前山后十六州是农耕与游牧交错的战略缓冲带，也是从蒙古高原、辽东地区铁蹄南下中原的军事生命线和历代王朝的理想牧马场。

失去了这一天然屏障，将直接导致中原王朝暴露在北方游牧民族的铁蹄之下。宋朝大臣吕中说过："燕蓟不收，则河北之地不固；河北不固，则河南不可高枕无忧也。"为此，极具开拓精神的宋太祖赵匡胤、宋太宗都曾多次御驾亲征，北伐辽国，欲收复燕云十六州，均以失败告终。燕云一直是北宋皇族、文臣、武将、百姓心底隐隐的痛。

燕云十六州是一个巨大的诱惑，有着"金瓯缺"情结的童贯就接见了这位毛遂自荐的辽国汉族人。

马植献出的千古奇谋是：辽朝天祚帝荒淫失道，女真部落对于辽国之恨可谓深恶痛绝。宋朝如果从登（今山东蓬莱）、莱（今山东掖县）泛海，前往女真部落结盟，双方相约一起攻辽，那么辽国必亡。[1] 这是他的投名状。

交谈之后，童贯顿觉惊奇，如获至宝，便将他带回了汴京。从此，马植有了一个新名字"李良嗣"，被推荐给宋廷。[2]

此前，童贯已经通过在西北战场的胜利，累官至检校司空，这是历代太监难以企及的高度，但他并不满足。有一个更大的诱惑等待着

---

[1]《续资治通鉴》卷九十一：植即献策曰："女直恨辽人切骨，而天祚荒淫失道，本朝若自登、莱涉海，结好女直，与之相约攻辽，其国可图也。"议者谓祖宗以来虽有此道，以其地接诸蕃，禁商贾舟船不得行，百有余年矣，一旦启之，惧非中国之利，不听。

[2]《宋史·卷四百七十二·列传第二百三十一》：政和初，童贯出使，道卢沟，植夜见其侍史，自言有灭燕之策，因得谒。童贯与语，大奇之，载与归，易姓名曰李良嗣。

他，那就是封王！宋神宗临终之前曾留下遗诏："能复燕山者，虽异姓亦可封王。"童贯想借助马植之谋，再攀仕途巅峰。在他的推荐下，宋徽宗召见了马植。

御前，马植巧舌如簧，上奏说："辽国必然灭亡。陛下念及燕云旧民免遭涂炭的苦难，收复天朝往日的疆土，以天道谴责暴行，以仁治取代混乱。您的军队一到，百姓必然夹道欢迎。"

"万一女真得志，他们先发制人，而本朝后发制于人，事将不济。"[1]

马植的彩虹屁，拍得恰到好处。收复燕云十六州，是北宋开国至今尚未完成的宏大夙愿，也是宋太祖、宋太宗留给后世之君的战略命题。

太平兴国四年（979年），宋太宗御驾亲征，纵深穿插，战略奇袭幽州（今北京，辽称南京）。高粱河之战，战局骤变，宋太宗臀部中箭受伤而不能策马，乘坐驴车狼狈逃跑，险些被料敌入神的辽军统帅耶律休哥俘虏，成为"高粱河车神"。

七年之后，宋太宗再次北伐，誓要夺回燕云地区，报高粱河之战臀部中箭的旧仇。他集结了军中名将曹彬、田重进、潘美、杨业，但仍以惨败收场，"岐沟之蹶，终宋不振"，"宋人不敢北向"。此后，宋廷患上了严重的"恐辽症"。连战连败，北宋也由此改变国策，将国家战略调整为"守内虚外"，开始重文轻武而不再对外开拓进取。

如果在政和年间收复燕云，那是功德茂盛，可垂久远。这个大胆的计划直接刺激了宋徽宗内心深处的千古一帝梦想，马植之谋不亚于

---

[1]《宋史》列传 卷二百三十一：陛下念旧民遭涂炭之苦，复中国往昔之疆，代天谴责，以治伐乱，王师一出，必壶浆来迎。万一女直得志，先发制人，事不侔矣。

诸葛亮的三分天下隆中对。

宋徽宗欣然采纳，对马植予以嘉奖，赐皇姓赵，出任秘书丞之职务。[1]

童贯与蔡京这对政治盟友，裹挟着内心膨胀的宋徽宗，实质性终结了澶渊之盟确立的和平局面。宋帝国的命运和赵良嗣的个人命运便在此刻注定，在冥冥中共同走上了一条不归路。"国家祸变自是而始"。[2]

有了图燕之心后的宋徽宗心花怒放，大肆封赏。政和三年（1113年），为了显示自己的卓尔不同，在蔡京的建议下，他仿照周代的"王姬"称号，下诏将皇家的公主改称帝姬、郡主改称宗姬、县主改称族姬。

事实上，联金攻辽的计划一开始就遭到宋朝有识之士的激烈反对。太宰郑居中（1059年—1123年）的态度尤为坚定，反对单方面贸然毁约，并强调"用兵之道，胜负难料"：

"澶渊之盟至今百余年，兵不识刃，农不加役，虽汉唐的和亲之策，也不如我朝的安边之策。如今四方无虞，却要冒然毁约，恐招致天怒人怨。且用兵之道，胜负难料。若胜，国库必乏，人民必困；若败，遗害不知凡几。以太宗之神勇，收复燕云，两战皆败，今日何可轻开战端！"

---

[1]《宋史·卷四百七十二·列传第二百三十一》：荐诸朝，即献策曰："帝嘉纳之，赐姓赵氏，以为秘书丞，图燕之议自此始。

[2] 宋代，徐梦莘，《三朝北盟会编》。

海上之盟

政和七年（1117年）七月，一条海上漂来的军事情报，打破了汴京皇宫的宁静。宋徽宗闻讯，欣喜异常。

消息来自海上漂泊的一艘难民运输船只。

知登州（今山东蓬莱）王师中上奏朝廷："至是金之苏州汉儿高药师、曹孝才及僧即荣等，率其亲属二百余人，以大舟浮海，欲趋高丽避乱，是月，为风漂达宋界驼基岛（砣矶岛）。"

奏疏字数很少，信息量却是很大。苏州指今辽宁大连金州，与之隔海峡相望的登州下辖蓬莱、黄县、文登、牟平四个县。根据地理方位分析推断：高药师一行原计划从辽东半岛出发，通过海路，前往高丽（今朝鲜半岛）。途中遭遇台风，随着洋流，漂到了北宋驻军设防的砣矶岛（今属山东烟台市长岛县）。砣矶岛位于黄海最大岛群长山列岛的中间位置，是宋辽两国事实上的分界线。

搭乘大船渡海的二百余人都是躲避辽金战火的辽国难民，海风将他们带到了宋境登州。

难民的带头人叫高药师。他为北宋朝廷带来了一则极其重要的军事情报：女真已经斩杀辽国起义军领袖、自称大渤海皇帝的高永昌，豪夺契丹旧地。最新战线已经推进到了辽河以西。

这意味着，北宋与女真之间除了相隔一片黄海，已经没有了辽国的军事存在。

事实上，这一年正月，金军攻辽春州（今吉林长春），辽东北面诸军不战自溃。女古、皮室四部及渤海人皆投降金军。气势如虹的金军又攻陷辽朝泰州（今吉林白城市）。

> "凡欲征伐，先用间谍，觇敌之众寡、虚实、动静，然后兴师，则大功可立，战无不胜。法曰：无所不用间也。"[1]

王师中详细奏报辽国难民提供的这份军事情报，唤醒了北宋决策层沉寂六年的战略奇谋。政和元年，赵良嗣献计平燕之谋，宋徽宗高度认可。但在当时，海上之盟缺乏可实操的基础条件。按照赵良嗣的方案，北宋使团从莱州（今山东掖县）登船，渡过渤海，登陆辽东，然后一路向北寻找女真。当时，辽朝控制辽东，使团难以北行。如今，实际条件发生了重大变化：女真横扫东北，辽朝丢失辽东。[2]

宋徽宗听闻奏报，非常高兴。这位名为"药师"的辽朝难民，为千里之外的宋朝皇帝注入了一剂强心剂。宋徽宗随即传召蔡京、童贯等举行廷议。

蔡京、童贯等提出：宋金之间其实一直存在着一条海上贸易通道。这条通道由宋太祖于建隆年间与女真部落进行海外贸易而开辟的。当时的女真部落泛海到登州出售优质马匹。后来由于种种原因，双方贸易减少，但曾经的航道保留了下来。他们奏请下诏，按照往日

---

[1] 明朝开国元勋、军事谋略家刘基，《百战奇略》，第一卷·间战。
[2] 《续资治通鉴》，宋纪九十二：自建隆初，女直尝由苏州泛海至登州卖马，故道虽存，久闭不通。至是金之苏州汉儿高药师、曹孝才及僧即荣等，率其亲属二百余人，以大舟浮海，欲趋高丽避乱，是月，为风漂达宋界驼基岛，备言"女真既斩高永昌，渤海、汉儿群聚为盗，契丹不能制。女真攻契丹夺其地，已过辽河之西"。

的路线，以贸易的名义投石问路，前往探明战事进展与虚实。[1]

于是，高药师的身份发生了戏剧性的变化：从海上漂流到砣矶岛的难民，摇身一变，成了宋金海上之盟的探路使者。命运的飙风把他吹到了历史政治舞台的中央，参与并见证了这场历史大浪潮。

王师中七月上奏，很快就收到了朝廷诏书。八月，王师中挑选将校七人，以高药师为向导，组成了一支使团。二十二日，一行人搭乘平海指挥兵船，跨海前往女真，试探结盟攻辽的可能。[2]

行至渤海北岸女真控制区域，发现女真巡逻船只甲士甚多。使团差点被巡逻兵士所害，竟然被吓得逡巡不前。

正月三日丙戌，一行人返回了青州（今山东青州市）。

第一次试探性外交活动，因为使臣胆怯，直接宣告失败。但是，这并未浇灭宋徽宗心中联金攻辽的熊熊火焰。

改元后的重和元年（1118年）四月二十七日己卯，宋徽宗重新甄选出使人选，下诏登州兵马钤辖、武义大夫马政以及平海军指挥使呼延庆，会同高药师等过海至女真军前议事。

平海军是驻扎在登州的一支精锐海防水军，隶属北宋禁军。呼延庆博学多闻，通晓外语，善于诡辩。

一望无际的大海上，这艘使船乘风破浪，驶往目的地。满怀信心的使团刚刚登岸，就被女真巡逻兵抓住了，财物悉数被夺，并多次陷入被杀的危险境地。最终，使团一行人被押送到金太祖所居的松花江

---

1 《续资治通鉴》，宋纪九十二：知登州王师中具奏其事，朝议固欲交金以图辽，闻之甚喜，乃召蔡京及童贯等共议，即共奏："国初时，女真常贡奉，而太宗屡诏市马女真，其后始绝。宜降诏，遵故事，以市物为名，就令访闻事体虚实。"

2 《续资治通鉴》，宋纪九十二：乃诏师中选差将校七人，各借以官，用平海指挥兵船载高药师等，赍市马诏，泛海以往。

大支流拉林河（位于今黑龙江、吉林交界）。整个押运行程途径十余个州，长达三千余里。

"宋朝通过海路遣使来金，所为何事？"金太祖问道。

"欲与通好，共行伐辽。"马政向金太祖转达了宋朝的合作诚意。

金太祖听闻来意之后，并没有急于表态，而是与吴乞买、撒改、斜也、斡鲁、粘罕、完颜希尹等众大臣商议数日，基本结论是联盟有益女真。[1]

众大臣之一吴乞买就是金太祖四弟完颜晟，后来成为金朝第二代皇帝金太宗。

内部商议共同决策之后，金太祖下令将登州低级武官王美、刘亮等留下，扣为人质。同时，派遣渤海人李善庆、熟女真人小散多、生女真人勃达为使者，赍国书以及北珠、生金、貂革、人参、松子等国礼，跟随马政一行前往宋朝，还礼朝觐宋皇。[2]

使团来到登州，遇到了马政之子马扩，马扩遂跟随父亲一同前往汴京。这个无意间的举动使马扩从此介入宋金辽三国外交军事活动，成为影响历史进程的人物。

金国使者抵达汴京之后，宋徽宗令蔡京、童贯接见。双方就夹攻辽国的方案达成了一致，但在灭辽之后燕云一带的疆域归属出现了重大分歧。宋朝向金朝提出灭辽之后将燕云十六州划归宋朝；而金朝主

---

[1]《续资治通鉴》，宋纪九十三：（重和元年十二月），政与平海指挥使呼庆随高药师、曹孝才以闰月六日下海，才达北岸，为逻者所执，并其物夺之，欲杀者屡矣。已而缚之，行经十余州，至金主所居拉林河，约三千余里。问海上遣使之由，以实对。金主与众议数日，遂质登州小校王美、刘亮等，遣索多及李庆善等赍国书并北珠、生金、貂革、人参、松子，同政等来报使。

[2]《三朝北盟会编》卷二。

张各凭本事攻占，谁打下就归谁，所谓"所请之地，今当与宋夹攻，得者有之"。[1]

在第一轮谈判过程中，宋金双方首次亮出了各自的基本底线，宋徽宗无法接受金太祖的领土主张。在授予金国使者李善庆职务之后，宋徽宗派遣朝议大夫赵有开、马政、王瑰为国信使，携带诏书、礼物，跟随李善庆前往金国报聘。作为一种外交礼节，报聘[2]是指为了答谢邻国的来访而前往该国访问。

关于报聘礼仪，赵良嗣认为应将金国视为对等国家，以国书礼；而赵有开却认为，金国皇帝此前只不过是辽国敕封的节度使，使用诏书就足够了，"女直之酋止节度使，世受契丹封爵，常慕中朝，恨不得臣属，何必过为尊崇，用诏书足矣"。

"李大人意下如何？"赵有开问李善庆。

"二者皆可用，听朝廷安排。"李善庆答道。

于是，宋徽宗采纳了赵有开的提议，以诏书礼。

显然，赵有开缺乏基本的外交常识，自恃天朝上国，以傲慢与偏见面对正在崛起的新兴政权。这一无礼举动后续将引起金太祖的强烈不满。政和四年（1114年），完颜阿骨打起兵反辽，次年便建立金国。因此，从外交礼节而言，这是国与国之间的关系。

使团走到登州时，赵有开意外病死。此时，宋辽河北边境的谍报人员打探到一则军事情报：辽国将辽东之地割让给了金国，辽天祚帝册封完颜阿骨打为"东怀国王"。该情报妄言说，女真一直祈望与契丹修好，我朝不要被女真的表面现象欺骗。

---

1 《金史》，卷二，本纪第二。
2 《左传·宣公十年》：诸侯之师伐郑，取成而还，秋，刘康公报聘。也作报命。

政和元年 143

受此影响，宋徽宗立即下令使团留在登州，只派呼延庆携诏书送李善庆等回去。[1]

当时，女真人对汉文化相对陌生，不太熟悉中原王朝外交场合使用"诏""表""牒""书"等不同文书的差异，但归附金国的渤海人和契丹人汉化已久，深谙外交辞令。

金太祖对辽国的册封不满，积极备战，准备进攻辽国上京临潢府（今内蒙古赤峰市巴林左旗林东南郊）。

接见呼延庆和李善庆之后，金太祖发现宋朝态度大变，又知悉诏书含义后，恼怒不已。当即扣留呼延庆，借以报复宋朝的轻慢无礼，并杖责了李善庆。

呼延庆滞留金国长达六个月，数次向金太祖辩解个中缘由。金太祖与完颜宗翰等商议之后，决定将他释放回国。

临行之前，金太祖明确了对于宋金联盟的基本态度，表达了关于外交失礼的强烈不满："跨海求好，不是我的本心。"言下之意是：宋金联合是宋求金，而非金求宋。这一基本立场，奠定了谈判当中的主动与被动关系。

金太祖表示："金军已经攻占辽国数路，并且可以轻易攻下其他州郡。"换言之，没有宋朝一起夹攻，金国依然有实力独自战胜辽国。

他强调，金朝和宋朝是对等国家，以后报聘不得再用诏书。"宋

---

[1]《续资治通鉴》，宋纪九十三：重和二年（1119年）初，议报女真仪，赵良嗣欲以国书，用国信礼，有开曰："女直之酋止节度使，世受契丹封爵，常慕中朝，恨不得臣属，何必过为尊崇，用诏书足矣。"问善庆："何如？"善庆曰："二者皆可用，惟朝廷所择。"于是从有开言。有开与善庆等至登州，未行而有开死。会河北奏得牒者，言契丹已割辽东地，封女真为东怀王；且妄言女真常祈修好，诈以其表闻。乃召马政等勿行，止差呼庆持登州牒送李善庆等归。

使不以国书而以诏书报聘，严重违反了国与国之间的外交礼仪。贵国临时下令使团留在登州，足见翻悔之意。使臣回去之后见到宋皇，请告知若想结好，请早示国书。如若继续使用诏书，绝难从命。"

金太祖站在恪守信用的道德高地，再次施加谈判压力。"我国曾经派遣使者向辽主请求册封我为皇帝，取得辽国的册簿。目前，使臣尚未归来，贵国前来通好。而辽国册封我为东怀国，拥立我为至圣至明皇帝，我朝恼怒其礼仪不备，又念及与你们通好，于是赶走了辽使，拒绝了辽国册封。"

"金国答应与宋朝合击辽国，秉承守信原则，没想到贵国如此出尔反尔。你速速回去，转达我的态度与立场。"[1]

这期间，还发生了一个流传千古的"谍画"故事，相当于将人脸识别技术应用于军事行动。自宋太祖始，谍画极为流行，传至宋徽宗时期依然兴盛不衰。宋徽宗的皇家画院培养了各类画家，其中有一部分从事谍画工作。谍画的内容主要分为人物肖像与山形地貌。古人看重面相，尤其帝王之相，通过一个人的面相可以判断他的气魄、性格、命理等。南唐后主李煜曾派画家暗绘宋太祖的形貌，当看到健硕的宋

---

[1] 《续资治通鉴》，宋纪九十三：呼庆留金凡六月，数见金主，执其前说，再三辨论。金主与宗翰等议，乃遣庆归。临行，语曰："跨海求好，非吾家本心。吾已获辽人数路，其它州郡，可以俯拾，所以遣使人报聘者，欲ег邻耳。暨闻使日不以书来而以诏诏我，此已非其宜。使人虽卒，自合复遣；止遣汝辈，尤为非礼，足见翻悔。本欲留汝，念过在汝朝，非汝罪也。归见皇帝，若果欲结好，请早示国书；或仍用诏，决难从命。且我尝遣使求辽主册吾为帝，取其卤簿；使人未归，尔家来通好。而辽主册吾为东怀国，立我为至圣至明皇帝，吾怒其礼仪不备，又念与汝家已通好，遂鞭其来使，不受法驾等。乃本国守两家之约，不谓贵朝如此见侮。汝可速归，为我言其所以！"庆以是月戊戌离金主军前，朝夕奔驰，从行之人，有裂肤堕指者。

政和元年 145

太祖画像时，感受到一股凌人的气势，恍然觉得此人将攻陷南唐江山。

宣和初年（1119年），宋徽宗已经采纳赵良嗣的计谋，将联金以图燕。恰好有谍报人员传来消息："辽主有亡国之相"。婺州人（今浙江金华市）画学正陈尧臣善于丹青笔墨，宋徽宗随即派他以水部员外郎假尚书出使辽国，刺探信息。一路之上，这位"画家间谍"带着两位画学生，将沿途道路河流山脉等绘制成图。

此行，陈尧臣带回了两项谍战成果：辽国天祚帝的人物画像和辽国山川形势图。他向宋徽宗进谏"北取燕云"，所依托的理由是："辽主望之不似人君。臣谨画其容以进，若以相法言之，亡在旦夕，幸速进兵，兼弱攻昧，此其时也。"宋徽宗大喜，敲定平燕云之策。[1]

宣和二年（1120年）二月，呼延庆回到汴京，转呈了金太祖的关切，宋徽宗随即启动第二轮谈判。这是赵良嗣首次正式出使金国，仍以买马为名，携带御笔亲书，但不带国书。

"因遣良嗣来通好，犹以买马为名，其实约夹攻辽，取燕云旧地也，第面约不赍国书。"

由于当时联金之策表面上仍属国家机密，因此宋朝没有使用国书，而是宋徽宗通过御笔亲书的方式与金人交往。金国依旧对未带国书表达不满，但双方的谈判正式进入实质性阶段。

---

[1]《续资治通鉴》，宋纪九十三：是时朝廷已纳赵良嗣之计，将会金以图燕。会谍云辽主有亡国之相，黼闻画学正陈尧臣善丹青，精人伦，因荐尧臣使辽。尧臣即挟画学生二人与俱，绘辽主像以归，言于帝曰："辽主望之不似人君，臣谨画其容以进，若以相法言之，亡在旦夕，幸速进兵，兼弱攻昧，此其时也。"并图其山川险易以上。帝大喜，取燕、云之计遂定。

赵良嗣在宋金往来之间频繁出使，成为宋金盟谈之中的领军人物，对宋朝的外交政策走向产生了巨大的影响。宋徽宗御笔谈及：

"据燕京并所管州城，原是汉地，若许复旧，将自来与契丹银绢转交，可往计议，虽无国信，谅不妄言。"

在这一轮谈判中，宋徽宗的御笔亲书存在三处重大失误：

一、"若许复旧"。作为外交辞令，这是乞求口吻，将己方置于被动位置。

二、"将自来与契丹银绢转交"。宋朝将原来贡奉契丹的岁币转予金朝，主动为己方开出了一项屈辱性质的交易条件。

宋金联合本应是平等关系，北宋前后谈判立场摇摆不定。先是轻慢视金为臣属，后又自视为弱者。

三、"据燕京并所管州城"。宋徽宗最想收回的是燕云十六州的全部疆域，却写成"燕京并所管州城"，自缚谈判手脚。

"燕京并所管州城"的内涵与外延，差别很大。燕京可以定义为幽州之地，所管区域远远小于幽云十六州的地理范围，这为宋金盟约留下了重大的分歧与隐患。赵良嗣在谈判中尽量扩大燕京的辖区，要求将西京、平州、营州都一并涵盖，即恢复长城以南一切汉地。无疑，这被金人以不属燕京管辖为由断然驳回。

显然，宋徽宗和宋廷重臣对于联金盟约缺乏深度的、全面的思考，以至于御笔亲书留下了不少的技术性漏洞。

正当宋金使节来往道途折冲樽俎之际，力主收复燕云的童贯因镇压方腊起义在南方无法脱身。方腊起义对宋朝重要产粮区江淮一带造成了重大破坏，宋朝当时根本无力出兵伐辽。

金人见宋朝无意出兵，马上点起本朝兵马，攻破中京大定府（今内蒙古宁城县）。得知中京被破、辽天祚帝夺路而逃，宋朝最后还是决心出兵。宋徽宗主动卷入了这场改变中国历史命运的狂风骤雨。

第三轮谈判，宋朝取得了一个"表面的胜利""虚假的成功"，宋金达成了一个被称为"海上之盟"的盟约，约定以下：

一、军事同盟。宋金南北出兵夹攻契丹，两国军队均不许越过长城。期间，双方不许单方与辽讲和。

二、岁币转奉。宋朝将每年贡给辽国的岁币，按旧数转奉金国。金国出兵，宋朝给予一定的粮饷军费补贴。

三、燕云归属。战后（如果胜利），金朝原则上同意将燕云十六州交给宋朝。

四、叛徒问题。双方不许招降纳叛。

五、盟约履行。双方共同遵守盟约，若不如约，则难依已许之约。

六、其他事项。平州不属燕京旧汉地，也不属辽太宗受贿之地，与燕京为两路，不在归还之列。此外，金军为捉拿天祚帝暂住西京。

保大五年（1125年）二月，金灭辽，辽享国祚二百一十八年。

四国博弈

景德元年的澶渊之盟、政和元年的平燕之谋、宣和二年的海上之盟，构成了因果关联的逻辑链条。

澶渊之盟是一种地缘政治的产物，表示这两种带竞争性的体制在地域上一度保持了力量的平衡。[1]

"由两位皇帝签订的这份和平共处条约，后来因大金国兴起之时，被势利的北宋单方面毁约，其间持续了一百多年的时间，为世界史上所罕见。在军事上处于弱势的北宋，借此保全了自身。北宋文化发展的最大原因，首先应归功于这个条约。可以称作澶渊模式的国与国之间和平共处的方式，即使对于后来的西夏和北宋以及再后来的金、宋、西夏，也是适用的。"[2]

欢盟从此至今日，然而时光进入到政和元年，天下已经大变。历经一百余年，辽宋金夏各方力量此消彼长。"彼一时，此一时也。五百年必有王者兴，其间必有名世者。"[3]

赵良嗣借鉴了战国时期一代雄主秦昭襄王与范雎的"远交近攻"战略，于政和元年提出平燕之谋，并于宣和二年实施海上之盟。他的奇谋存在部分合理性，却忽视了博弈论中的几个重要变量：

变量一：辽宋夏均已英雄迟暮，金国铁骑锐不可当。一旦辽国覆灭，多个政权之间"脆弱的平衡"将被打破，野心与胃口膨胀的金国必将吞并下一个猎物。

关于均势问题，郑居中谴责蔡京时候说过："朝廷欲遣使入女真军前议事夹攻大辽，出自赵良嗣欲快己意，公为首台，国之元老不守两国盟约辄造事端诚非庙算。且在昔章圣皇帝与大辽昭圣立誓至今几二百年兵不识刃，农不加役，虽汉唐和戎未有我宋之策也。"[4]

---

[1] 历史学家，黄仁宇。
[2] 京都大学教授杉山正明著，乌兰、乌日娜译，《疾驰的草原征服者：辽 西夏 金 元》，广西师范大学出版社，第190页。
[3] 战国时期，《孟子·公孙丑下》。
[4] 《三朝北盟会编》。

变量二：辽国覆灭，北宋将失去北方的战略缓冲地带，被迫直面金兵，宋金之间产生了敏感且漫长的边境线。某些偶然事件一旦触发，将引起局部冲突甚至全面战争。

变量三：北宋自澶渊之盟以来，一百余年的和平局面让这个富甲天下的王朝"富而不强"，综合实力被严重高估。

基于"以金钱买和平"的成功实践，宋真宗、宋仁宗、宋英宗三朝"忘战去兵"，禁军河北军和京师军"武备皆废"，仅剩陕西军可用；马知节、曹玮、王德用等武臣被排挤；反战派王钦若、陈尧叟深获宠幸。中后期陷入了"冗兵、冗官、冗费"的泥潭而无法自拔。

邓洵武曾经上书宋徽宗，直言不讳：宋辽息战百年，宋军早已没有实力攻打辽国或者是抵御女真。宋徽宗朝内，文臣宰相"莫有如赵普者"，武将神兵"莫有如雍熙北伐的曹彬和潘美者"。[1]

"雍熙中常有此举，是时曹彬出河北，潘美出河东，赵普在南阳闻之上疏，切谏彬美卒无功而还，因出赵韩王疏本与曹潘传进读曰：陛下审视今日谋议之臣孰如赵普，将帅之良孰如彬美，甲兵精练孰如国初以太宗之神武。"

变量四：西夏虽雄踞西北，却是四战之地，[2] 它在不同历史时期需要灵活应对后唐、回鹘、吐蕃、宋、辽、金与蒙古的威胁。因此，西

---

[1] 《三朝北盟会编》：雍熙中常有此举，是时曹彬出河北，潘美出河东，赵普在南阳闻之上疏，切谏彬美卒无功而还，因出赵韩王疏本与曹潘传进读曰：陛下审视今日谋议之臣孰如赵普，将帅之良孰如彬美，甲兵精练孰如国初以太宗之神武。

[2] 《史记·乐毅列传》："赵，四战之地也，其民习兵，伐之不可。"

夏素来奉行务实的外交政策，联强攻弱、以战求和。

西夏"立国二百余年，抗衡辽、金、宋三国，倚乡无常，视三国之势强弱以为异同焉"。[1] 宋金伐辽一旦获得成功，这个精致的利己主义者势必转向，臣服于金国。四国演义，将变成金夏攻宋。

关于外交政策，美国布朗大学历史学荣休教授、国际关系专家诺曼里奇（Norman Rich）曾写道："大国的政策不仅决定了本国人民的福祉与不幸，同时也常常会影响到，而且是非常严重地影响到，世界上其他地区大多数人民的命运。"

童贯使辽重用赵良嗣，促成海上之盟，直接改写了12世纪上半叶东亚政治格局的走向，成为历史博弈大变局的重要事件。纳什均衡是博弈论当中一种解的概念，是指满足下面性质的策略组合：任何一位玩家在此策略组合下单方面改变自己的策略（其他玩家策略不变）都不会提高自身的收益。在这场四国博弈中，赵良嗣成了最意外出现的玩家，也是最大的一个变量。他的一则计谋，致使辽宋两个超级大国的覆灭。

靖康元年，金兵南侵，直捣汴京。东方最繁华都城付之一炬。作为宋金伐辽的始作俑者，南归的赵良嗣自己也成了这场历史大变局的政治牺牲品。

御史胡舜陟（1083年—1143年）弹劾他"轻启边衅，招致金寇"，败坏了宋辽的百年友好，致使金人南牧，祸及中原，奏请对他斩首示众。

当时，赵良嗣已经外贬郴州（今湖南省郴州市），宋钦宗诏命广西转运副使李升之将他枭首示众。同时，将他的妻子、儿女流放天涯

---

[1] 《金史·西夏传》。

海角的万安军（今海南省万宁市）。[1]古代的海南岛被誉为"鬼门关"。宋朝时候，那里还是一块翻山渡海方可抵达的荒芜瘴疠之地。

机关算尽太聪明，反误了卿卿性命。[2]

---

1 《宋史》列传 卷二百三十一："靖康元年四月，御史胡舜陟论其结成边患，败契丹百年之好，使金寇侵陵，祸及中国，乞戮之于市。时已窜郴州，诏广西转运副使李升之即所至枭其首，徙妻子于万安军。"
2 清代，曹雪芹，《红楼梦·第五回》。

第五章 辽帝希腊式悲剧

> 荒诞是无理性的世界与人的内心深处回荡的强烈渴求光明的呼唤的冲突。
>
> 一个哪怕能用歪理去解释的世界,也是一个熟悉的世界,但是在一个突然被剥夺了幻想和光明的世界里,人就感到自己是一个陌生人……上帝消失不可避免地要导向谎诞。
>
> ——法国,存在主义作家、荒诞哲学人物阿尔贝·加缪(Albert Camus,1913年—1960年),《西西弗神话》(Le Mythe de Sisyphe)

懿德皇后私伶官

北宋熙宁八年（1075年），大学者、拗相公、改革家王安石（1021年—1086年）再次拜相，继续推行变法。从江宁（今江苏南京市）前往汴京的途中，王安石怀着重返政治舞台中心的激动以及对于第二故乡江宁的眷恋，随手写下了千古名篇《泊船瓜洲》："京口瓜洲一水间，钟山只隔数重山。春风又绿江南岸，明月何时照我还？"

这一年是西夏大安元年，傀儡皇帝李秉常十五岁，但实权仍掌握在他的母后大梁太后（不详—1085年）与舅舅梁乙埋（不详—1085年）手中。

这一年也是辽朝太康元年，辽道宗与皇后萧观音（1040年—1075年）喜获皇孙耶律延禧。皇孙喜降人间，耶律皇族喜不自胜。

不过，小皇孙再也没有机会见到他的皇祖母、太子父亲、太子妃母亲。这些至亲之人，即将因为他的皇爷爷头脑昏聩而被构陷冤死。幼童时期特殊的经历，深深地影响了耶律延禧的内心世界以及日后的执政风格。

这一年，辽朝皇太子耶律浚（濬）意气风发，开始参与朝政，整顿吏治,修明法度。[1]这位皇太子自幼好学知书,骑射绝人,备受辽道宗器重,是东亚最辽阔草原帝国的理想继承人。

"此子聪明慧达,大概是上天恩赐的吧!"辽道宗经常夸赞道。

耶律浚从小就木秀于林。六岁,被封梁王;七岁随父出猎,连射三箭全中猎物。辽道宗环顾左右,满意地说道:"历代祖先骑射过人,威震天下。这孩子尽管年幼,不改先族风范。"

后来行猎遇到十只鹿,耶律浚射中九只。辽道宗大喜,为他设宴庆祝。八岁,便立为皇太子;十八岁,兼任北南枢密院事。[2]

一颗新星冉冉升起。如果没有意外的话,辽国终将交付到他的手中。

皇太子一旦掌权,枢密使耶律乙辛(?—1083年)就无法逍遥擅权了。枢密院是管理军国要政的最高国务机构之一,枢密使"权侔于宰相"。这位出身贫寒的奸臣显然不会坐以待毙。

对于权力的魔性,"柏拉图的学生、亚历山大大帝的老师"亚里士多德(Aristotle)有过生动的诠释:"把权力赋予人等于引狼入室,因为欲望具有兽性,纵然最优秀者,一旦大权在握,总倾向于被欲望的激情所腐蚀。"耶律乙辛已被欲望的激情腐蚀。权力是他的春药,也是他的毒药。

十月二十三,辽道宗收到一份奏报,名为《奏懿德皇后私伶官

---

1 脱脱等,《辽史·卷二十三·本纪第二十三:道宗本纪》:丙辰,诏皇太子总领朝政,仍戒谕之。
2 《辽史·卷七十二·列传第二》:幼而能言,好学知书。道宗尝曰:"此子聪慧,殆天授欤!"六岁,封梁王。明年,从上猎,矢连发三中。上顾左右曰:"朕祖宗以来,骑射绝人,威震天下。是儿虽幼,不坠其风。"后遇十鹿,射获其九。帝喜,设宴。八岁,立为皇太子。大康元年,兼领北南枢密院事。

疏》：

大康元年十月二十三日。据外直别院宫婢单登及教坊朱顶鹤陈首。

本坊伶官赵惟一向要结本坊入内承直高长命。以弹筝琵琶。得召入内。沐上恩宠。乃辄干冒禁典。谋侍懿德皇后御前。

忽于咸雍六年九月。驾幸木叶山。惟一公称有懿德皇后旨。召入弹筝。于时皇后以御制回心院曲十首。付惟一入调。自辰至酉。调成。皇后向帘下目之。遂隔帘与惟一对弹。及昏。命烛。

传命惟一去官服。著绿巾。金抹额。窄袖紫罗衫。珠带乌鞾。皇后亦著紫金百凤衫。杏黄金缕裙。上戴百宝花髻。下穿红凤花鞾。召惟一更入内帐。

对弹琵琶。命酒对饮。或饮或弹。至院鼓三下。敕内侍出帐。登时当直帐。不复闻帐内弹饮。但闻笑声。登亦心动。密从帐外听之。

闻后言曰：可封有用郎君。

惟一低声言曰：奴具虽健，小蛇耳，自不敌可汗真龙。

后曰：小猛蛇，却赛真懒龙。

此后但闻惺惺若小儿梦中啼而已。

院鼓四下，后唤登揭帐曰：惟一醉不起，可为我叫醒。登叫惟一百通，始为醒状。乃起。拜辞。

后赐金帛一箧。谢恩而出。其后驾还。虽时召见。不敢入帐。后深怀思。因作十香词赐惟一。惟一持出夸示同官朱顶鹤。朱顶鹤遂手夺其词，使妇清子问登。登惧事发连坐。乘暇泣谏。后怒，痛笞，遂斥外直。但朱顶鹤与登共悉此事，使含忍不言。一朝败露，一作坏，安免株坐，故敢首陈，乞为转奏，以正刑诛。

臣惟皇帝以至德统天，化及无外。寡妻匹妇，莫不刑于。今宫帐深密，忽有异言，其有关治化，良非渺小，故不忍隐讳。辄据词并手书十香词一纸，密奏以闻。

《奏懿德皇后私伶官疏》的主要内容是：据外直别院[1]宫婢单登、教坊艺人朱顶鹤招供：皇后萧观音与伶官[2]赵惟一私通，皇后还向赵惟一赠送露骨的艳诗《十香词》。此外，奏疏当中充斥着"惺惺若小儿梦中啼"等床笫云雨的情色细节。

天下之母、后宫之主偷情，这是极其敏感的，必将朝野震动、举国哗然。递交奏疏的人是耶律乙辛，他蓄谋已久。

萧皇后名为萧观音，背靠强大的萧氏部落。辽国主要由两大部落组成：皇帝族的耶律部落、皇后族的萧氏部落，两大部落长期保留着上古初民互婚的习俗，世代相配。辽国第一后族出自应州（今山西省朔州市应县）。辽圣宗钦爱皇后、辽兴宗仁懿皇后、辽道宗宣懿皇后，皆出自具有回鹘血统的辽国开国皇后述律平"萧氏家族"，可谓"一门三后"，显赫的身家地位无与伦比。

1　别院，正宅之外的偏院。

2　伶官，掌管音乐的官吏。

图为应县木塔内部绘制的供养人像钦爱皇后、

仁懿皇后、宣懿皇后

萧观音出身贵胄，其父萧孝惠是辽兴宗耶律宗真（1016年—1055年）生母萧耨斤的弟弟。这位女子姿容冠绝、贤明端重，善弹琵琶，工于诗词与歌词，曾作《伏虎林应制》诗、《君臣同志华夷同风应制》诗等，后来育有太子，备受辽道宗宠爱。[1]

以《伏虎林应制》这首诗为例，气势雄健奔放，音调铿锵有力，用词夸张流露豪迈心境，表现出契丹气吞万里如虎的英雄气概。

威风万里压南邦，
东去能翻鸭绿江。
灵怪大千俱破胆，
那教猛虎不投降。

萧皇后的诗书才情与马背上民族尚武好战的习俗形成了强烈反差。这也构成了耶律乙辛构陷她"淫通伶官"的底层逻辑。

唐太宗的妃嫔徐惠诗文优美，时而上疏进谏，著有《谏太宗息兵罢役疏》《进太宗》，被誉为贤妃。萧皇后倾慕唐代徐贤妃的行事作风，常向辽道宗进谏得失。谏猎秋山，成了夫妻感情破裂的导火索。

作为游牧民族，契丹有着"春夏避暑，秋冬讳寒，随水草畜牧"的传统习俗，后被引入到政治体制当中。立国之后，辽朝皇帝游猎设行帐称"捺钵"。捺钵是契丹语，又被称为纳拨、纳钵，使用汉语表达就是行宫、行在，是辽朝皇帝四季出行的不同地点。捺钵将一年分为四个时段：春水、纳凉、秋山、坐冬，因此也被称为四时捺钵。辽圣宗时期，四时捺钵有了固定的地点与制度。

辽道宗沉迷出猎，时常骑跨名号为"飞电"的骏马，单骑从禽，瞬息百里，出入深林幽谷，护驾随从人员想找都找不到他，萧皇后十

---

[1]《辽史·第七十一卷·列传第一》：道宗宣懿皇后萧氏，小字观音，钦哀皇后弟枢密使惠之女。姿容冠绝，工诗，善谈论。自制歌词，尤善琵琶。……后生太子浚，有专房宠。

政和元年　159

分担忧。她以古代帝王因游猎而失社稷的典故，谏劝辽道宗潜心政务，停止田猎。

图为《辽代李赞华东丹王出行图》，作者为辽代画家李赞华，(即辽太祖耶律阿保机长子、东丹王耶律倍)，现收藏于美国波士顿美术馆虽然表面上接受了进谏，但是辽道宗心里颇为厌烦，由于谏猎秋山，渐渐疏远了她。[1]

身处深宫，萧皇后孤寂无聊，寄望以一曲《回心院词》打动丈夫的心弦，重拾往昔的欢愉。《回心院词》情意缠绵，当时多位伶官都没有能力奏演此曲，唯独赵惟一可以。萧观音弹奏琵琶，赵惟一吹奏玉笛，丝竹合鸣，乐声令人怦然心动。

因为创作需要，赵惟一经常出入皇后宫闱。后宫风传两人琴瑟相调，燕莺成对，情投意合。

萧皇后身边的贴身宫婢单登，来自于起兵失败自杀的皇太叔耶律重元（1021—1063年秋）家里，也善于弹奏古筝与琵琶。她每与赵惟一比试，埋怨不被萧皇后见用。萧皇后召见她对弹四旦二十八调，结果单登都比不上，羞愧拜服。[2]

---

[1] 辽代，王鼎，笔记小说《焚椒录》：后常慕唐徐贤妃行事，每于当御之夕，进谏得失。国俗君臣尚猎，故有四时捺钵。上既擅圣藻，而尤长弓马，往往以国服先驱，所乘马号"飞电"，瞬息百里，常驰入深林邃谷，扈从求之不得，后患之。乃上疏谏曰："妾闻穆王远驾，周德用衰。太康伏豫，夏社几危。此游佃之往戒，帝王之龟鉴也。顷见驾幸秋山，不闲六御，特以单骑从禽，深入不测，此虽威神所届，万灵自为拥护，倘有绝群之兽，果如东方所言，则沟中之豕，必败简子之驾矣。妾虽愚暗，窃为社稷忧之。惟陛下尊老氏驰骋之戒，用汉文吉行之旨，不以其言为牝鸡之晨而纳之。"上虽嘉纳，心颇厌远。故咸雍之末，遂稀幸御。

[2] 辽代，王鼎，笔记小说《焚椒录》：而宫婢单登，故重元家婢，亦善筝及琵琶，每与惟一争能，怨后不知已。后乃召登，与对弹四旦二十八调，皆不及后弹，愧耻拜服。

图为辽朝古墓乐师壁画

单登的妹妹清子，嫁给了教坊艺人朱顶鹤。她的另一隐秘身份是耶律乙辛的地下情人。

单登每当向清子诬蔑萧皇后与赵惟一淫通，耶律乙辛都知道具体情况。但是，想要借用这个题材构陷萧皇后，证据不够充分。于是，耶律乙辛设下"诗祸"的温柔陷阱。[1]

那时，辽道宗常常召唤单登弹奏古筝。萧皇后进谏说："她是叛臣的婢女，难保不会像春秋时期晋国人豫让那样为主报仇呢？她怎么可以轻易服侍御前呢？"

---

1 辽代，王鼎，笔记小说《焚椒录》：而登妹清子，嫁为教坊朱顶鹤妻，方为耶律乙辛所昵。登每向清子诬后与惟一淫通，乙辛具知之。欲乘此害后，以为不足证实，更命他人作《十香》淫词，用为诬案。

于是，单登失去了临幸晋升的机会，被安排到外值别院，对萧皇后也产生了深深的怨恨与嫉妒。[1]

往事并不如烟。萧皇后所说的叛臣，是指皇太叔耶律重元。他是辽圣宗幼子、辽兴宗之弟，其生母是钦哀皇后萧耨斤。辽圣宗驾崩之后，钦哀皇后摄政，密谋册立耶律重元为皇帝。耶律重元将机密告诉了他的哥哥辽兴宗，导致了钦哀皇后废位守陵，受封皇太弟。辽道宗即位后，为了安抚耶律重元，封其为皇太叔、天下兵马大元帅，[2]予以宗室最高优待。从皇太弟到皇太叔，耶律重元谋夺帝位的欲望火焰并未被浇灭。

宋嘉祐八年（1063年），宋朝平稳完成权力更迭，宋英宗继位、曹太后听政。也就是在这年七月，滦河太子山（今内蒙古宁城西南），辽道宗在夏捺钵遭遇人生中最为惊心动魄的生死危机。皇太叔联合其子耶律涅鲁古、陈国王陈六、知北院枢密事萧胡睹等兵围滦河行宫。千钧一发之际，南枢密院使耶律仁先与其他官员，率领亲兵宿卫数千人奋起迎战。耶律阿思是为皇帝掌管猎事的近侍官员，他与一个名叫"苏"的护卫射杀了来势汹汹的耶律涅鲁古。[3]当夜，叛军拥立耶律重元为帝。次日，耶律重元率两千人复攻行宫，兵败，仅率数骑逃入大漠，途穷自杀。由此，叛乱迅速平定。

政治总是"残忍无情的高效"。腹黑宫女单登对于萧皇后的深怨，为耶律乙辛创造了有利的构陷条件。单登、清子、朱顶鹤，都成了权

---

1 辽代，王鼎，笔记小说《焚椒录》：于时，上常召登弹筝。后谏曰："此叛家婢，女中独无豫让乎？安得轻近御前！"因遣直外别院，登深怨嫉之。

2 《辽史 第十六卷 本纪第十六》

3 《辽史》卷九十六：耶律阿思，字撒班。以善射，掌猎事，进渤海近侍详稳。重元之乱，与护卫苏射杀涅鲁古，赐号"靖乱功臣"，徙契丹行宫都部署。

力斗争的工具人，也最终沦为可怜的政治牺牲品。

耶律乙辛暗地嘱咐他的情人清子，让她指使单登乞求皇后的手书。单登虽然在外值别院，仍可时常见到萧皇后。萧皇后善于书法，单登欺骗她说，"《十香词》是宋朝忒里蹇（即皇后）的词作。如果皇后陛下手写一份，堪称双绝。"萧皇后阅览之后喜欢该词，当即誊写了一份。

《十香词》作品共十首五言绝句，每首描写身体的一个部位。按照次序分别为：发、乳、颊、颈、舌、口、手、足、阴部，以及一般肌肤。字里行间揉捏风月，朦胧、香艳，充满无尽的想象。

青丝七尺长，挽作内家妆；不知眠枕上，倍觉绿云香。
红绡一幅强，轻阑白玉光；试开胸探取，尤比颤酥香。
芙蓉失新颜，莲花落故妆；两般总堪比，可似粉腮香。
蝤蛴那足并？长须学凤凰；昨宵欢臂上，应惹颈边香。
和羹好滋味，送语出宫商；安知郎口内，含有暖甘香。
非关兼酒气，不是口脂芳；却疑花解语，风送过来香。
既摘上林蕊，还亲御苑桑；归来便携手，纤纤春笋香。
凤靴抛合缝，罗袜卸轻霜；谁将暖白玉，雕出软钩香。
解带色已颤，触手心愈忙；那识罗裙内，销魂别有香。
咳唾千花酿，肌肤百合装。无非瞰沉水，生得满身香。

在纸张末尾处，萧皇后还增加写上她自己所作的七言绝句《怀古诗》：

宫中只数赵家妆，

败两残云误汉王。

惟有知情一片月，

曾窥飞鸟入昭阳。

萧观音的这首宫怨诗，通过对汉朝赵飞燕入宫后被人指责"误汉王"鸣不平，只是表达了对赵飞燕的同情。

单登得到萧皇后的手书，特地外出与清子分享，"老女人的淫案材料已经拿到啦！"[1]

"更何况，皇帝性禁忌。三尺白绫，早晚挂到她的脖子上。"单登得意地说道。

自此，萧皇后完全进入了预设的圈套。

狡猾的猎人开始收网了。耶律乙辛拿到萧皇后亲手誊写的《十香词》以及《怀古诗》，如获至宝，立即上呈辽道宗。

皇后岂容他人染指？！辽道宗大发雷霆，居然使用辽宋时代的熟铁锻制兵器"铁骨朵"击打萧皇后，萧皇后差点直接殒命。铁骨朵是战场上的打击类兵器，其威力不输于狼牙棒，被誉为破甲之王。此刻，它被用作杖击刑具。

皇室丑闻东窗事发。辽道宗昭谕成立专案工作小组，责成高级官员彻查到底。主审官员不是别人，正是耶律乙辛和张孝杰！

耶律乙辛对赵惟一、教坊入内承直（官名）高长命等严刑拷打，

---

[1] 辽代，王鼎，笔记小说《焚椒录》：乙辛阴属清子使登乞后手书。登时虽外直，常得见后。后善书，登给后曰："此宋国忒里蹇所作，更得御书，便称二绝。"后读而喜之，即为手书一纸，纸尾复书已所作《怀古诗》一绝云：宫中只数赵家妆，败两残云误汉王。惟有知情一片月，曾窥飞鸟入昭阳。登得后手书，特出与清子云："老婢淫案已得，况可汗性忌，早晚见其白练挂粉箨也。"

施加钉子钉、炭火烤等各种酷刑。两人屈打成招,承认皇后的"私情"。至此,"萧后与赵惟一淫通"被所谓的当事人供词坐实了。[1]

这一年十一月初三,狱成将奏之前,为了保住萧皇后,枢密副使萧惟信挺身而出,仗义执言。他是一位有分量的重臣。当年重元之乱,兵犯滦河行宫,萧惟信跟从耶律仁先戡平内乱,赐为竭忠定乱功臣。此刻,再现忠义风范。

他怒斥耶律乙辛、张孝杰:"萧皇后贤明端重,并且诞下国之储君,这是国家的根脉,她是天下的母亲。岂可以因为叛臣耶律重元家女婢的只言片语就动摇了国母?"[2]

"你们身为朝廷大臣,应当烛照奸佞,洗刷冤案诬告,烹杀恶毒小人,以报国家、以正国体。奈何你们还欣喜以为得到了实情吗?你们应该好好深思。"

面对保后派的咄咄逼人,十香词冤案的另一名重要人物登场了,他就是辽国北府宰相张孝杰。这位人物出身贫寒,好学上进,高中辽兴宗重熙二十四年的科考状元,一度成为辽国汉官的榜样。不过,他没有把才华用在治国安邦上面,而是阿谀奉承、诬杀忠良,成为耶律乙辛集团的铁杆骨干成员。他的经历和宋徽宗时期宰相、书法家蔡京有些相似。

---

1 辽代,王鼎,笔记小说《焚椒录》:上怒甚,因以铁骨朵击后,后几至殒。即下其事,使参知政事张孝杰与乙辛穷治之。乙辛乃系械惟一、长命等讯鞫,加以钉灼荡错等刑,皆以诬服。
2 辽代,王鼎,笔记小说《焚椒录》:狱成,将奏,枢密副使驰语乙辛、孝杰曰:"懿德贤明端重,化行宫帐,且诞育储君,为国大本,此天下母也。而可以叛家仇婢一语动摇之乎?公等身为大臣,方当烛照奸宄,洗雪冤诬,烹灭此辈,以报国家,以正国体。奈何欣然以为得其情也?公等幸更为思之。"

辽道宗犹豫不决，指着《怀古诗》说："这是萧皇后骂汉朝赵飞燕，怎么就更换作为十词了？"

张孝杰进言："这恰恰是萧皇后思念赵惟一的表现。"

"何以见得？"辽道宗问道。

张孝杰歪曲解释：诗中"宫中只数赵家妆，败雨残云误汉王。惟有知情一片月，曾窥飞燕入昭阳"，暗含了'赵惟一'三字。[1]

状元的解读，使得辽道宗心中的天平发生了严重的倾斜。他决定处决：即日诛灭赵惟一家族；斩首高长命；敕令萧观音自尽。

处决令下，皇太子及齐国诸宫主全部披头散发，痛哭流涕，乞求为母后代死。孝心天地可鉴，场面极其感人。

辽道宗说："朕亲临天下，臣妾众多，而不能防备约束一个妇人，有何颜面统御世人？"

夫妻一场，萧皇后提出想见辽道宗最后一面，然后自尽。这个小小的要求，也没有获得批准。

临别之际，萧皇后朝向皇帝所居方向跪拜，写下了一首《绝命词》，然后含恨而逝。

> 嗟薄祐兮多幸，羌作丽兮皇家。
> 承昊穹兮下覆，近日月兮分华。
> 托后钧兮凝位，忽前星兮启耀。
> 虽衅累兮黄床，庶无罪兮宗庙。

---

[1] 辽代，王鼎，笔记小说《焚椒录》：遂具狱上之，上犹未决，指后《怀古》一诗曰："此是皇后骂飞燕也，如何更作十词？"孝杰进曰："此正皇后怀赵惟一耳。"上曰："何以见之？"孝杰曰："宫中只数赵家妆，惟有知情一片月。是以二句中包含'赵惟一'三字也。"

欲贯鱼兮上进，乘阳德兮天飞。

岂祸生兮无朕，蒙秽恶兮宫闱。

将剖心兮自陈，冀回照兮白日。

宁庶女兮多渐，遏飞霜兮下击。

顾子女兮哀顿，对左右兮摧伤。

共西曜兮将坠，忽吾去兮椒房。

呼天地兮丞悴，恨今古兮安极。

知吾生兮必死，又焉爱兮旦夕。[1]

一代贤后销香玉陨，芳龄三十有六。更可悲的是：她的归宿不是举国吊唁、入葬皇陵，而是一张草席！

辽道宗心中的怒火仍未消解，居然命人剥光萧皇后的衣服，以苇席裹尸，送回萧家。闻者没有不为她感受冤屈的。

六宫佳丽谁曾见，层台尚临芳渚。

露脚斜飞，虹腰欲断，荷叶未收残雨。

添妆何处，试问取雕笼，雪衣分付。

一镜空蒙，鸳鸯拂破白去。

相传内家结束，有装孤稳，靴缝女古。

冷艳全消，苍苔玉匣，翻出十眉遗谱。

人间朝暮。

---

[1] 辽代，王鼎，笔记小说：上意遂决，即日族诛惟一，并斩长命，敕后自尽。时皇太子及齐国诸宫主，咸被发流涕，乞代母死。上曰："朕亲临天下，臣妾亿兆，而不能防闲一妇，更何施眉目，腼然南面乎？"后乞更面可汗一言而死。不许，后乃望帝所而拜，作《绝命词》。

政和元年

看胭粉亭西，几堆尘土。

只有花铃，绾风深夜语。[1]

以芦苇裹裸尸，对于逝者而言，这是一种无情的亵渎；对于生者而言，何尝不是巨大的羞辱？

皇太子伏地大叫道："杀我母亲的人，就是耶律乙辛！日后不灭他全族，我就不是母亲生的！"

耶律乙辛听到了消息，加快了谋害皇太子的步伐。他在辽道宗面前百般诬陷，各种"罪状"都指向太子意图"谋反"。辽道宗命人杖打皇太子，将他幽禁在别宫。[2]

辽道宗命耶律燕哥审讯此案。皇太子向他详陈冤情时说："我身为太子，未来帝位继承人，还有什么可追求的呢？您应当为我辩明呀。"

耶律燕哥虽是皇室近支，却是耶律乙辛的忠实耳目。他将皇太子的申诉改为供认不讳、画押伏法。

---

[1] 清代，纳兰容若，《齐天乐·洗妆台怀旧》。
[2] 脱脱等，《辽史·卷二十三·本纪第二十三：道宗本纪》：乙亥，北院枢密使耶律乙辛奏，右护卫太保查剌等告知北院枢密使事萧速撒等八人谋立皇太子，上以无状，不治，出速撒等三人补外，护卫撒拨等六人各鞭百余，徙于边。丙子，以西北路招讨使辽西郡王萧余里也为北府宰相，兼知契丹行宫都部署事。戊寅，诏告谋逆事者，重加官赏。六月己卯朔，耶律乙辛令牌印郎君萧讹都斡诬首尝预速撒等谋，籍其姓名以告。即命乙辛及耶律仲禧、萧余里也、耶律孝杰、杨遵勖、燕哥、抄只、萧十三等鞫治，杖皇太子，囚之宫中。辛巳，杀宿直官敌里剌等三人。壬午，杀宣徽使挞不也等二人。癸未，杀始平军节度使撒剌等十人，又遣使杀上京留守速撒，及已徙护卫撒拨等六人。乙酉，杀耶律挞不也及其弟陈留。丙戌，废皇太子为庶人，囚之上京。

辽道宗大怒，废皇太子为庶人。

耶律濬将出宫时说："我有何罪，落此下场？"

萧十三呵斥他上车，派卫士关上车门，迁徙囚禁到辽上京。

此后，耶律乙辛派萧达鲁古、萧撒八前往上京杀害太子。[1] 时年仅二十岁。

上京留守萧挞得谎报说，耶律濬因病而薨逝。[2] 辽道宗十分哀痛，命令官吏将耶律濬葬于龙门山。

辽道宗想要召见耶律濬的妃子，耶律乙辛随即暗地派人杀死了太子妃。[3]

皇后、太子、太子妃群体冤死，与辽道宗的内心世界紧密相关。从心理学角度分析，他有着独特的性格特征与心理缺陷：

首先，极度自我。耶律洪基从小拥有巨大权力，头顶光环，养成了"自我中心主义"（egocentrism）[4]。在父皇辽兴宗的宠爱之下，他很早就被确认了接班人的地位。六岁封梁王；十一岁进封燕国王，总领中丞司事；十二岁总理北南院枢密使事，加封尚书令，进封燕赵国

---

1 《辽史·卷二十三·本纪第二十三》：十一月，北院枢密使耶律乙辛遣其私人盗杀庶人濬于上京。

2 《辽史·卷七十·列传第二》：上京留守萧挞得给以疾薨闻。

3 《辽史·卷七十二·列传第二》：乙辛复令牌印郎君萧讹都斡等言："查剌前告非妄，臣实与谋，欲杀耶律乙辛等，然后立太子。臣若不言，恐事发连坐。"帝信之，幽太子于别室，以耶律燕哥鞫案。太子具陈枉状曰："吾为储副，尚何所求。公当为我辨之。"燕哥乃乙辛之党，易其言为款伏。上大怒，废太子为庶人。将出，曰："我何罪至是！"十三叱登车，遣卫士阖其扉。徙于上京，囚圜堵中。乙辛寻遣达鲁古、撒八往害之，太子年方二十，上京留守萧挞得给以疾薨闻。上哀之，命有司葬龙门山。欲召其妃，乙辛阴遣人杀之。

4 瑞士心理学家让·皮亚杰（Jean Piaget）提出的概念。

王；二十一岁，封为天下兵马大元帅，知惕隐事（掌管皇族事务的官员），参预朝政。[1]

其次，敏感多疑。辽道宗自继位以来，一直受到了皇太叔与堂弟涅鲁古的威胁与挑战。滦河之乱，皇太叔起兵叛乱，使得他对于皇亲国戚的信任度跌至谷底。每当出现风吹草动的时候，他内心深处的不安全感就会陡然增强，性格反常、情绪不稳。其怀疑对象也包括贤能的皇后、进取的太子。

不安全感来自于归属感和价值感的缺失。奥地利心理学家阿尔弗雷德·阿德勒（Alfred Adler）撰写了心理学著作《超越自卑》（原作名:What Life Could Mean to You），讲述由缺陷引起的自卑感及其补偿机制。阿德勒认为：由身体缺陷或其他原因所引起的自卑，不仅能摧毁一个人，使人自甘堕落或发生精神疾病。另一方面，它也能使人发愤图强，力求振作，从而补偿自己的弱点。

在辽道宗的心底，他是渴望亲情的，但他无法接受与容忍背叛。亲情是他最脆弱的软肋。一旦遭遇背叛，理智将会彻底丧失。耶律乙辛、张孝杰等奸佞臣子抓住辽道宗的心理缺陷，于是造谣萧皇后、离间皇太子，酿成辽国皇室的最大悲剧，并快速地导致辽国由盛而衰。

耶律乙辛并未罢手，他的下一个谋杀对象是皇孙耶律延禧。

宋元丰二年、辽大康五年（1079年）正月，春捺钵，辽道宗计划外出游猎，耶律乙辛奏请把五岁的皇孙留下。辽道宗差点准奏。

关键时刻，同知点检萧兀纳（1049年—1118年）及时进谏，提醒注意皇孙安全："陛下如果批准耶律乙辛的奏请，皇孙年纪还小，

---

[1]《辽史·卷十八·本纪第十八》《辽史·卷十九·本纪第十九》《辽史·卷二十·本纪第二十》《辽史·卷二十一·本纪第二十一》。

没人照顾安危。臣愿意留下保护,以防不测的发生。"

辽道宗顿悟,于是携带皇孙同行,这才避免了又一次险恶的暗杀。由此,辽道宗开始怀疑耶律乙辛,知晓他的奸邪之事。

适逢皇帝起驾临幸北方,即将抵达黑山的平淀。辽道宗恰好看见扈从官员多跟随耶律乙辛身后,更加厌恶,外派耶律乙辛知南院大王事。按照规定,削掉一字王爵,改混同郡王,自己稍微感到安心。等到入宫谢恩,皇上当日遣还,改派主持兴中府事。

两年后的冬天,乙辛将法令禁止的物品卖给外国而获罪,被发交有关部门议罪,按律应处死刑。他的同党耶律燕哥独奏当以八议之例减刑,得免死罪,以铁骨朵棍棒相击,拘禁在来州。[1]

萧皇后遇害八年之后,即1083年十月,耶律乙辛企图携带私藏武器私奔到宋朝避难。事发泄露之后,辽道宗下令处死了他,处决方式是勒颈绝气。

"后谋奔宋及私藏兵甲事觉,缢杀之。"[2]

沉冤昭雪。辽道宗悔恨不已,追谥昭怀太子,按天子礼仪改葬玉峰山。辽道宗的人生是荒谬的,正常的生活已经离他远去。他已经失

---

[1] 《辽史·列传第四十》:五年正月,上将出猎,乙辛奏留皇孙,上欲从之。同知点检萧兀纳谏曰:"陛下若从乙辛留皇孙,皇孙尚幼,左右无人,愿留臣保护,以防不测。"遂与皇孙俱行。由是上始疑乙辛,颇知其奸。会北幸,将次黑山之平淀,上适见扈从官属多随乙辛后,恶之,出乙辛知南院大王事。及例削一字王爵,改王混同,意稍自安。及赴阙入谢,帝即日遣还,改知兴中府事。七年冬,坐以禁物鬻入外国,下有司议,法当死。乙辛党耶律燕哥独奏当入八议,得减死论,击以铁骨朵,幽于来州。

[2] 《辽史·卷二十三·本纪第二十三》。

去了宝贵的亲情，只剩下万里江山。

耶律乙辛留下的后遗症，一直绵延到天祚帝执政时期。他专权十四年，兴起两次特大冤狱，杀害皇室成员和大批正直有为的契丹官吏，使得辽朝元气大伤，导致天祚帝治国乏才，最终身死国灭。

荒诞的是，天祚帝走上了和他的爷爷相似的人生道路。

"历史会重演"。[1]

天祚帝心理创伤

宋建中靖国元年（1101年），拥立端王赵佶的向太后驾鹤西去。一年之前，年仅25岁的宋哲宗赵煦驾崩，才满18岁的宋徽宗登上历史舞台。

春水、纳凉、秋山、坐冬。这年正月十三日，"春捺钵"胜地、嫩江下游左岸的混同江行宫（位于今黑龙江大庆市肇源县新站镇），执政46年的辽道宗咽下了最后一口气。

27岁的耶律延禧奉遗诏在大行皇帝灵柩前即位。他从爷爷手中接手的是当时东亚最辽阔的疆土。[2]

赞礼官出班唱仪，百官鹭行鹤步，趋前跪拜。耶律延禧端坐在黄

---

[1] 古希腊历史科学之父，修昔底德（Thucydides）
[2] 混同江指今吉、黑二省之松花江。《辽史·圣宗纪》：太平四年（1024），"诏改鸭子河曰混同江"。《金史·世纪》："生女直地有混同江、长白山，混同江亦号黑龙江。"

袱龙椅上接受朝拜，群臣上尊号为"天祚皇帝"。[1]

巴林左旗辽上京博物馆

坐享幅员万里的天祚帝是辽朝第九位皇帝。很不幸，他也是辽朝末代皇帝。

政和元年，也是辽天庆元年。天祚帝的疆域面积约为489万平方公里，一度称霸中亚，威震欧洲。与之相比，两宋最盛时期疆域面积约为280万平方公里，仅约为辽国的一半。辽朝的边境线东北抵达今俄罗斯库页岛，北方到达今蒙古国中部的色楞格河、石喀勒河一带，西部到阿尔泰山，南端至今天津市海河、河北省霸县、山西省雁门关。

---

[1]《辽史·卷二十七·本纪第二十七》：寿昌七年正月甲戌，道宗崩，奉遗诏即皇帝位于柩前。群臣上尊号曰天祚皇帝。

登基之后第一件事，便是为祖母及父亲报仇雪恨，严惩耶律乙辛及其同党。1102年四月，天祚帝下诏：一、将耶律乙辛党羽的子孙发配边疆；二、掘开耶律乙辛、得里特的墓地，剖棺戮尸；三、将他们的家属分赐给之前被冤死的家庭。[1]

作为皇室惨案的幸存者，天祚帝存在明显的"心理创伤"。心理创伤最初来源于希腊语"损伤"，既指某种直接的外部力量造成的身体损伤，也指某种强烈的情绪伤害造成的心理损伤。奥地利精神病医师、心理学家西格蒙德·弗洛伊德（Sigmund Freud）最早认为：心理障碍是童年创伤的结果。创伤留下一个阴影或"情结"，它是令人痛苦的，所以被不断压抑。但是，它偶尔会冒出来，导致心理障碍。创伤造成之后，会形成"闪回、回避、警觉性提高、对未来失去信心"等应激障碍，可以解释强迫症、恐惧症、焦虑症和抑郁症。[2]

可以说，在残酷的宫斗中，天祚帝没有正常化的童年时光与少年成长。

首先，安全感缺失。出生之初，皇祖母、太子父亲、太子妃母亲均被冤死，给他投射了长期的心理创伤阴影，形成了复杂的、强烈的内在负面情绪反应。

其次，内心脆弱。皇孙过早经历了生命难以承受之重，皇爷爷更加疼爱，忠臣良将萧兀纳精心护佑，使得他缺少成熟的政治历练。

再者，刚愎自用。耶律延禧六岁，授太尉、中书令，受封梁王，进封燕国王、天下兵马大元帅；十七岁，确立为皇位继承人。在没有

---

[1]《辽史·卷二十七·本纪第二十七》：夏四月辛亥，诏诛乙辛党，徙其子孙于边；发乙辛、得里特之墓，剖棺，戮尸；以其家属分赐被杀之家。

[2] 奥地利，西格蒙德·弗洛伊德（1856年—1939年）1895年正式提出精神分析的概念；1899年出版《梦的解析》，正式形成精神分析心理学。

正确理解权力的时候，他已经掌握至高无上的权力，"确定性"地等待继承一个庞大的帝国。

怯懦、多疑、狂妄、偏执的心理特征与人格缺陷，为他继位之后重用奸臣、纵虎归山、杀妻灭子、流亡播迁等一系列荒诞行为提供了注解。

执政期间，天祚帝又体现出性格的多面性，竟然重用耶律乙辛同母弟耶律阿思、元妃之兄弟萧奉先。其中，加封耶律阿思为"于越"，这是皇帝对居功至为臣子的极致褒奖。"于越"位列百官之上，是辽朝大于越府的首辅，"大之极矣，所以没品"。辽代9位皇帝218年的统治期间，仅有10人获此殊荣。其中包括拥立耶律阿保机称帝的耶律曷鲁、高梁河之战射伤宋太宗的耶律休哥、滦河之乱救驾辽道宗的耶律仁先。

元妃备受皇帝眷爱，萧奉先因此受益，积功升官为北院枢密使，受封兰陵郡王。[1]辽国历史上仅有15人受封兰陵王，包括名将萧挞凛、忠臣萧兀纳等。

在处理耶律乙辛案件时，上述两位宠信之臣收受了杀害天祚帝之父的凶手耶律挞不也、萧达鲁古等人的贿赂，致使要案凶手获得赦免而逍遥法外。[2]

辽朝后期，已是"虚弱的强大"。在敏感的中央决策系统中，初始条件下微小的变化能引起整个系统长期而巨大的连锁反应。萧奉先

---

1 《辽史·卷一百二·列传第三十二》：萧奉先，天祚元妃之兄弟也。外宽内忌。因元妃为上眷倚，累官枢密使，封兰陵郡王。
2 《辽史》第六十二卷，志第三十一：如耶律挞不也、萧达鲁古等，党人之尤凶狡者，皆以赇免。

就是掀起"蝴蝶效应"的变量。[1]

政和二年,"头鱼宴",[2] 天祚帝有意诛杀完颜阿骨打。萧奉先却劝谏"不足为虑",致使放虎归山,终成大患。保大元年(1121年),萧奉先为了拥立其外甥秦王耶律定(天祚帝第五子),诬陷文妃萧瑟瑟(不详—1121年)等,迫使在外出征的东路都统耶律余睹投降女真。他又劝天祚帝杀害晋王耶律敖卢斡,使得辽廷人心分崩离析。

天祚帝采纳了萧奉先的上述两项建议,直接改写了国运,致使辽国雪崩式塌方以及自身亡命天涯。

重演杀妻灭子案

登基初年,天祚帝驾幸贵族耶律挞葛府第,恰巧邂逅正在探望姐姐的萧瑟瑟。27岁的天祚帝龙欲鼎盛,立刻被萧瑟瑟端庄的气质与出众的仪容吸引,于是直接将美人藏匿在宫中宠幸数月。

待字闺中的萧瑟瑟是国舅大父房之女,在姐妹中排行第二。国舅大父房的长女为耶律挞葛妻,幼女为东路都统耶律余睹妻。

---

[1] 蝴蝶效应(The Butterfly Effect),由美国数学与气象学家、混沌理论之父爱德华·诺顿·罗伦兹(Edward Norton Lorenz,1917年—2008年)于1963年提出。他说过一句名言:一个蝴蝶在巴西轻拍翅膀,可以导致一个月后美国德克萨斯州的一场龙卷风。

[2] 范文澜,蔡美彪等,《中国通史》第四编第三章第三节:"辽朝历代皇帝经常在达鲁河或鸭子河(混同江)的春捺钵钩鱼。捕获头条鱼设宴庆祝,称'头鱼宴'。"

藏匿宫中，总不是长久之计。于是，皇太叔耶律和鲁斡劝皇帝依礼制选聘。两年后的冬天，天祚帝纳萧瑟瑟为妃，立为文妃。聪慧娴雅、详重寡言[1]的萧瑟瑟为天祚帝生有一女一子，即蜀国公主耶律余里衍、晋王耶律敖卢斡，格外受到皇帝宠幸。因为行柴册礼，加号承翼。[2]

自此，大父房的三个女儿悉数嫁入耶律宗室，成为一股重要的政治势力。

萧瑟瑟美貌、才情，堪比天祚帝的皇祖母萧观音。在宫中，萧瑟瑟并未恃宠而骄，而是沉浸在笔墨诗歌当中。凭借敏锐的政治头脑，她发觉女真强兵压境，时局江河日下。耶律延禧没有擘画力挽狂澜的良策，反而不恤国情民情，沉迷田猎游幸，疏远罢斥忠臣。

以人为鉴可以知得失，以史为鉴可以知兴替。作为耶律延禧最宠爱的女人，萧瑟瑟撰写咏史诗，劝谏耶律延禧，希望重振国威：

勿嗟塞上兮暗红尘，勿伤多难兮畏夷人。
不如塞奸邪之路兮，选取贤臣。
直须卧薪尝胆兮，激壮士之捐身。
可以朝清漠北兮，夕枕燕云。

萧瑟瑟觉得意犹未尽，又咏唱道：

---

1 《契丹国志》卷十三。
2 《辽史·卷七十一·列传第一》：乾统初，帝幸耶律挞葛第，见而悦之，匿宫中数月。皇太叔和鲁斡劝帝以礼选纳，三年冬，立为文妃。生蜀国公主、晋王敖卢斡，尤被宠幸。以柴册，加号承翼。

丞相来朝兮剑佩鸣，千官侧目兮寂无声。
养成外患兮嗟何及，祸尽忠臣兮罚不明。
亲戚并居兮藩屏位，私门潜畜兮爪牙兵。
可怜往代兮秦天子，犹向宫中兮望太平。[1]

这使得天祚帝大为愤怒，从此便与萧瑟瑟形同陌路。[2]

"女直乱作，日见侵迫。帝畋[3]游不恤，忠臣多被疏斥。"政和四年（1114年）九月，完颜阿骨打发动声势浩荡的反辽战争。仅四五年时间，女真族便占领辽国的半壁江山。天祚帝颇为厌倦政事与战事辛劳，便产生退位保命的念头。

谁来继位？各方势力展开博弈。

天祚帝共有四个儿子：长子赵王，生母是赵昭容；次子晋王，生母是文妃；三子秦王耶律定、幼子许王，均为元妃所生。诸皇子之中，晋王耶律敖卢斡乐道人善，驰马善射，"积有人望，内外归心"，是公认的最佳继承人。

面对热门人选，元妃的哥哥萧奉先担心外甥秦王难以胜出，于是密谋夺嫡之事。

1121年是宋宣和三年、辽保大元年、金天辅五年。正月某日，

---

[1]《辽史·卷七十一·列传第一》：善歌诗。女直乱作，日见侵迫。帝畋游不恤，忠臣多被疏斥。妃作歌讽谏，其词曰："勿嗟塞上兮暗红尘，勿伤多难兮畏夷人。不如塞奸邪之路兮，选取贤臣。直须卧薪尝胆兮，激壮士之捐身。可以朝清漠北兮，夕枕燕云。"又歌曰："丞相来朝兮剑佩鸣，千官侧目兮寂无声。养成外患兮嗟何及，祸尽忠臣兮罚不明。亲戚并居兮藩屏位，私门潜畜兮爪牙兵。可怜往代兮秦天子，犹向宫中兮望太平！"

[2]《辽史·卷七十一·列传第一》：天祚见而衔之。

[3] 畋，取禽兽也，意思是打猎。

萧瑟瑟的姐姐到妹夫耶律余睹家与小妹相聚，相会于军前。萧奉先听到耳目密报后，认为时机已经成熟，便诬陷驸马萧昱（非萧奉先之子萧昱）和耶律余睹勾结阴谋，拥立晋王耶律敖卢斡。

事发之后，暴躁多疑的天祚帝信以为真，下令诛杀萧昱、耶律挞葛里，赐死文妃，唯独没有忍心加罪晋王。

身在军中的耶律余睹听闻之后非常恐惧，便率千余骑被迫逃往金国。[12]

天祚帝随即派遣奚王府事萧遐买、北府宰相萧德恭、太常衮耶律谛里姑、归州观察使萧和尚奴、四军太师萧斡等将领率所属兵马追杀耶律余睹。

众将在追杀途中商议说："皇帝宠信萧奉先，萧奉先根本没把我们放在眼里。耶律余睹乃是宗室俊杰，常常不愿听命萧奉先。"

"如果擒获耶律余睹，我们日后的下场和他一样！不如放他走。"

于是众将依计回去复命，假装说道"没有追上"。

萧奉先看到耶律余睹已经逃亡，恐担心众将日后叛国，于是很快就给他们加官晋爵，加以拉拢，分别任命萧遐买为奚王、萧德恭为中书门下平章事兼判上京留守事、耶律谛里姑为龙虎卫上将军、萧和尚

---

1 《辽史·卷七十一·列传第一》：诸皇子敖卢斡最贤，素有人望。元妃兄萧奉先深忌之，诬南军都统余睹谋立晋王，以妃与闻，赐死。
2 《辽史 卷二十九 本纪第二十九》：初，金人兴兵，郡县所失几半。上有四子：长赵王，母赵昭容；次晋王，母文妃；次秦王、许王，皆元妃生。国人知晋王之贤，深所属望。元妃之兄枢密使萧奉先恐秦王不得立，潜图之。文妃姊妹三人：长适耶律挞葛里，次文妃，次适余睹。一日，其姊若妹俱会军前，奉先讽人诬驸马萧昱及余睹等谋立晋王，事觉，昱、挞葛里等伏诛，文妃亦赐死；独晋王未忍加罪。余睹在军中，闻之大惧，即率千余骑叛入金。

奴为金吾卫上将军、萧斡为镇国大将军。[1]

1122年，春正月己亥，金军攻克辽中京大定府，[2] 进而攻陷泽州（今河北省平泉县）。天祚帝被迫再出"天下第一雄关"居庸关，逃往春猎之所鸳鸯泺（今河北省张北县西北）。

耶律余睹以金朝监军身份领兵，兵锋压境，天祚帝非常忧心。正当天祚帝忧惧之时，萧奉先又进谗言："耶律余睹是王子院的后裔，这次引兵前来确实没有灭辽之心，只是想要拥立晋王而已。陛下如果为江山社稷考虑，不要吝惜一个儿子，诛杀他，便可以不必交战而敌人自退。"

"人不能两次踏进同一条河流。"[3] 然而，时隔四十六年，祖孙两代重演了"杀妻灭子"的皇室惨剧。"心理创伤"的天祚帝和他的皇祖父辽道宗一样，有着怯懦、多疑、狂妄、偏执的性格特征。

天祚帝知道晋王"素有人望"，不忍加诛，令缢杀之。

有人劝说晋王逃亡。在生命的最后时刻，他大义凛然地说道："怎

---

[1] 《辽史·本纪·卷二十九》：上遣知奚王府事萧遏买、北府宰相萧德恭、大常衮耶律谛里姑、归州观察使萧和尚奴、四军太师萧斡将所部兵追之。及诸闾山县，诸将议曰："主上信萧奉先言，奉先视吾辈蔑如也。余睹乃宗室豪俊，常不肯为奉先下。若擒余睹，他日吾党皆余睹也！不若纵之。"还，即给曰："追袭不及。"奉先既见余睹之亡，恐后日诸校亦叛，遂劝骤加爵赏，以结众心。以萧遏买为奚王，萧德恭试中书门下平章事兼判上京留守事，耶律谛里姑为龙虎卫上将军，萧和尚奴金吾卫上将军，萧斡镇国大将军。

[2] 辽国实行五京制，即上京临潢府（今内蒙古赤峰市）、中京大定府（今内蒙古宁城县）、东京辽阳府（今辽宁省辽阳市）、南京析津府（今北京市）、西京大同府（今山西省大同市）。

[3] 古希腊哲学家，赫拉克利特（Herakleitus）：No man ever steps in the same river twice.

么能够为了小小的躯体,却丧失臣子的大节!"

辽国的最后一丝希望,被掐灭了。闻讯,辽廷内外官员无不伤心流泪,辽朝人心彻底解体。[12]

天祚帝荒诞灭子,并没有换来萧奉先预言的"敌人自退",金军的铁蹄反而越来越近。耶律余睹引来金军逼近行宫,天祚帝率领五千余骑卫兵继续仓皇逃亡。此次的目的地是云中。

天祚帝一行人经过永定河上游桑乾河的时候,传国玉玺不慎遗失。自此,这枚神器消失于人世间。

公元前221年,秦始皇嬴政翦灭六国一统华夏,他将和氏璧琢为玉玺,命丞相李斯在其上篆"受命于天,既寿永昌"八篆字,由玉工孙寿雕刻不朽功业,从而成为传国玉玺。作为皇权天授、正统合法之信物,传国玉玺方圆四寸,上纽交五龙,得之象征"受命于天",失之寓意"气数已尽"。此后历朝历代,但凡登大位而无此玺者,被讥为"白版皇帝"。

此时的天祚帝惶惶不可终日,根本无心打捞掉落河中的国之重器。听闻金兵将至,带领轻骑兵继续逃亡。这次,他藏匿于契丹的最后游击区夹山(今内蒙古土默特左旗东北、武川县西南之大青山)。

天祚帝指责萧奉先:"汝父子误我至此,今欲诛汝,何益于事!

---

1 《辽史·卷一百二·列传第三十二》:初,奉先诬耶律余睹结驸马萧昱谋立其甥晋王,事觉,杀昱。余睹在军中闻之,惧,奔女直。保大二年,余睹为女直监军,引兵奄至,上忧甚。奉先曰:"余睹乃王子班之苗裔,此来实无亡辽心,欲立晋王耳。若以社稷计,不惜一子,诛之,可不战而退。"遂赐晋王死。中外莫不流涕,人心益解体。

2 《辽史·列传·卷二》:上知敖卢斡得人心,不忍加诛,令缢杀之。或劝之亡,敖卢斡曰:"安忍为蕞尔之躯,而失臣子之大节!"遂就死。闻者伤之。

政和元年　183

恐军心忿怨，尔曹避敌苟安，祸必及我，其勿从行。"

萧奉先慌乱下马，哭拜而去。

没走几里路，萧奉先便被已经降金的辽军将领耶律高山奴擒获，押往金军完颜昌（女真名挞懒）的大营。完颜昌当即将萧奉先长子萧昂斩首，然后加刑具押送萧奉先及其次子萧昱前往完颜阿骨打的大营。

在押送途中，一行人恰好遭遇辽军。萧奉先被解救夺回，最终被天祚帝赐死，告别了这个动荡的世界。[1]

---

[1]《辽史·本纪·卷二十九》：余睹引金人逼行宫，上率卫兵五千余骑幸云中，遗传国玺于桑乾河。二月庚寅朔，日有食之，既。甲午，知北院大王事耶律马哥、汉人行宫都部署萧特末并为都统，太和宫使耶律补得副之，将兵屯鸳鸯泺。己亥，金师败奚王霞末于北安州，遂降其城。三月辛酉，上闻金师将出岭西，遂趋白水泺。乙丑，群牧使谟鲁斡降金。丙寅，上至女古底仓。闻金兵将近，计不知所出，乘轻骑入夹山，方悟奉先之不忠。怒曰："汝父子误我至此，今欲诛汝，何益于事！恐军心忿怨，尔曹避敌苟安，祸必及我，其勿从行。"奉先下马，哭拜而去。行未数里，左右执其父子，缚送金兵。金人斩其长子昂，以奉先及其次子昱械送金主。道遇辽军，夺以归国，遂并赐死。

第六章 西夏皇帝平衡术

> 国家的统治者是唯一享有特权在国内和国外说谎的人；他们可以为了国家利益而说谎。
>
> ——古希腊，苏格拉底的学生、亚里士多德的老师，柏拉图（Plato），《理想国》（The Republic）

神秘国度

光绪三十四年（1908年），清朝风雨飘摇，即将走到生命的尽头。

3月19日，内蒙古巴丹吉林沙漠。沙脊如刃，高低错落，黄沙滑落的轰鸣声音响彻数里。在漫天飞舞风沙中，一群外国人出现在这个人迹罕至的生命禁区。

他们一行十余人，对外名义是科学考察，而目的地却是一座被当地人称为"黑城"的神秘遗址。

沙漠南缘黑水河[1]下游的黑城（又叫黑水城），位于今内蒙古阿拉善盟额济纳旗达赖库布镇东南25公里的荒漠。黑水河就是古代传说鸿毛不浮的"弱水"，流经巴丹吉林沙漠，灌溉宜农宜牧的绿洲，最终流入居延海。

然而，这支科考队携带的并非科考仪器，而是大笔的卢布与一批武器——6支左轮手枪、600发子弹；21支步枪、15000发子弹。

---

1 《西夏书事》："秋八月，屯兵黑水河，邀击银、夏、绥府都巡检使石保兴兵，败绩。继迁居沙漠，逐水草，便于攻掠。是时屯黑水河侧，据险自固。"

显然，这些武器不是为了单纯防身。

领头的人叫作彼得·库兹米奇·科兹洛夫（1863年—1935年）。他是一名沙俄上校，也是俄国皇家地理学会会员。

科兹洛夫找到了当地的蒙古札萨克（蒙语意思"执政官"）[1]巴登，采取威胁与行贿的方式，取得了支持。这些当地人往往居住在黑城之外几十乃至数百公里的地方，散落分布。

"当地居民本身对沉默的古代废墟遗址没有什么兴趣，更谈不上进行考古挖掘，甚至对我出高价收买从哈喇浩特挖掘的每一件东西的建议也无动于衷。我发现许多人显然害怕接近哈喇浩特，认为那是一个危险之地。"科兹洛夫留下的笔记这么写道。

受贝勒指派，一个土尔扈特人作为向导，带领他们前往黑城。黑城的党项语意思是"额济纳城"，蒙古语发音为"哈喇浩特"。"哈喇"是黑色，"浩特"是城市。这座黑色之城，还有一个更诡异的名字——"被诅咒之地"。据当地的蒙古族土尔扈特人传说：那片残破的古城遗迹，埋藏着无数珍宝，但每个走进它的人，都会被厄运诅咒。

黑水城遗址曾是西夏十二监军司之一的黑山威福监军司治所，主要防备吐蕃与回鹘。这里是河西走廊通往漠北草原的枢纽，也是中原地区向北连接蒙古、南俄草原丝绸之路的要道。附近的居延烽燧遗址

---

[1] 札萨克，是清朝主要对蒙古族与满族贵族授予的政治、军事官职爵位。蒙古族住区分为若干旗，旗长称为札萨克，由王、贝勒、贝子、公、台吉等贵族充任，受当地办事大臣或参赞大臣节制。札萨克均由朝廷册封，一般世袭，称为"王爷"。在其封地内，山川、河流、森林、牧场、田园均归其私有，且不向政府担负徭役、税赋。札萨克对统辖的人民有着生杀予夺的特权，人民承担赋税、徭役。

曾经出土了著名的边塞屯戍文书"居延汉简"。[1]

突然,一座朦胧的古城扑入眼帘。

科兹洛夫欣喜若狂地奔跑过去。古城之外,坐落着几座残缺不全、形同宝瓶的藏式喇嘛塔,仿佛守城卫士肃然而立。遗址的西北角,耸立着一座覆钵式佛塔,目测高度约十米,圆融、肃穆、古拙、典雅。城内荒凉满目,流沙之下遍布街巷、官邸、佛寺、民居的颓垣断壁,到处散落着破碎瓷片。

戈壁的风是冷峻的,考察队员的心是狂热的。

仅仅数天时间,他们便发掘出了三千余件文物,获得了汉文、西夏文对照的双语字典《番汉合时掌中珠》以及《音同》《文海》等举世无双的古籍。

除了这些无价的西夏文刊本和写本,还有汉、藏、回鹘、突厥、女真、蒙古文、波斯文等卷籍、画卷,还有元钞、织品、雕塑、佛像、绘画、书册、信函、文件,以及陶器、铁器等珍贵文物。

---

[1] 《宋史》卷二百五十:"李继迁入钞,徙银、夏、绥府都巡检使。尝巡按甂子砦,并黑水河,趣谷中,夏人知之,以数千骑据险,渡河求战。"

图为俄藏黑水城出土《阿弥陀佛来引》绢画

这是一座前所未见的伟大废墟!

装满文物的大包裹从内蒙古发出,寄往遥远的库伦(今蒙古国首都乌兰巴托)及俄国圣彼得堡。

宣统元年(1909年)5月,俄国皇家地理学会通知科兹洛夫:马上放弃四川考察,返回黑水城,展开更大规模的"科学考察"。因为他在黑水城废墟的发现超越想象,那是中国古代西夏王朝的遗迹。

次月,位于西城墙不远处的一座佛塔,被科兹洛夫打开了,就像潘多拉宝盒。

逐一揭开封门砖之后，他被眼前的场景惊呆了。一具完整的人体骸骨，端坐在塔内北墙边的台座上，身姿安详。从塔身完整程度推断，这个女人是在建塔时就在其中。

转眼之间，她已在佛塔中700余年。

这具骸骨离开了尘封的佛塔，被运到了俄国。后经俄国人类学家研究，认定这是一位60岁左右的女性，属于西藏-蒙古人种。另一位汉学家结合挖掘现场的环境与历史资料，提出了一个大胆的推测：这位女性并非一般的虔诚佛教徒，很可能是西夏仁宗李仁孝皇后罗氏（生卒年不详），史称"章献钦慈皇后"。

南宋绍熙四年（1193年），夏仁宗驾崩。罗皇后的17岁儿子李纯祐（1177年—1206年）即位，成为西夏桓宗。[1]罗皇后成了罗太后。

但在她的身上发生了一件极不寻常的事情。

开禧二年（1206年），南宋宁宗赵扩下诏北伐金朝，史称"开禧北伐"；这一年，铁木真统一漠北诸部，于斡难河建立大蒙古国，被推举为成吉思汗；也在这一年，春正月二十日，李纯祐的堂兄、镇夷郡王李安全（1170年—1211年）发动了宫廷政变，"与纯祐母罗氏废纯祐自立"。李安全是李乾顺之孙、李仁孝之侄，在夏仁宗朝参与平定汉人军阀任得敬窃取西夏军政大权并胁迫瓜分国土之半的僭越

---

1 《宋史·卷四百八十六 列传第二百四十五·外国二·夏国下》：绍熙四年九月二十日，仁孝殂，年七十。在位五十五年，改元大庆四年，人庆五年，天盛二十一年，乾祐二十四年。谥曰圣德皇帝，庙号仁宗，陵号寿陵。子纯祐嗣。
纯祐，仁宗长子也，母曰章献钦慈皇后罗氏。仁宗殂，即位，时年十七。明年改元天庆。
开禧二年正月二十日废，遂殂，年三十。在位十四年，谥曰昭简皇帝，庙号桓宗，陵号庄陵。镇夷郡王安全立。

行动。

仅仅过了两个月，李仁孝长子李纯祐三月"暴卒于废所"。这位守成之主，年仅三十暴卒，疑窦重重。

根据政变的各种信息分析，罗太后默认甚至支持了这次篡位。夏六月，她派遣御史大夫罔执中，奉表前往西夏宗主国金国，请赐册封嵬名安全。她给出的外交辞令是："纯祐不能嗣守社稷，与大臣商议拥立安全"。

此次篡逆，金朝事前毫不知情，开始不予承认。关于废立之故，金朝皇帝专门派遣使者，诘问罗太后。

这里，来自《西夏书事》的一段对话非常传神，耐人寻味。

> 罗氏遣御史大夫罔执中奉表至金，言纯祐不能嗣守，与大臣议立安全，请赐封册。
>
> 执中朝辞私问馆伴官："奏告事诏许否？"
>
> 馆伴官曰："此不当问也。"
>
> 执中曰："明日当问诸客省使，若又不答，则升殿奏请。"
>
> 客省使以闻，金主遂遣使诘罗氏废立之故。

当年秋七月，金使册封嵬名安全为夏国王。冬十二月，夏国王遣使前往金朝，拜谢封册。[1]

在罗太后的加持下，嵬名安全称帝的合法性终于得到了宗主国的确认。

然后，罗太后从此离奇失踪，仿佛人间蒸发。我们再也无法从中外史书中打捞到她的片言只语，成为西夏史的最大谜团。

一种推测是：母子离心。罗太后希望获得更大的政治舞台，而他的儿子不想成为又一位傀儡皇帝，嵬名安全巧妙地利用了这层敏感关系。他密谋篡位，取得了罗太后支持。

"金使册安全为夏国王"之后，嵬名安全企图灭口，于是流放罗太后，将其囚禁于黑水城佛塔中。狡兔得而猎犬烹，高鸟尽而强弩藏。[2]

而另外一种可能是：罗太后一生笃信佛学，不惜重金组织抄写、刊印《华严经》等大量佛经。在佛塔之中的许多佛经典籍上，跋文或加盖的施经印章都有罗太后的名字，因此这座佛塔可能是罗太后的私人图书馆或者清修之所。她厌倦了庙堂之上的争权夺利，自愿选择离开政治舞台中心。相伴佛影青灯，了却尘世余生，以一种特异的方式圆寂在佛塔中。这或许也是最好的归宿。

正当人类学家期待进一步的研究结果，第二次世界大战爆发了，

---

1 《西夏书事》卷三十九：开禧二年、夏天庆十三年春正月，使贺金正旦。镇夷郡王安全废其主纯佑自立，改元应天。安全久专国政，是月二十，与纯佑母罗氏废纯佑自立，改天庆十三年为应天元年。

按：纯佑之废，罗氏有力焉。独书"安全"，诛主谋也。安全素操国政，久蓄异谋，即无罗氏，其能免篡逆之事乎？故专罪之。

三月，故主纯佑暴卒于废所。

夏六月，罗氏为安全请封于金，金遣使诘之。

秋七月，金使册安全为夏国王。冬十二月，遣使如金谢册封。

2 西汉，淮南王刘安及其门客集体编写，《淮南子》。

这具存放在苏联列宁格勒的骸骨在战争中不知去向。同样在二战中神秘消失的，还有"古人类全部历史中最有意义最动人的发现"北京猿人头盖骨（The first skull of Peking Man）。[1]

向使当初身便死，一生真伪复谁知？斯人已逝，罗太后的未解之谜，消逝在大漠风沙之中。

这座称之为"辉煌舍利塔"的宝藏，隐世存放着大约有2.4万卷文书。考察队使用大帆布包，花费9天，动用40驮"沙漠之舟"骆驼，才将这个保存完好的图书馆从沙漠深处运出。

黑水城遗址，被公认为是19世纪末、20世纪初殷墟甲骨、敦煌遗书之后的又一大考古发现。一种已经在人类历史中消失的神秘文字西夏文得以复活；一门充满魅力的东方学术西夏学诞生了。

神秘的西夏，引来了全世界的关注。

1933年，德国汉莎航空公司飞行员乌尔夫·迪特·格拉夫·楚·卡斯特尔（Wulf Diether Graf Zu Castell）被派往遥远的中国。

中学时期，他就对中国充满兴趣，读过很多科考著作，尤其崇拜瑞典地理学家、探险家斯文·赫定（Sven Hedin）。斯文·赫定在中国帕米尔高原、西藏高原探险，因发现遗落的楼兰古城而名满天下。

卡斯特尔来到中国时，欧亚公司的第二条远距离航线已经投入运营。这条航线从上海经南京飞往洛阳，途经西安、兰州、哈密、乌鲁木齐，最终抵达位于中俄蒙边境的塔城。当时，在中国飞行非常具有

---

[1] 1941年，北京猿人头盖骨由美国海军陆战队护卫，搭乘北平至秦皇岛的专列，前往秦皇岛港，计划在那里登船，船名"哈德逊总统号"。12月8日上午，列车抵达秦皇岛。此时，日本空袭珍珠港。随即，驻扎秦皇岛山海关一带的日军突袭，美国海军陆战队的列车与军事人员顷刻成为日军的俘虏，北京人头盖骨从此下落不明。

挑战性。一方面，路途遥远、飞行时间较长；另一方面，飞行员对于途经地区的地形地貌知之甚少，那些有限的地图资料只标注了大山大河的位置，仅能作为参考。在飞行过程中，飞行员必须自行判断路线，独自解决所有突发情况。

他当时使用的是莱卡公司问世不久的莱卡 2 系列相机，它采用从左向右的卷帘式快门，手中的相机与驾驶的飞机形成了完美的组合。在他的航拍照片中，很大一部分是对当时地形地貌等自然景观的记录，画面展现的多为绵延的山脉、无垠的沙漠、行进的驼队、成群的野马、微小的村落等。

忽然，在飞越宁夏平原上空时，他惊奇地发现：巍峨壮丽的贺兰山脚下，坐落着众多巨大的、圆锥形的白色土堆，按照某种神秘的顺序排列着。这里地势平坦开阔，西高东低，居高临下，俯视整个银川平原。

图为西夏王陵，1930 年代，德国，卡斯特尔，《中国飞行》，拍摄高度 50 米

贺兰山脉位于宁夏与内蒙古交界处，峰峦叠嶂，仿佛万马奔腾。蒙古语称骏马为"贺兰"（蒙古语：；Alaša aɣula），故名贺兰山。

他首先联想到了美洲平原上"昆虫工程的奇迹"白蚁堆，又想起了另一文明古国埃及的金字塔，甚至猜测这些土堆或许是史前文明留下的遗迹。

这些矗立在贺兰山东麓大片冲积扇上的巨型土堆，到底是什么？

1972年6月，兰州军区某部正在贺兰山下泉齐沟一带修建一座小型军用机场，战士们日以继夜地工作。施工过程中，意外地发现了十几件古老的陶制品。奇怪的是，这些陶片里夹杂了一些刻有奇怪文字的方砖破片，犹如天书的文字没有人看得懂。

图为西夏王陵西夏文残碑

政和元年　195

于是，施工单位紧急通知宁夏博物馆，考古专家赶到现场，进行抢救性挖掘。十几天之后，一个古老墓室重见天日。墓室中发现了巧夺天工的工笔壁画武士像，同时出土了一批精巧的工艺品及方砖等陶制品。

连绵的群山、苍凉的大漠，考古人员对该地区三十公里左右范围展开了地毯式搜索，发现了一个又一个圆锥形巨型土堆，状如金字塔。这些约高十米的土堆旁又有许多城墙建筑，巍巍壮观。

通过对比与考证，巨型土堆被考古学家确认为西夏王陵。"东方的金字塔"震惊了世界，古老的西夏解开了神秘的面纱。

作为一道天然屏障，贺兰山是中国河流外流区与内流区的分水岭，是季风气候和非季风气候的分界线，也是中国200毫米等降水量线。

天赐吉壤，贺兰山东麓埋葬着西夏王朝的九位帝王，也掩盖着一段尘封千年的历史。

这片风水宝地东西宽约5公里，南北长约10余公里，总面积50多平方公里，坐落了9座帝陵、250多座陪葬墓。帝陵按照时代先后，由南向北排列，陪葬墓分布于帝陵周围。从空中俯瞰9座帝陵，整体布局形似北斗七星图。

其中，1号裕陵、2号嘉陵，分别长眠着夏太祖李继迁（963年—1004年）、夏太宗李德明（981年—1032年）。3号泰陵占地最大、保存最好，被普遍认为墓葬的主人是西夏开国皇帝嵬名元昊（本名李元昊，1003年—1048年）。该处陵园建筑中的阙台、角楼、角台、陵台都建成了佛塔形式，陵城墙体修筑成连续的弧形，主要建筑呈现圆形，体现了一代枭雄遵循着中国传统汉文化的"天圆地方"学说，自视为"天子"，同时也反映出佛教对于西夏影响至深。

西夏王陵列表			
埋葬帝王	陵名	下葬时间	王陵编码
太祖李继迁	裕陵	1038 年	1 号
太宗李德明	嘉陵	1038 年	2 号
景宗李元昊	泰陵	1048 年	3 号
毅宗李谅祚	安陵	1068 年	4 号
惠宗李秉常	献陵	1086 年	5 号
崇宗李乾顺	显陵	1139 年	6 号
仁宗李仁孝	寿陵	1193 年	7 号
桓宗李纯祐	庄陵	1206 年	8 号
襄宗李安全	康陵	1211 年	9 号
神宗李遵顼	不详	1226 年	不详
献宗李德旺	不详	1226 年	不详
末主李睍	不详	1227 年	不详

表格参考资料来源：《宋史·卷四百八十五》《宋史·卷四百八十六》、《续资治通鉴长编·卷一百六十二》

明代庆靖王朱栴第六子朱秩炅（1427 年—1473 年）被封安塞郡王。这位生于宁夏的藩王，以湮没在历史烽烟中的西夏王陵为背景，写下了一首七言边塞诗《古冢谣》。[1]

贺兰山下古冢稠，高下有如浮水沤。
道逢古老向我告，云是昔时王与侯。
当年拓地广千里，舞榭歌楼竞华侈。

---

1 《嘉靖宁夏新志》。

强兵健卒长养成，眇视中原谋不轨。

岂知瞑目都成梦，百万衣冠为祖送。

珠襦玉匣相后先，箫鼓声中杂悲恸。

世更年远迹已陈，苗裔纵存犹路人。

麦饭畴为作寒食，悲风空自吹黄尘。

怪鸱薄暮喧孤树，四顾茫然使人惧。

天地黯惨愁云浮，遥想精灵此时聚。

君不闻，人生得意须高歌，芳樽莫惜朱颜酡。

百年空作守钱虏，以古观今还若何？

图为鎏金铜牛，长120厘米、宽38厘米、高45厘米，
1977年宁夏银川西夏陵区M177

西北狼烟

西夏的祖先党项是羌族[1]的一支,最早世居今四川松潘高原。[2]唐代,党项羌开始登上历史舞台,在风云变幻中绽放出耀目的光芒。

为了争夺生存资源,早期生活在青藏高原的党项羌与鲜卑人建立的政权吐谷浑(313年—663年)携手合作,一起对抗强大政权吐蕃(633年—842年)。唐高宗时期,吐谷浑被吐蕃所灭,势微的党项羌随即请求内附,被唐朝安置于松州(今四川松潘)。此后,党项羌逐步繁衍,盟主部落拓跋氏占据今青海东南和甘肃南部等地。唐开元年间,党项遭到吐蕃进攻,求救于唐玄宗,被迁至庆州(今甘肃庆阳市)。唐中和元年(881年),黄巢起义爆发,"世界的中心"长安陷落,19岁的唐僖宗李儇以出幸山南为名,在剑南西川节度使陈敬瑄的保护下逃亡成都,重演了当年唐玄宗李隆基携杨贵妃仓皇出逃的一幕。"马嵬烟柳正依依,重见銮舆幸蜀归。泉下阿蛮应有语,这回休更怨杨妃。"[3]

正当唐僖宗奔蜀避难的时候,党项部首领拓跋思恭(不详—895年)感念唐恩,挺身而出,勤王平叛黄巢起义。凭借鲜血与忠诚换来的功勋,拓跋思恭再次被赐大唐国姓"李",封"夏国公"。他为其后代挣得一片天地,至此正式领有银(陕西米脂县)、夏(陕西横山

---

[1] 《说文》解释"羌"字:"西戎牧羊人也"。
[2] 《新唐书 卷第二百二十一 西域上》:"其地古析支也,东距松州,西叶护,南春桑、迷桑等羌,北吐谷浑。处山谷崎岖,大抵三千里"。
[3] 唐代,狄归昌,《题马嵬驿(一作罗隐诗)》。

县)、绥(陕西绥德县)、宥(陕西靖边县)、静(陕西米脂县西)等五州之地,他的后代世袭节度使。

太平兴国七年(982年),李继迁族兄李继捧入朝归宋,宋太宗派使者要求将李继捧五服之内的宗族入质汴京,二十岁的李继迁不甘心降宋。在宋朝使臣到达银州之后,他与弟弟李继冲、谋士张浦披麻戴孝,假称乳母亡故,下葬郊外,将兵器甲胄藏匿在丧车与棺材内。他带领家族成员数十人,避难漠北,出奔距离夏州东北三百余里的地斤泽(今内蒙古伊克昭盟巴彦淖尔)。[1]

在地今泽,他蓄积力量,联结党项豪族对抗宋廷。当地豪族考虑到李继迁势单力薄,不愿与他起事。李继迁便将拓跋思恭的画像悬挂出来,精神感召。众人见到远祖画像,泣涕跪拜,归附的部落越来越多。[2] 此后,李继迁屡战屡败,愈挫愈勇。他联姻辽国,并上表归宋,最终割据五州。

在党项的周边,占据西凉(又称凉州,今甘肃武威)的吐蕃与以

---

1 《宋史·卷四百八十五·列传第二百四十四·夏国传上》:"继捧之归宋,时年二十,留居银州,及使至,召缌麻亲赴阙,乃诈言乳母死,出葬于郊,遂与其党数十人奔入地斤泽,泽距夏州东北三百里。"

2 《西夏书事·卷三》:继迁时年二十。自兄继捧入朝,与克文议不协,自率故部居银州。会诏使至,护送李氏缌麻以上亲赴阙,始知五州地尽归朝廷。继迁不乐内徙,与弟继冲、亲信张浦等谋曰:"吾祖宗世食兹土逾三百年,父兄子弟列居州郡,雄视一方。今诏宗族尽入京师,死生束缚之,李氏将不血食矣!奈何?"继冲曰:"虎不可离于山,鱼不可脱于渊。请乘夏州不备,杀诏使,据绥、银,可以得志。"浦曰:"不然。夏州难起家庭,蕃部观望,克文兼知州事,尹宪以重兵屯塞上,卒闻事起,朝发夕至。银州羌素不习战,何以御之?吾闻小屈则大伸,不若走避漠北,安立至家,联络豪右,卷甲重来,未为晚也。"继迁善之。诈言乳母死,出葬于郊,悉以兵甲置丧车中,挈其家族数十人出奔蕃族地斤泽,泽距夏州三百余里。继迁出其祖思忠像,以示戎人,戎人拜泣,从者日众。

甘州（今甘肃张掖）为中心的回鹘政权，都是宋朝得以联络用来钳制党项的盟友。李继迁之子李德明为了巩固和发展党项政权，下定决心经略古丝绸之路的枢纽河西走廊。他西攻吐蕃、回鹘，突袭夺取西凉、甘州、瓜州（今甘肃安西）、沙洲（今甘肃敦煌）等地，其势力范围扩展至"春风不度"的玉门关。[1]

河西走廊连接着亚非欧三大洲的贸易与文化交流，东西方文化在这里相互激荡，积淀了蔚为壮观的历史文明和商贸资源。李继迁、李德明为李元昊立国称帝创造了各项有利条件。

李元昊圆面高准，身长五尺余，"性雄毅，多大略"。他在绘画、佛学、文字、法律、军事等方面颇有造诣。这位少年擅长绘画，通晓佛学，精通汉藏语言，倾心治国安邦的法律著作。[2]

他喜欢头顶黑冠，穿着白色的长袖衣衫，随身佩带弓箭；他也爱读兵书，随身携带《野战歌》《太乙金鉴诀》，机动灵活地运用于军事实战，"弱冠"[3]，独引兵袭破回鹘夜洛隔可汗王，夺甘州，由此被其父立为继承人。

宋宝元元年（1038年），兴庆府南郊。李元昊筑坛祭天，正式称

---

[1] 《辽史》：西夏，本魏拓跋氏后，其地则赫连国也。远祖思恭，唐季受赐姓曰李，涉五代至宋，世有其地。至李继迁始大，据夏、银、绥、宥、静五州，缘境七镇，其东西二十五驿，南北十余驿。子德明，晓佛书，通法律，尝观《太一金鉴诀》、《野战歌》，制番书十二卷，又制字若符篆。

[2] 《宋史·列传·卷二百四十四·夏国上》，"善绘画，能创制物始"，"晓浮图学，通蕃汉文字，案上置法律"。

[3] 《礼记·曲礼上》载有："二十曰弱，冠。"

帝，号夏景宗，建国大夏，年号天授礼法延祚。[1]

李继迁、李德明、李元昊祖孙三代人苦心经营，西夏实际控制了鄂尔多斯草原、贺兰山一带、河西走廊沿线。从疆域来看，初步具备了三分天下有其一的实力。

> "既据夏、银、绥、宥、静、灵、盐、会、胜、甘、凉、瓜、沙、肃诸州立国，而以石堡、洪门诸镇升为洪、威、龙、定四州。又以肃州为蕃和郡；甘州为镇夷郡，置宣化府。东尽黄河，西界玉门，南接萧关，北控大漠，地方万余里。"[2]

为了应对宋辽两个大国以及吐蕃、回鹘的压力，李元昊进行了充分的军事准备，改革了现有的军事体制。依托贺兰山险，他将全国分为左、右两厢，下设12个监军司。

手中的37万军队大体部署如下：以兴庆府为中心；左厢防范宋朝的鄜州（今陕西富县，位于陕西北部、延安南部）、延州（今陕西延安）、麟州（今陕西神木）、府州（今陕西府谷）；右厢防范吐蕃、回纥；河南多处防范宋朝的环州（今甘肃庆阳市环县）、庆州、镇戎军（治所位于今宁夏固原）；河北多处防范辽国。

从全军战斗力而言，横山羌兵是西夏御边的特种武装力量，"横山以北，尽为西夏所有"。位于陕北的横山绵延千里，是中原王朝的

---

[1] 民国，戴锡章，《西夏记》："夫西夏声明文物，诚不能与宋相匹，然观其制国书、厘官制、定新律、兴汉学、立养贤务、置博士弟子员。尊孔子为文宣帝，彬彬乎质有其文，固未尝不可与辽金比烈。"

[2] 《西夏书事·卷十二》。

北部屏障，也是宋夏反复争夺的焦点。

"倚贺兰山为固，料兵设险：以七万人护卫兴庆，五万人镇守西平，五万人驻贺兰山；左厢宥州路，以五万人备鄜、延、麟、府；右厢甘州路，以三万人备西蕃、回纥；自河南洪州、白豹、安、盐州，至罗洛、天都、惟精山等处，以五万人备环、庆、镇戎军；自河北至午腊蒻山，以七万人备契丹。而御边善战，尤倚山讹。山讹者，横山羌，平夏兵不及也。"[1]

西夏谋独，彻底激怒了宋朝，堪称"血肉磨坊"的宋夏战争爆发了。李元昊的对手是比他年轻七岁的宋仁宗，以及宋仁宗朝派往前线的文臣夏竦（985年—1051年）、韩琦（1008年—1075年）、范仲淹（989年—1052年）、庞籍（988年—1063年）。他们不仅是政治家、文学家，同样也是戍边御敌的军事家。

长烟缈缈，落日煌煌，羌管悠悠。在经略陕西、防御西北期间，范仲淹留下了颇具豪放之风的宋词名篇《渔家傲》：

塞下秋来风景异，衡阳雁去无留意。
四面边声连角起，千嶂里，长烟落日孤城闭。
浊酒一杯家万里，燕然未勒归无计。
羌管悠悠霜满地，人不寐，将军白发征夫泪。

---

[1] 《西夏书事·卷十二》。

西夏王李元昊面对宋朝举国之兵来袭，凭借灵活多变的军事策略在三川口、好水川、定川寨三战三败宋军精锐，有力地巩固了新兴政权。从西夏立国开始，它始终是宋朝在西北方向最强劲也最难缠的对手。

刀尖上生存与发展的西夏处于四战之地，在不同时期需要应付后唐、吐蕃、回鹘、宋、辽、金、蒙的威胁。外交策略主要是联合或依附强者，以战求和。务实的外交政策使西夏顽强存续189年。

元昊驾崩之后，西夏便陷入了外戚专权的沼泽。从没藏黑云、没藏讹庞，到大梁后、梁乙埋，再到小梁后、梁乙逋，国家大权被后党外戚长期操控，李谅祚、李秉常、李乾顺三代帝王相继沦为傀儡。

政和元年，西夏的天子是李元昊的曾孙，即夏崇宗李乾顺。他是夏毅宗李谅祚（1047年—1068年）的孙子、夏惠宗李秉常的儿子。如果算上元昊追尊的李继迁、李德明，李乾顺则是西夏的第六代君主。

李乾顺生于1083年，比宋徽宗赵佶小一岁，他们是同龄人。他的成长经历与辽国天祚帝有些相似，三岁登基之后便在残酷的宫斗中长大，他的父亲李秉常被母党囚禁。外戚梁氏"一门两后"权倾朝野，国家大权由他的母亲小梁太后和他的舅舅梁乙逋操控。小梁太后一方面向辽朝称臣，另一方面对宋朝频繁用兵，借以转移国内危机。

这位好战分子以她的姑妈大梁太后为榜样，多次亲率大军伐宋，战火绵延不断。所不同的是：小梁太后没有大梁太后那样卓越的军事天赋，并不能掌握宋夏战场的主动权。她碰上了富国强兵的宋哲宗，结果是败多胜少，致使西夏国内民生凋敝。

"夏自平夏之败，不复能军，屡请命乞和。哲宗亦为之寝兵。夔立边功，为西方最。"[1]

在皇族嵬名阿吴与仁多保忠的支持下，梁太后逮捕诛杀阴谋叛乱的弟弟梁乙逋。

宋夏战场上的连年失利，也激化了辽夏关系。李乾顺已经成年，小梁太后专恣擅权，辽道宗素来厌恶她。对于她的多次请求援助，辽国不予支持。永安二年（1099年），辽道宗遣人前往西夏，鸩杀梁太后，李乾顺实现亲政。[2]

时年十六的少年天子风卷残云，巧借外力，翦除了太后党羽，摘除了半个世纪以来外戚掌权的毒瘤。在他的带领下，西夏对外与宋化干戈为玉帛，同时和亲辽国，对内巩固嵬名氏皇族势力，倾慕汉文化兴起"国学"，开启了西夏强盛周期。

李乾顺亲政次年，北宋皇权实现了新旧交替。25岁的宋哲宗驾崩，18岁的宋徽宗继位。

当时间进入政和元年，李乾顺已经28岁，内政外交手腕老辣，带领着西北党项人迎来盛世。

李乾顺在位长达53年，是中国历史上在位时间最久的皇帝之一。执政半个多世纪，他更是经历金国雄起、辽国覆灭、联金灭宋、携手西辽、又与金国交恶等诸多重大事件。可以说，他的性格与抉择改变了中国历史的走向。

他的狡黠善变，像极了美国作家安布罗斯·比尔斯（Ambrose Bierce）在《魔鬼辞典》(The Devil's Dictionary) 当中对于"外交"

---

[1]《宋史·卷三百二十八·列传第八十七》。
[2]《西夏书事·卷三十一》。

二字的注释:"一种为自己国家的利益而说谎的爱国主义艺术。"

"无论是匈奴人、突厥人、蒙古人,还是鲜卑人、契丹人、女真人,这些主要活动在草原的民族,永远具有一种淳朴的本性,他们的英勇豪放与他们的野蛮残酷一样率真可爱。他们在对人类毁灭欲望的淋漓宣泄中,扮演着独特的历史角色,也建立起了独特的历史文化。"[1]

青盐武器

几千年以来,在全球各地,盐代表着财富。罗马、威尼斯、法国、奥地利政府都对盐课税,世界上许多地方也都曾以盐作为货币。

"经济学之父"亚当·斯密(Adam Smith)在《国富论》中谈论货币的起源与功用:"几乎所有富有价值的东西都可以作为货币使用。古代希腊的牛、阿比西尼亚(一般指埃塞俄比亚)的盐、印度的贝壳、弗吉尼亚的烟草、纽芬兰的干鱼丁、西印度殖民地的砂糖、某些国家的兽皮,甚至他同时代苏格兰某乡村的铁钉,这些都被用作实物货币。""薪水"的英语 salary、法语 salaire,其词根义就是盐,"薪水"依然遗留着古代的咸味。

在中国古代,"盐"这个字的原意是"在器皿中煮卤"。《说文解字》

---

[1] 法国历史学家、游牧民族历史文献专家,勒内·格鲁塞(René Grousset),《草原帝国》。

记述："盐，卤也。天生曰卤，人生曰盐。从卤，监声。古者，夙沙初作煮海盐。"由此可见，天生者称卤，煮成者叫盐。

古代的盐是用海水煮出来的。相传，黄帝时期的一位诸侯名叫夙沙，以海水煮卤成盐，颜色分为青、黄、白、黑、紫五种，被后世尊为"盐宗"。中国也是盐井的发明地，汉代已经开始利用盐井、盐池取盐。西汉哲学家、思想家扬雄在传记作品《蜀王本纪》中提道："宣帝地节（公元前69年至公元前66年）中始穿盐井数十所。"东晋书法家王廙《洛都赋》提及："东有盐池，玉洁冰鲜，不劳煮，成之自然。"

古时盐的种类丰富，以颜色分类包括绛雪、桃花、青、紫、白等；以来源分类包括海、池、井、土、崖、沙石。海盐取海卤煎炼而成，西南地区的井盐取井卤煎炼而成，碱盐是刮取碱土煎炼而成，西北地区池盐出自池卤风干，崖盐生于土崖之间。[1]

食盐是生活必需品、贸易硬通货，中国古代的盐专卖制度历史久远。历朝历代都实行食盐专卖，既能增加财税收入，又是一种政治军事手段。谁掌握了盐，谁就掐住了国家命脉。专卖称为"禁榷"，禁是禁止，榷是独木桥，禁榷就是不允许他人涉足经营。周朝，掌盐政之官叫"盐人"；齐国启用奉行重商主义的管仲，设置盐官制度，凭借海盐之利成为春秋五霸之首；西汉武帝为了北击匈奴长期侵扰，打击地方割据势力，推行了以桑弘羊为主所制定的盐铁官营、酒类专卖

---

[1] 《明史》："解州之盐风水所结，宁夏之盐刮地得之，淮、浙之盐熬波，川、滇之盐汲井，闽、粤之盐积卤，淮南之盐煎，淮北之盐晒，山东之盐有煎有晒，此其大较也。"南朝，陶弘景，《名医别录》：东海盐、北海盐、南海盐、河东盐池、梁益盐井、西羌山盐、胡中树盐，色类不同，以河东者为胜。

及均输、平准、统一铸币等一系列重大财经政策；[1]唐朝，食盐国营制度叫作"榷盐法"。盐民生产食盐，政府低价集采，再高价卖给商人，由商人运输到政府指定经销店贩售。如此，政府不但控制了食盐的上游资源，还掌握了食盐的下游流通环节。

西北自古产盐，形成了一条"盐路"。[2]早在商周时期，"大夏之香盐""戎盐"，指的是甘肃、宁夏、青海一带的盐。宋夏辽金时期，西夏境内以乌池、白池为代表的产盐地出产的青白盐，物美价廉、味道纯净。同期的北宋西北地区食盐供应主要依赖山西的解池盐，价格较高且有苦味。北宋初年，尚处于部落状态的党项人向北宋境内倾销青白盐，获得了巨额利润。[3]

太平兴国七年（982年），党项人内部分裂。新任首领李继捧率领亲近部落归附宋朝。其弟李继迁拒绝归宋，率领手下逃遁夏州东北的地斤泽一带，举起反宋大旗。陕西路转运使郑文宝建议朝廷制定贸易禁令，禁止青盐输入陕西，如此或可不战而屈人之兵。

> 先是，诸羌部落树艺殊少，但用池盐与边民交易谷麦，会馈輓趋灵州，为继迁所钞。
>
> 文宝建议以为"银、夏之北，千里不毛，但以贩青白盐为命尔。请禁之，许商人贩安邑、解县两池盐于陕西以济民

---

[1]《盐铁论》是西汉桓宽根据著名的"盐铁会议"记录整理撰写的史书，文学体裁为对话体。书中记述了当时对汉昭帝时期的政治、经济、军事、外交、文化的一场大辩论。盐铁论争论的焦点是桑弘羊首倡的国营垄断与自由经济之争，当今中国依然可为镜鉴。

[2]《宋史》："银、夏之北，千里不毛，但以贩青白盐为命尔。"

[3]《续资治通鉴长编》："况蕃戎所赖，止在青盐。"

食。官获其利，而戎益困，继迁可不战而屈"。

乃诏自陕以西有敢私市者，皆抵死，募告者差定其罪。行之数月，犯者益众。戎人乏食，相率寇边，屠小康堡。内属万余帐亦叛。商人贩两池盐少利，多取他径出唐、邓、襄、汝间邀善价，吏不能禁。关、陇民无盐以食，境上骚扰。上知其事，遣知制诰钱若水驰传视之，悉除其禁，召诸族抚谕之，乃定。[1]

宋太宗下令禁止食盐入境与粮食出境，在断绝青白盐进口之后，并没有从内地调来足够的食盐以供替代，导致了一系列适得其反的后果。比如，戎人因为缺少粮食而劫掠边境，屠戮了小康堡寨；部分边民投靠敌营；因为利益诱惑，盐商走私活动屡禁不绝。于是宋朝不得已取消了禁盐政策，安抚各族边民。双方的食盐贸易恢复如初。

榷场成为宋夏贸易的主要形式，在双方边境设立数个固定交易场所，官方还设有牙行评定货色等级、包揽承交、征收商税。《宋史·食货志》记载，宋朝一般以缯帛、罗绮等丝绸料子，易货西夏的驼、马、牛、羊、玉、毡毯等；以香药、瓷、漆器、桂等，易货西夏的蜜蜡、麝脐、毛褐、源羚角、柴胡、红花等。

正如北宋名臣韩琦、范仲淹所言，党项历经几十年的对外商贸，集聚了数量可观的财政收入，为李元昊发动宋夏之战提供了物质基础。

从德明纳款后，来使蕃汉之人，入京师贾贩，憧憧道

---

[1] 《宋史》列传，卷三十六。

路，百货所归，获中国（指宋朝）之利，充于窟穴，贼因其事力，乃兴兵为乱。[1]

景祐五年（1038年），李元昊建国称帝，触发宋夏战争。三川口、好水川、定川寨三大战役，宋军逢川三败被迫和谈。李元昊在和谈中提出，北宋每年从西夏进口青白盐十万斛。

北宋君臣深知食货之道。青白盐是西夏的核心产品，也是其最大的财政支柱，一旦敞开国门，西夏只会财源滚滚，因此北宋可以通过贸易战遏止西夏的命脉。如果西夏顺从，就允许食盐贸易；如果西夏犯境，就断绝食盐贸易。

韩琦、范仲淹等西北战区主官一手抓"军事热战"，一手抓"贸易冷战"，西夏国力日渐枯竭。为了吸取宋太宗禁盐失误的教训，宋仁宗下令从全国各地调集大量食盐充实西北，供需关系得到调整，经济制裁取得成效。

北廷禁止蕃部边民走私贩卖西夏青白盐，查出违例，即可逮捕。"严行禁断沿边蕃汉人户，不得与西贼私相交易。访闻尚不遵禀，可重立赏格告捕。"[2]

庆历四年（1044年），宋夏和议最终达成，核心要点包括：西夏向宋称臣；宋赐岁币；允许开放双边贸易，设置榷场。不过，宋朝对于盐业依然主张"不通青盐"。庆历六年（1046年）宋朝诏令保安军、镇戎军榷场，每年向西夏购买马匹二千匹、羊一万口。

此后，夏毅宗李谅祚再犯宋境，北宋以违反和约为由，关闭榷

---

1 《续资治通鉴长编》。

2 《宋会要辑稿》。

场。治平元年（1064年），宋英宗初登大宝，李谅祚对庆州发动报复性进攻，因身受重伤，于一年后崩。李秉常继位，上表谢罪，乞求互市，北宋方才重开贸易。

熙宁二年（1069年），宋神宗以西夏无礼为由，严查边境走私。如有违者，经略司及各级官吏同罪，重赏告发者，立即引发西夏财政危机。司马光奏议指出宋夏贸易战的底层逻辑：西夏对于宋朝的贸易依赖度很高，主动权完全在我方，犹如哺乳喂养婴儿。

> 西夏所居氐羌旧壤，地所产者不过羊马毡毯，其国中用之不尽，其势必推其余与他国贸易。其三面皆戎狄，鬻之不售。惟中国者，羊马毡毯之所输，而茶彩百货之所自来也。故其民如婴儿，而中国乳哺之矣。

政和元年，青盐贸易战仍在持续。相比北宋国力，西夏久耗不起，损失惨重。次年（1112年），李乾顺命朝臣言朝政得失，西夏御史大夫谋宁克任（1086年—1139年）上疏申述："治法之要，不外兵刑，富国之方，无非食货。"

他提出，青盐贸易战对于西夏已经造成了严重的经济危机，"兵行无百日之粮，仓储无三年之蓄"。同时，宋夏交兵，山界数州有战无耕，满目疮痍。长此以往，必将引发严重的社会危机。

> 治法之要，不外兵刑；富国之方，无非食货。国家自青、白两盐不通互市，膏腴诸壤浸就式微，兵行无百日之粮，仓储无三年之蓄，而惟恃西北一区与契丹交易有无，岂所以裕国计乎？

自用兵延庆以来，点集则害农时，争斗则伤民力，星辰示异，水旱告灾，山界数州非侵即削，近边列堡有战无耕。于是满目疮痍，日呼庚癸，岂所以安民命乎？

　　且吾朝立国西陲，射猎为务，今国中养贤重学，兵政日弛。昔人云"虚美薰心，秦乱之萌"，又云"浮名妨要，晋衰之兆"。臣愿主上既隆文治，尤修武备，毋徒慕好士之虚名，而忘御边之实务也。[1]

此后，李乾顺采纳了谋宁克任的奏请，战略上由攻势转变为守势，边境筑城防御，尽量避免战争。宋夏辽边境获得暂时的平静。

同时，他进一步依附辽国，多次请婚，最终辽天祚帝恩准将宗室女南仙（成安公主）下嫁。

梵刹钟声

"此邦今尚武，何处且依仁。"[2]

崇尚勇武是党项羌的自身之本，也是立国之基。在强敌环伺的四战之地，唯有刀剑与战马才能赢得生存与发展的机会。

唐代李思恭凭借军功领得五州之地，自此至蒙古灭夏的三百多年时间，充分证明了这条铁律。西夏谚语盛赞尚武精神：

1　《西夏书事》，卷三十二。

2　唐代，杜甫，《寄张十二山人彪三十韵》。

宁射苍鹰不射兔，宁捕猛虎不捕狐。

与明相伴不会暗，与强相伴不会弱。

张弓无力莫放箭，说话不巧莫张口。

人有智不迷俗处。箭有功敢入深山。

图为西夏壁画，榆林窟第二十九窟，《水月观音》

自李元昊建国以来，西夏朝野上下一直存在着"蕃礼"与"汉礼"之争，李谅祚、李秉常两朝几经反复，至李乾顺时期尊儒崇佛成为主流思想，李仁孝将它推向极致。李乾顺倾慕高度发展的儒家文化，自上而下推行汉文化，改革西夏落后的社会风气。

西夏贞观元年（1101年），御史中丞薛元礼上书建言：

"士人之行，莫大乎考廉；经国之模，莫重于儒学。昔元魏开基，周齐继统，无不遵行儒教，崇尚《诗》《书》。盖西北之遗风，不可以立教化也。景宗以神武建号，制蕃字以为程文，立蕃学以造人士，缘时正需才，故就其所长，以收其所用。今承平日久，而士不兴行，良由文教不明、汉学不重，则民乐贪顽之习，士无砥砺之心，董子所谓：'不素养而欲求贤，譬犹不琢玉而求文采也'。可得乎？"[1]

只有提倡汉学，才能改变西夏不良风气，解决社会危机。李乾顺采纳了他的建言，下令在原有的"蕃学"之外特建"国学"。皇亲贵族子弟作为表率，从中挑选三百人，建立"养贤务"。官府供给廪食，设置教授，培养人才。

政和二年，西夏正式公布按资格任用官吏的法令。除了"宗族世家议功议亲俱加蕃、汉一等"，对擅长文学的士人"尤以不次擢"，给予特别奖擢。

李乾顺喜欢附庸风雅，曾借大臣高守忠宅第后院生长灵芝，以为祥瑞。在百官朝贺之际，他撰写《灵芝歌》，与诸大臣酬唱[2]，"勒石志瑞"，刻石记录祥瑞。

有文事者，必有武备。对于重文轻武，朝中有识之士颇为担心，担忧"西夏北宋化"——"非进士及第者不得美官""满朝朱紫贵，尽是读书人"。

西夏举国重文轻武之风盛行，御史大夫谋宁克任上疏："治法之

---

1 《西夏书事》卷三十。
2 酬唱，用诗歌互相赠答唱和。

要，不外兵刑，富国之方，无非食货"，直谏西夏"立国西陲，射猎为务，今国中养贤重学，兵政日弛"。他建议"既隆文治，尤修武备，毋徒慕好士之虚名，而忘御边之实务"。兴隆文治的同时，尤其需要常修武备，不可追求虚名而忘记边疆御敌。李乾顺不予采纳。

久而久之，儒学融入西夏文化，成为西夏思想统治的精神支柱，对党项人的世界观、人生观、价值观都产生了深刻影响。

尊儒的同时，李乾顺崇佛。甘州大佛寺便是鲜活例证。

11世纪初，党项人崛起西北，甘州"东据黄河，西阻弱水，南踞青海，北控居延"，成为西夏夺取河西走廊的一把钥匙。最终，李元昊奇袭攻占甘州，在此设置了甘肃军司。甘肃一词由此而来，甘指甘州，肃指肃州（今甘肃酒泉）。甘州是丝绸之路重镇，"张国臂掖，以通西域"，素有"塞上江南""金张掖"美誉。

张掖的民主西街大佛寺巷，坐落着一座颇具传奇色彩的古寺，名叫大佛寺，始称"迦叶如来寺"。穿过山门，进入寺内，顿时感到庄重深邃。

正殿为两层楼，重檐歇山顶，上方居中分别悬挂着书写有"功德须弥""无上正觉"字样的木制匾额。佛经说，佛法修行三重境界：自觉、觉他、无上觉，无上正觉属于佛教信徒追求的最高境界。

殿门两侧有清代的楹联："创于西夏，建于前明，上下数百余年，更喜有人修善果；视之若醒，呼之则寐，卧游三千世界，方如此梦是真空。"

图为大佛寺1

图为大佛寺2

走入正殿，颇为震撼。世界上最大的木质架构泥塑卧佛映入眼帘。这尊释迦牟尼涅槃卧佛像金装彩绘，形态传神，视之若醒，呼之则寐。

大佛殿的背后便是藏经阁，现藏泥金书写的《大般若波罗密多经》等佛门瑰宝。

元符二年（1099年），小梁太后辞世，李乾顺敕建大佛寺，供奉佛像为母祈福。由此，大佛寺奠定了西夏国寺的崇高地位。大佛殿前檐二楼门上楹联："万道霞光遮凤辇，千条瑞气罩龙楼"，蕴意这里是藏龙栖凤之地。

小梁太后信仰佛教，其执政时期虽战事频仍，但仍组织了多次大规模的佛事活动。

"（熙宁六年），冬十一月，献马，请《大藏经》。梁氏遣使进马，请赎《大藏经》。神宗赐经，还其马。"[1]

小梁太后向宋朝派出专使进献马匹，赎买带回佛教典籍《大藏经》，组织学者、僧人进行西夏文佛经的翻译工作。

---

1 《西夏书事·卷二十四》。

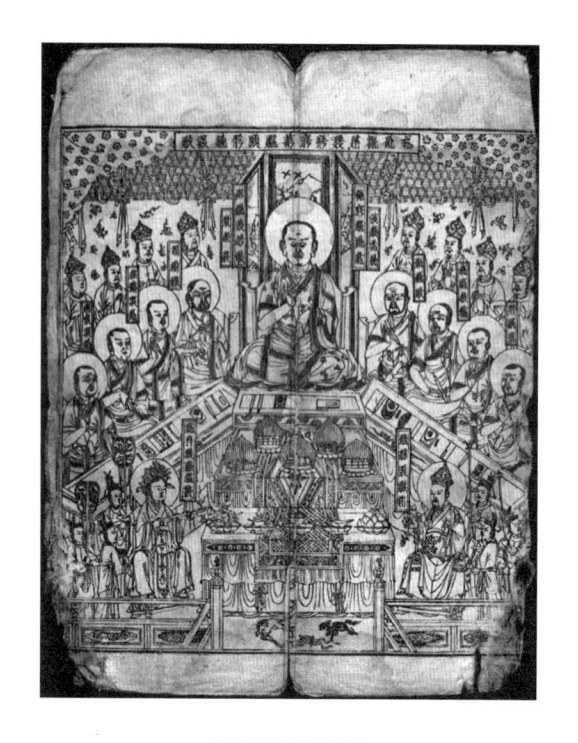

图为西夏译经图

睡佛长睡睡千年长睡不醒,问者永问问百世永问难明。民间流传着一个吉祥如意的故事:别吉太后[1]驾临甘州,闻听卧佛寺许愿有求必应。她怀着身孕,前往朝拜许愿。没走出山门,就开始腹疼。在僧人照料下,在寺内分娩。

这就是日后声震寰宇的元世祖忽必烈(1271年—1294年)。

别吉太后的本名是克烈·唆鲁禾帖尼,系克烈部王罕的弟弟札合敢不之女。1203年,克烈部被成吉思汗消灭,她嫁给了成吉思汗第四子孛儿只斤·拖雷(1193年—1232年)。在那个兵燹遍地的时代,

---

[1] 据《元史》记载,元朝时期的蒙古人尊称唆鲁禾帖尼别乞为"别吉太后"。

这位"英明浦博,圣善柔嘉"的克烈部公主,生育了蒙哥、忽必烈、旭烈兀和阿里不哥。四位杰出的儿子都做过帝王,因此她被尊称为"四帝之母"。

波斯史学家拉施特赞誉别吉太后为"世界上最聪明的妇女"。她薨逝之后,停柩奉安在大佛寺内。

> 至元元年(1335年)三月,丙申,中书省臣言:"甘肃甘州路十字寺奉安世祖皇帝母别吉太后于内,请定祭礼。从之。"[1]

另有传说,宋度宗次子、宋恭帝赵㬎(1271年—1323年)为忘却曾经伤心之事,潜心学习佛法。他不问天下之事,曾在大佛寺出家修行。[2]

进入西藏之后,他仅仅数年便崭露头角,将大量汉文佛典译成藏文,并担任萨迦大寺总持,潜心研佛,四处讲经,成为西藏佛学大师。其所翻译《百法明门论》《因明入正理论》,皆在扉页自称"大汉王出家僧人合尊法宝",成就一段历史奇事。

李仁孝即位,时年十六岁。在位期间,重用文化程度较高的党项与汉族大臣主持国政;建立翰林学士院,编纂历朝实录;设立各级学校,科举选拔人才,大修孔庙及尊奉孔子为文宣帝;天盛年间,颁行

---

[1] 《元史·顺帝纪》本纪第三十八
[2] 元代,高僧释念常,《佛祖通载》:"宋主以王位来归,学佛修行。帝大悦,命削发为僧宝焉。"是年十二月赵㬎启程,从脱思麻进入乌思藏。赵㬎出家学佛之地向称土番,即如今西藏同也。其后汉文史籍之中,再无关于赵㬎记录,但在藏文材料中偶有踪迹。

政和元年

法典《天盛年改新定律令》。与此同时，继续尊尚佛教，供奉藏传佛教僧人为国师。

觚棱殿宇耸晴空，香火精严祀大雄。蠡吼法庭闻梵呗，铃鸣古塔振天风。梵刹钟声，党项的血性日益衰退。南宋宝庆三年（1227年）8月25日，成吉思汗驾崩于西夏境内的六盘山下军营内。三天之后，西夏末代皇帝李睍向蒙古军队投降被杀。

不过，盛行佛教的西夏灭国之后，元仍然"以佛教为羁縻之策"治理该地。西夏故地，改名"宁夏"，寓意安宁。

第七章 夏宫魅影

一个女人应当具有三个方面的素质:一是像标枪一样直;二是如蛇一样柔软;三是如虎一样高傲。

——英国,英国言情小说大师,简·格林(Jane Green)

情杀太后没藏氏

全世界是个舞台,
所有的男男女女不过是一些演员;
他们都有下场的时候,也都有上场的时候。
一个人的一生中扮演着好几个角色,
他的表演可以分为七个时期。
最初是婴孩,
在保姆的怀中啼哭呕吐。
然后是背着书包、满脸红光的学童
像蜗牛一样慢腾腾地拖着脚步,
情愿地呜咽着上学堂。
然后是情人,
像炉灶一样叹着气,写了一首悲哀的诗歌咏着
他恋人的眉毛。
然后是一个军人,
满口发着古怪的誓,胡须长得像豹子一样,
爱惜着名誉,动不动就要打架,

在炮口上寻求着泡沫一样的荣名。

然后是法官,

胖胖圆圆的肚子塞满了阉鸡,

凛然的眼光,整洁的胡须,

满嘴都是格言和老生常谈;

他这样扮了他的一个角色。

第六个时期变成了

精瘦的趿着拖鞋的龙钟老叟,

鼻子上架着眼镜,腰边悬着钱袋;

他那年轻时候节省下来的长袜子,

套在他皱瘪的小腿上显得宽大异常;

他那朗朗的男子的口音

又变成了孩子似的尖叫,

像是吹着风笛和哨子。

终结着这段古怪多事的历史的最后一场,

是孩提时代的再现,全然的遗忘,

没有牙齿,没有眼睛,没有口味,没有一切。[1]

西夏就像莎士比亚笔下的戏剧舞台,红男绿女纷纷上场。

偷情、夺妻、谋杀、背叛、乱伦、联姻,以及反间计、连环计、美人计等匪夷所思的戏码,在内政外交舞台上纷繁上演。

演员表当中,既有皇帝、皇后、宠妃、太子、公主,也有国相、

---

[1] 莎士比亚的"四大喜剧"之一《皆大欢喜》写尽了人的一生,创作于1598—1600年间。故事主要发生在远离尘世的亚登森林。

战将、管家、侍卫、间谍。当然,还有形形色色的敌国人员。

许多情节虽然荒诞离奇,却又无比真实。

男一号李元昊在人生表演的各个时期扮演着不同的角色:英武的少年、开国的皇帝、传奇的军神、泛滥的情种、儿子的情敌。他留有后世记载的后宫女主共有9位,更换频繁犹如走马灯。其中7位是党项女子、1位吐蕃女子、1位是契丹女子。[1] 李元昊暴虐寡情,她们的结局多为悲惨。

深受唐风影响,又浸染草原文化,西夏女人有别于中原女子,她们自由奔放,各领风骚,顶起了半边天。从李元昊立国开始,西夏王朝的政治舞台上出现过三位"临朝听政"的美艳太后。她们亲掌内政,领兵出阵,享受着至高无上的权力,左右着国与国之间的竞合关系。

人生如戏,戏如人生。三位太后风云激荡、风月无边,留下了别具一格的夏宫魅影。然而,她们的结局,令人扼腕叹息——一个被情杀,一个被鸩(zhèn)杀,[2] 一个虽然得以善终但也留下了巨大后遗症。

---

1 《西夏书事》卷十八、《续资治通鉴长编》卷一百六十二

《西夏书事》卷十八:五月,夺子妇没移氏,立为后。曩霄先七娶:一卫慕氏;二索氏;三都罗氏,早死;四咩米氏;五野利氏,生三子:长宁明,次宁令哥,次薛哩,早死;六耶律氏,契丹公主也;七没移氏,即营天都山居者。至是为太子宁令哥娶妇没移氏,见其美而自纳焉,号为"新皇后"。

张溥曰:曩霄雄毅多略,志成叛逆。卫慕氏其母也,而弑之;山遇其叔也,而杀之;及为子娶妇,而美则自纳焉。卫宣、高洋,两钟其恶,天命不佑,宜其死不旋踵也。

2 鸩,是传说中的一种毒鸟。它的羽毛泡成的毒酒可以杀人。《汉书·王莽传下》:"又闻汉兵言,莽鸩杀孝平帝。"《三国演义》第二回:"何后嫉妒,鸩杀王美人。"

俄藏黑水城出土普贤菩萨绢画女供养人

凉州被誉为"畜牧甲天下",一度被六谷吐蕃实际控制。北宋大中祥符八年(1015年),李元昊的父亲李德明采用诈降计谋,在酒宴上杀死大首领潘罗支[1],六谷吐蕃灭亡。在凉州,当地豪门六谷吐蕃没藏家族生下一个美丽的女婴,取名没藏黑云(不详—1056年)。许多年后,这朵吐蕃的黑云,成了萦绕在没藏家族头顶的祥云,带来了无上的荣光。

---

1 景德元年,潘罗支设计伏击,李继迁中矢伤重而亡。

长大之后,没藏黑云风华绝代,嫁给了李元昊心腹大将、西夏贵族野利遇乞。可惜,她的第一段婚姻好景不长。飞来的横祸,并非因为夫妻双方感情出现裂缝,而是来自敌国的谍中谍。

庆历二年(1042年),宋朝"文帅"范仲淹的得力部下种世衡[1]充分利用了人性的弱点,巧施反间计、离间计、连环计,促使生性多疑的李元昊盛怒之下诛杀了"天都王"兄弟野利旺荣、野利遇乞。

灭族大难突然降临。一片混乱中,野利遇乞的遗孀没藏黑云在管家李守贵的协助下,逃到"三香家"尼姑庵中避难。她的命运瞬间遁入黑暗。

然而,黑云终究被阳光照耀,祥云升起。作为家族的幸存者,皇后野利氏鸣冤不平,申诉野利兄弟无罪。元昊也意识到中了宋人离间计而冤杀了天都王,于是寻访野利家族的外逃家人,发现没藏氏幸免于难,藏匿尼姑庵,便将她接入皇宫照料。

美貌比金银更容易引起歹心。元昊看见美艳无比又不拘一格的没藏黑云,迅速沦陷,无法自拔。越是禁果,越有无法抗拒的诱惑。李元昊既有雄桀、坚毅、果敢的一面,也有暴戾、凶鸷、多疑的一面,更有情欲泛滥、纵情声色的另一面,"贪好色则辱其臣之妻、夺其子之妇,三纲沦矣"。

野利皇后察觉到这段地下情,无法忍耐原嫂子的暗度陈仓,但念及过往的亲情,不忍心杀她。于是,将没藏黑云送到兴州戒坛寺出家

---

[1] 北宋,沈括,《梦溪笔谈·卷十三·权智》:平夏之功,世衡计谋居多,当时人未甚知之。

为尼,赐号"没藏大师"。[1]

但是,这依然无法阻止李元昊经常以礼佛为名到寺中幽会,与没藏大师双宿双飞。臣下劝谏,毫无作用。

"我借着爱的轻翼飞过园墙,因为砖石的墙垣是无法把爱情阻隔的。"[2]

就在李元昊私通没藏氏的这一年,他下令将儿子阿理沉河[3]溺毙,并赐死了阿理的生母、他的第四位皇妃咩米氏。罪名是阿理谋逆,聚众为乱。[4]

西夏深受唐风影响。皇帝在寺庙幽会情人,李元昊并非第一个。相传,唐太宗驾崩之后,未能生下龙子的先皇妃子将被送入皇家寺庙感业寺中出家为尼。650年,李世民忌日那一天,唐高宗李治前往感业寺拜佛祈福。武媚娘知道后,果断抓住机会与李治见面,二人迅速旧情复燃。次年,武媚娘从感业寺回到皇宫,怀有龙子,开启一代女皇的传奇。

庆历七年(1047年)春二月初六,没藏氏在去两岔河打猎途中

---

1 《西夏书事》卷十八:出遇乞妻没藏氏为尼。曩霄杀旺荣、遇乞,久之,野利后诉旺荣兄弟无罪,曩霄悔之,令求遗口,得没藏氏于三香家,迎养宫中。已,与之私,野利后觉之,不忍杀,使出为尼,号"没藏大师",居于兴州戒坛寺。

2 英国,莎士比亚,《罗密欧与朱丽叶》(Romeo and Juliet)

3 沉河作为一种刑罚,最早记载于春秋时期。《吕氏春秋》卷二十:赵简子沉鸾徼于河,曰:"吾尝好声色矣,而鸾徼致之;吾尝好宫室台榭矣,而鸾徼为之;吾尝好良马善御矣,而鸾徼来之。今吾好士六年矣,而鸾徼未尝进一人也。是长吾过而绌善也。"鸾徼,是晋国赵氏领袖赵简子的手下。

4 《西夏书事》卷十八:子阿理谋逆,杀之,及妃咩米氏。
咩米氏,曩霄第四娶,生子阿理,无宠,屏居夏州王庭镇。阿理年渐长,谋聚众为乱。其党卧香乞以告,曩霄执阿理沉于河,遣人赐咩米氏死。

政和元年 227

生下私生子，李元昊为子取名宁令两岔——"宁令"在党项语中寓意欢喜，"两岔"为河名。生于河畔，以河得名，后取谐音改为谅祚（1047年—1067年）。

谅祚出世之后，寄养在母舅没藏讹庞（不详—1061年）家中。由没藏氏前夫野利遇乞部属毛惟昌、高怀正两人的妻子母乳喂养。[1]

三月，没藏讹庞就被擢拔为国相。一个可怕的阴谋，开始酝酿。出于自身利益与家族利益，"没藏氏与讹庞日夜谋危宁令哥，为立谅祚计。"

而此时的太子是宁令哥，皇后是宁令哥的生母野利氏。

"世间的很多事物，追求时候的兴致总要比享用时候的兴致浓烈。"[2]五月，情欲决堤的李元昊迷上了爱子宁令哥的未婚娇妻、党项大族没移皆山之女没移氏。很快，太子妃就有了新身份。

"至是为太子宁令哥娶妇没移氏，见其美而自纳焉，号为新皇后。"[3]

六月，李元昊不顾父子亲情、人伦纲常、朝野舆情，废除皇后野利氏，改立更为年轻娇艳的没移氏为皇后。

---

1 《西夏书事》卷十八：曩霄常顾没藏尼于戒坛院，臣下谏之不听。是时出猎，载没藏氏偕行，营于两岔河而生谅祚。始名宁令两岔，国语谓"欢喜"为"宁令"，"两岔"谓至两岔河而生。时月之六日也。曩霄令养于没藏讹庞家。讹庞以汉人毛惟昌、高怀正向属遇乞帐下，使二人妻更乳之。讹庞，没藏尼兄也。

2 英国，莎士比亚，《威尼斯商人》。

3 《西夏书事》卷十八。

按照美国生物人类学家海伦·费舍尔（Helen Fisher）[1]的说法，早期爱情或者说"激情之爱"，只会持续12—18个月。废后野利氏身材颀长，富有智谋，也曾经备受李元昊宠爱，唯独她一人可以佩戴云冠，册封宪诚皇后。自从李元昊有了新欢，她就被安置在她的娘家，别居天都山。野利兄弟死后，加之李元昊夺走了宁令哥未婚妻，她非常怨恼忿恨。李元昊听闻之后，将她打入冷宫，不再相见。[2]

距离兴庆府不远的贺兰山，阳屏西夏，阴阻北蕃，连绵不绝五百余里。秋七月，李元昊下令在贺兰山东面构筑度假行宫，征用数万丁夫。行宫方圆数十里，楼台庭阁十余丈。江山如此多娇，李元昊每天带着后宫佳丽寻欢作乐，不再勤于朝政，将国事委以没藏讹庞。[3]

李元昊一味逍遥快活，与唐玄宗李隆基（685年—762年）的情感经历惊人相似。他横刀夺爱没移氏，而唐玄宗将儿媳妇杨玉环（719年—756年）纳为己有。

---

[1] 数十年以来，海伦·费舍尔专注于人类的性、婚姻以及情感模式的研究，著作有《情种起源》（Why We Love）、《谁会爱上你，你会爱上谁》（Why Him, Why Her）、《我们为何结婚，又为何不忠》（Anatomy of Love: A Natural History of Mating, Marriage, and Why We Stray）等。

[2] 《西夏书事》卷十八：六月，废后野利氏。野利氏，遇乞从女也。身颀长，有智谋，常带金起云冠，令他人无得冠者。封宪诚皇后，曩霄素畏之。自纳没移氏，别居天都山，后稀得见。旺荣、遇乞之死，后已不平，及夺子妇没移氏，益失宠，出怨望语。曩霄闻之，黜居别宫，不复相见。

[3] 《西夏书事》卷十八：秋七月，筑离宫于贺兰山。贺兰阳屏西夏，阴阻北蕃，延亘五百余里，树木青白，望如驳马，北人呼"驳"为"贺兰"，故名。曩霄自夺没移氏，废野利后，阴闻宁令哥有怨言，大役丁夫数万，于山之东营离宫数十里，台阁高十余丈，日与诸妃游宴其中，悉以国事委之讹庞。

汉皇重色思倾国，御宇多年求不得。
杨家有女初长成，养在深闺人未识。
天生丽质难自弃，一朝选在君王侧。
回眸一笑百媚生，六宫粉黛无颜色。
春寒赐浴华清池，温泉水滑洗凝脂。
侍儿扶起娇无力，始是新承恩泽时。
云鬓花颜金步摇，芙蓉帐暖度春宵。
春宵苦短日高起，从此君王不早朝。
承欢侍宴无闲暇，春从春游夜专夜。
后宫佳丽三千人，三千宠爱在一身。
金屋妆成娇侍夜，玉楼宴罢醉和春。
姊妹弟兄皆列土，可怜光彩生门户。
遂令天下父母心，不重生男重生女。
骊宫高处入青云，仙乐风飘处处闻。
缓歌慢舞凝丝竹，尽日君王看不足。
渔阳鼙鼓动地来，惊破霓裳羽衣曲。
九重城阙烟尘生，千乘万骑西南行。
翠华摇摇行复止，西出都门百余里。
六军不发无奈何，宛转蛾眉马前死。
花钿委地无人收，翠翘金雀玉搔头。
君王掩面救不得，回看血泪相和流。
黄埃散漫风萧索，云栈萦纡登剑阁。
峨嵋山下少人行，旌旗无光日色薄。
蜀江水碧蜀山青，圣主朝朝暮暮情。

行宫见月伤心色，夜雨闻铃肠断声。[1]

唐玄宗时期，杨玉环出身官宦世家，姿质丰艳，擅歌舞通音律。咸宜公主洛阳大婚，杨玉环应邀参加，唐玄宗之子寿王李瑁对其一见钟情。唐玄宗在寿王母亲武惠妃请求下册立杨玉环为寿王妃。婚后，两人恩爱美满。武惠妃不幸薨逝，唐玄宗郁郁寡欢，后宫数千，无可意者。有人进言杨氏"姿质天挺，宜充掖廷"，唐玄宗将其召入后宫，[2] 从此一发不可收。唐玄宗以为其母窦太后祈福的名义，敕书杨氏出家，道号"太真"。[3] 云想衣裳花想容，春风拂槛露华浓。唐玄宗无法忍受思念，下诏太真还俗，接入宫中册封贵妃。天宝十五年（756年），安禄山叛乱，唐玄宗流亡蜀中，途经马嵬驿，士兵哗变。一代佳人白绫自尽，缢死在佛堂的梨树下，芳龄三十八岁。唐玄宗回到长安之后，想着迁葬，派去的人只带回了一只银香囊，回禀"初瘗时以紫褥裹之，肌肤已坏，而香囊犹在"。[4]

1　唐代，白居易，《长恨歌》。
2　《新唐书》卷七十六：开元二十四年，武惠妃薨，后廷无当帝意者。或言妃（杨玉环）姿质天挺，宜充掖廷，遂召内禁中，异之，即为自出妃意者，丐籍女官，号"太真"，更为寿王（李瑁）聘韦昭训女，而太真得幸。善歌舞，邃晓音律，且智算警颖，迎意辄悟。帝大悦，遂专房宴，宫中号"娘子"，仪体与皇后等。
3　《新唐书 本纪第五 睿宗 玄宗》：二十八年正月癸巳……十月甲子，幸温泉宫。以寿王妃杨氏为道士，号太真。
4　《旧唐书·列传第一》：上皇自蜀还，令中使祭奠，诏令改葬。礼部侍郎李揆曰："龙武将士诛国忠，以其负国兆乱。今改葬故妃，恐将士疑惧，葬礼未可行。"乃止。上皇密令中使改葬于他所。初瘗时以紫褥裹之，肌肤已坏，而香囊仍在。内官以献，上皇视之凄惋，乃令图其形于别殿，朝夕视之。

政和元年

然而，宁令哥不是温顺的寿王，而是更像他的铁血父亲李元昊。

"次宁令哥，曩霄以貌类己，特爱之，以为太子。"

母后被废，未婚妻子被夺，太子对父皇产生了仇恨。窥视到这层微妙的关系，没藏讹庞认为时机已经成熟。他挑动着宁令哥的敏感神经，暗使他刺杀李元昊，行借刀杀人之计。

庆历八年（1048年）上元节，明月高悬。

这是一个喜庆祥和的重要节日。宋仁宗照例驾临皇宫正门宣德楼，与御街上的百姓一起欣赏百戏，欢度佳节。

兴庆府与汴京相距千里。此刻的夏宫，一场关乎西夏国祚的宫廷喋血戏剧骤然上演。

明月几时有？把酒问青天。不知天上宫阙，今夕是何年。当晚，李元昊正与嫔妃把酒言欢。酒酣之时，太子宁令哥与野利族人浪烈突然进宫。

混乱之中，卫兵及时赶到，野利浪烈在搏斗中被杀，而太子闯进了内宫。

此时的李元昊已经喝得大醉，躲避不及。在刀光剑影之下，他的高耸鼻子被削，流血过多，次日崩逝。一代雄主年仅四十六，谥号武烈皇帝,庙号景宗。[12]

西夏开国皇帝没有死在烽火燎原的战场,而是死在了自己儿子的利刃之下。与其说是死于太子的情杀,不如说死于自己难填的欲壑。

西格蒙德·弗洛伊德在他的人类学著作《图腾与禁忌》中说道,"弑父是人类的,也是个人一种基本和原始的罪恶。"心理情境是复杂的,男孩子和他父亲间的关系是一种"既爱又恨"的矛盾关系。除了想把父亲当作竞争对手除掉的仇恨以外,对父亲的一定程度的温情一般也是存在的。

---

1 《西夏书事》卷18:国主元昊为子宁令哥所弑。初,元昊杀野利兄弟,其族皆失职怨望。及宁令哥失妻,野利后被黜,母子日夜虑祸及。没藏讹庞知其意,阴劝宁令哥作乱,宁令哥信之,与野利族人浪烈等于月之望日,乘元昊醉,入宫刺之,不殊,救者至,浪烈等斗死,宁令哥劓元昊鼻而出,追者急,走免。明日,元昊死,年四十六,僭号十七年,改元五,谥曰武烈皇帝,庙号景宗,墓号泰陵。

2 《续资治通鉴长编》卷一百六十二:春正月辛未,夏国主曩霄卒。曩霄凡七娶:一曰米母氏,舅女也,生一子,以貌类他人,杀之。二曰索氏。始,曩霄攻嘅牛城,传者以为战没,索氏喜,日调音乐,及曩霄还,惧而自杀。三曰都罗氏,蚤死。四曰咩迷氏,生子阿理,谋杀曩霄,为卧香乞所告,沈於河,杀咩迷氏於王亭镇。五曰野利氏,遇乞从女也,颀长,有智谋,曩霄畏之,戴金起云冠,令他人不得冠。生三子,曰宁明,喜方术,从道士路修篁学辟谷,气忤而死。次宁令哥,曩霄以貌类己,特爱之,以为太子。次薛埋,蚤死。後复纳没移皆山女,营天都山以居之。野利之族宣言,吾女嫁二十年,止故居,而得没移女,乃为修内。曩霄怒。会有告遇乞兄弟谋以宁令哥娶妇之夕作乱,曩霄遂族遇乞、刚浪凌、城逋等三家。既而野利氏诉,我兄弟无罪见杀,曩霄悔恨,下令访遗口,得遇乞妻阖於三香家。後与之私通,野利氏觉之,不忍诛,遇乞妻乃出为尼,号没藏大师。六曰耶律氏。七曰没移氏,初,欲纳为宁令哥妻,曩霄见其美,自取之,号为新皇后。宁令哥愤而杀曩霄,不死,劓其鼻而去,匿黄芦讹庞家,为讹庞所杀。曩霄遂因鼻疮死,年四十六。

宁令哥行刺李元昊，很像希腊神话中的俄狄浦斯王"弑父娶母"的神谕。行刺败露之后，宁令哥立即逃到没藏讹庞的府邸黄芦。

这位权相当场反目，以谋杀罪捕杀太子，并杀害已被打入冷宫的野利皇后。年轻莽撞、手腕稚嫩的宁令哥被没藏讹庞借刀杀人，致使父皇、母后还有自己接连惨死。

著有《君主论》的意大利政治思想家尼可罗·马基亚维利一针见血地指出："一般来说，人类的本性总是忘恩负义、变化多端、弄虚作假、怯懦软弱、生性贪婪的。当你对他们有利用价值的时候，可以说，他们完全是你的人。当你有需要时，他们表示愿意为你流血，愿意为你奉献自己的财产，甚至是牺牲自己或是他们的孩子。但实际上，当危险到来时，他们只会选择背弃你。假如君主选择相信他们的那些空头承诺，因而忽略其他措施，那么毫无疑问，这个君主必会灭亡。"宁令哥选择相信没藏讹庞的空头承诺。

李元昊、宁令哥相继死于非命，谁来继承这个新兴的国家呢？

关于接班人选，皇族贵戚开始激烈交锋。执行遗诏还是尊重祖制？这是一个国运问题。按照李元昊遗命，册立从弟[1]（堂弟）委哥宁令，大酋长诺移赏都、埋移香热、嵬名浪布、野乜浪罗等顾命大臣主张按照遗命执行。

"立委哥宁令为国主"的遗诏，却遭到了实权人物没藏讹庞的强烈反对。他指出："委哥宁令又不是皇帝的儿子，并且没有战功，怎么可以继承国祚！"

诺移赏都展开攻势："眼下西夏没有国主。不然，没藏大人继位

---

1 古人以共曾祖父而不共父亲又年幼于己者的同辈男性为从弟。据《宋书·武帝本纪》行文记述，从弟的亲疏远近介于弟、族弟之间。

为帝？你如果守护西夏社稷控制天下局势，我们也愿意支持你。"

没藏讹庞强势回应，"我有什么资格当皇帝！"他力排众议："西夏从祖上开始，父死子继，国人都信服遵从。如今，没藏皇后育有先皇嫡子，应当拥立为国主，谁敢不服？"

委哥宁令非子、无功，没藏氏有子谅祚，父死子继乃祖制。众人诺诺称是。

于是，年仅一岁的李谅祚（1047年—1068年）在襁褓之中继承大统；怀抱李谅祚的没藏黑云被尊为宣穆惠文皇太后，垂帘听政；没藏讹庞被尊为国相，总揽权柄。自此，朝廷大权落入没藏兄妹手中。[1]

临终之前，李元昊留下遗言，对于多边外交定下基本方针：附宋联辽，不可单独跟从契丹。

"异日力弱势衰，宜附中国，不可专从契丹。盖契丹残虐，中国仁慈，顺中国则子孙安宁，又得岁赐、官爵；若为契丹所胁，则吾国危矣。"

---

[1]《西夏书事》卷十八：国人讨宁令哥，诛之。没藏讹庞立谅祚，尊没藏氏为太后。初，没藏讹庞欲以谅祚主夏国，诱宁令哥弑逆，因以为罪。及宁令哥刺曩霄不死，逃匿黄芦。黄芦，讹庞所居也。讹庞遣人执杀之，并其母野利氏。曩霄遗命，立从弟委哥宁令，大酋诺移赏都、埋移香热、嵬名浪布、野乜浪罗等与讹庞议，众欲如遗言，讹庞曰："委哥宁令非子，且无功，安得有国！"诺移赏都曰："国今无主，然则何所立？不然，尔欲之乎？尔能保守夏土，则亦众所愿也。"讹庞曰："予何敢哉！夏自祖考以来，父死子及，国人乃服。今没藏后有子，乃先王嫡嗣，立以为主，谁敢不服？"众曰："诺。"遂奉谅祚立之，尊没藏氏为宣穆惠文皇太后，讹庞以诺移赏都等三大将典兵久，令分掌国事；己为国相，总揽政柄。没藏本大族，讹庞为之长，至是权益重，出入仪卫拟于王者。

政和元年　235

这是富有远见的遗言。不幸,时局演变被他言中。

宋皇祐元年(1049年),即西夏延嗣宁国元年,西夏的宗主国辽国乘夏景宗新丧之机,不肯行封册,主动挑起辽夏第二次贺兰山之战。

没藏太后多次派遣使者前往辽国进贡,使者均被扣留。秋七月,月犯岁星,辽兴宗耶律宗真(1016年—1055年)御驾亲征,兴兵来犯。他以天齐王重元、北院大王耶律仁先为前锋、韩国王萧惠为河南道行军都统、赵王萧孝友、汉王贴不为副手,渡河攻破唐隆镇,西夏边吏全部遁逃。冬十月,北道行军都统耶律敌鲁古从北线取道凉州,进至贺兰山,击败没藏讹庞率领的三千骑兵,俘虏西夏官僚、家属。

美貌是一封无声的推荐信。此次激战,三十四岁的辽兴宗意外获得了一件战利品:李元昊遗孀、国母没移氏。他掳走了这个令李元昊父子神魂颠倒的女人。[1]

这朵"艳如朝花、灿若暮霞"的丁香花,从贺兰山畔移植到了燕山脚下。据传,她被安置在蓟州。[2] 这位魅惑女人犹如一幅绝世书画,再次被私人收藏,从此在任何史料中销声匿迹。

年轻守寡、虔心向佛的没藏太后已经没有心思关注内政、外交。为了祈福幼登宸极的儿子"圣寿以无疆,俾宗祧而延永",在他三岁的时候,征发数万兵民,历时数年时光,在兴庆府以西(今宁夏银川古城西南部)兴建宏伟的寺庙,供奉经书,赐名"承天寺"。

---

[1] 《西夏书事》卷十九:契丹主遣北道行军都统耶律敌鲁古率阻卜诸部军,由北路趋凉州,至贺兰山,讹庞以三千骑扼险拒战,杀乌古敌烈部详隐萧慈氏奴、南克耶律斡里等,敌鲁古大呼奋击,夏兵败溃,谅祚母没移氏及官僚、家属皆被执以去。

[2] 《西夏书事》卷十九:宋皇祐三年(1051年),六月,契丹置没移氏于蓟州。

西夏佛教石刻《新建承天寺瘗佛顶骨舍利碣铭》记载了1055年没藏太后建成承天寺与埋葬"佛顶舍利"的盛况。佛祖释迦牟尼的佛顶舍利,是佛教界至高无上的圣物,举世罕见。

皇太后承天顾命,册制临轩,厘万物以缉绥,严百官而承式。今上皇帝,幼登宸极,凤秉帝图。分四叶之重光,契三灵而眷佑。奥以潜龙震位,受命册封。当绍圣之庆基,乃继天之胜地。大崇精舍,中立浮图。保圣寿以无疆,俾宗兆而延永。天祐纪历,岁在摄提,季春廿五日壬子。建塔之晨,崇基垒于碱硖,峻级增乎瓴甋。金棺银椁瘗其下,佛顶舍利閟其中。

承天寺内耸立着一座八角十一层、高达64.5米的楼阁式砖塔,即承天寺塔,人称"西塔"。佛塔与坐落在外院的五佛殿建在一条东西向的中轴线上。寺门朝东开启,院内有五佛殿、佛塔、韦驮殿、卧佛殿,韦驮、卧佛二殿两侧建有南北向配殿。殿宇之间以重檐砖雕垂花门、围墙连接,形成四合院式的院中院。外院开阔,松柏参天,肃穆宁静。

塔寺建成之后,香火旺盛,僧人不绝。巍峨高塔之下、香烟氤氲之中,回鹘高僧宝相庄严,登座演经,太后与李谅祚时常过来聆听。[1]太后又将宋朝所赐的佛教典籍丛书《大藏经》置于寺内。

---

1 《西夏书事》卷十九:没藏氏好佛,因中国赐《大藏经》,役兵民数万,相兴庆府西偏起大寺,贮经其中,赐额"承天",延回鹘僧登座演经,没藏氏与谅祚时临听焉。

政和元年　237

图为承天寺

曾经的没藏大师、如今的没藏太后，一方面崇佛建寺，另一方面自我放荡。她性情不羁，满园春色关不住，分别与"尝为遇乞掌出纳"的野利家族前出纳李守贵、"尝侍曩霄及没藏氏于戒坛院"的李元昊侍卫官宝保吃多已，同时保持着情人关系。据传，当年元昊与没藏黑云在戒台寺幽会，宝保吃多已就守在门口负责戒备。

世事无常，当年的家族出纳、守门侍卫，都成了如今的太后情人。这段危险的三角恋情，给"西夏艳后"带来了杀身之祸。

宋嘉祐元年、夏福圣承道四年（1056年），李谅祚九岁，常随崇佛的母后没藏氏到新建成的承天寺礼佛。没藏太后好佚游，一众骑士侍卫随行，夜出游乐，常令街市张灯结彩。

兴庆府以西大约五十公里，便是连绵不绝的贺兰山。贺兰奇雪，塞上独绝，日照不融，可谓"满眼但知银世界、举头都是玉江山"。

岩羊、马鹿、雉鸡、红尾鸲、灰椋鸟这些精灵活跃其中。这是诗画山景，也是绝佳猎场。

这年冬天十月某日，没藏太后与宝保吃多已前往贺兰山打猎。外出狩猎，不成想自己成了别人的猎物。

夜归途中，数十骑蕃兵突然杀出，"猝戕之"。在毫无戒备的情况下，太后"梨花玉殒，断魂随杜鹃"，[1] 宝保吃多已也被击杀。[2]

在爱情与阴谋的迷雾里，太后的罗曼蒂克消亡了。

很快，凶手被擒。不是别人，正是太后的情人之一李守贵。

"没藏氏先私于守贵，复与吃多已通，守贵忿。"

他出于爱的妒忌，痛下杀手。"失宠和嫉妒曾经使天神堕落。"[3]

此次，李守贵自己撞上了没藏讹庞举起的大刀。他俩有着旧仇。事实是这样的：没藏讹庞掌权之后，侵占了宋朝麟州西北屈野河（今陕西境内窟野河）以西的肥沃耕地，令西夏农民盗种，收入归他所

---

1 清代，洪升，《长生殿·重圆》。
2 《西夏书事》卷十九："冬十月，盗杀太后没藏氏。没藏氏妖冶好佚游，骑从甚众，每出卜夜，令国中张灯火以资娱览。李守贵尝为遇乞掌出纳，宝保吃多已尝侍曩霄及没藏氏于戒坛院，皆出入无间。没藏氏先私于守贵，复与吃多已通，守贵忿。一日，没藏氏偕吃多已猎于贺兰山，夜归，中道有蕃骑数十，猝戕之，并杀吃多已，时谅祚生十岁矣。"
3 德国抒情诗人，海因里希·海涅（Heinrich Heine）

有。土地是财富之母,没藏讹庞还每年扩大侵占闲田的面积。[1]

侵扰日甚,宋仁宗下令殿直张安世、贾恩为同巡检,负责交涉。没藏讹庞无耻诬赖,终无归还之意。张安世等与庞籍以正式谍文照会西夏宥州政府,进行诘责。

没藏太后看到宋朝的谍文之后,派遣宠臣李守贵前往屈野河实地勘察,归而报知"所耕皆为汉地"。事关宋夏外交,岂可因为盗田私利而引发冲突。随即,没藏太后责令没藏讹庞归还侵占的汉地闲田。[2]

德国社会学家、政治学家马克斯·韦伯在其经典的演讲《政治作为志业》中,阐述了权力与暴力的孪生关系:政治权力往往涉及暴力使用,遵从心志伦理的人应当拒绝任何不道德的手段来实现理想。但在现实政治中,那些心志伦理的信徒恰恰相反,他们往往呼吁"最后一次"使用暴力来终结暴力,冀望获得永久的和平。但这种妄想,实际上造成了更持久、更恶性的暴力冲突,引发了更大的政治灾难。

为政治为业的没藏讹庞遵循的是心志伦理,而非责任伦理。他效

---

[1]《西夏书事》卷十九:麟州西北枕睥睨曰红楼,下瞰屈野河,其河以西距夏境尚七十里,并无堡障、斥堠。天圣初,州官相与讼河西职田,久不决,转运使奏为禁地,官民并不得耕植。于是民有窃耕者,夏人辄夺其牛,曰:"汝州官尚不敢耕,汝何为至此?"由是河西遂为闲田。夏人始于洪崖坞、道光谷间插木为小寨三十余所,盗种寨旁田,元昊时已侵十余里。谅祚立,中外事悉讹庞主之,知河西田膏腴厚利,令民播种,以所收入其家,岁东侵不已,距河仅二十里,宴然以为己田。游骑直至城下,或过城东,往来自若。

[2]《西夏书事》卷十九:屈野河侵扰日甚,仁宗命殿直张安世、贾恩为同巡检,经制之。讹庞专为谰言,迫之则格斗,缓之则就耕,终无归意。安世等与庞籍移牒宥州诘责,没藏氏见牒,遗幸臣李守贵至屈野河勘之,还白所耕皆汉地,没藏氏责讹庞令还所侵田,会守贵乱作,不果。

忠的是自己，而非国家。太后遇刺，他随即下令族灭李守贵。这不仅是为了自己的妹妹，更是为了他自己。

西夏国有大丧，没藏讹庞派遣祖儒（西夏语官名）嵬名聿则、庆唐（蕃号官称）徐舜卿作为告哀使，前往宋朝。宋仁宗辍朝一日，派遣集贤校理冯浩假尚书刑部郎中、直史馆为吊慰使，文思副使张惟清假文思使为副手，前去兴庆府吊唁。西夏献出太后遗留的马匹、骆驼，作为告哀回礼。[1]

关于没藏太后的真实死因，除了三角恋情杀，还有两种猜测：一种是没藏讹庞的阴谋，目的是巩固相权。一种是时年十岁李谅祚的密谋，为了清理宫闱乱象。

垂帘摄政大梁后

"历史是一出没有结局的戏。每个结局都是这出戏的新情节的开始。"

荷兰历史学家彼得·海尔（Pieter Geyl）在他的著作《在历史中遭遇》中留下了这一富有哲思的金句。

没藏太后香消玉殒，没藏讹庞这出戏的新情节开始了。为了防止皇权旁落以及延续没藏家族的权势，他打出了一副亲情牌。宋嘉祐元年、夏福圣承道四年（1056年）十一月，他急着将自己的女儿嫁给

---

1 《宋史 卷四百八十五 列传第二百四十四 外国一 夏国上》。

自己的外甥。[1]这样一来,他拥有了双重身份:国相、国丈。

有了新身份的加持,没藏讹庞在朝中更加飞扬跋扈,可谓一人之下万人之上。他没有把年幼的皇帝放在心上。

李谅祚十三岁那年的八月,没藏讹庞杀害了六宅使(宫廷内侍官)高怀正、毛惟昌。此两人是李谅祚的乳母之夫,"恃其宠",时常参与国政,将获知的民间利弊、疾苦汇报给少年天子。对此,没藏讹庞非常厌恶,以高怀正放高利贷、毛惟昌"窃衣囊霄盘龙服"的罪名,诛杀了他们全家。

作为皇帝,李谅祚却没有能力阻止这场杀戮,他对没藏讹庞的干政行径恼怒于心。[2]一对新的矛盾变得尖锐起来。那就是,相权与皇权之间的争夺。龙翼渐渐丰满的皇帝李谅祚蛰伏着,静静等待着合适的机会。

他经常出入没藏讹庞的家,与容貌美丽、温柔体贴的汉人梁氏结识。这是他的表嫂,他慢慢地爱上了她。这是一段改写西夏命运的姐弟恋。李谅祚将没藏讹庞的儿媳妇梁氏发展成为地下情人。

宋嘉祐六年(1061年)四月的一天,梁氏秘密来告:两人的私情已被没藏讹庞发现。她的丈夫与公公没藏讹庞非常怨恨,于是暗中密谋,"伏甲寝室",打算设伏谋杀李谅祚,另立新君。[3]

---

[1]《西夏书事》卷十九:"十一月,没藏讹庞纳其女为后。讹庞既诛李守贵,以其女为谅祚妻,自是诛杀由己,臣民咸畏之。"

[2]《西夏书事》卷二十:谅祚以二人妻乳哺功,赏赉甚厚。二人恃其宠,时与国事,或采民间利弊闻,讹庞心恶之。会高怀正以贷国人银,毛惟昌窃衣囊霄盘龙服,事觉,讹庞诛其全家。谅祚止之,不可。

[3]《西夏书事》卷二十:子妇梁氏本中国人,谅祚私焉,日视事于国,夜则从诸没藏氏,讹庞子怼甚,与其父谋伏甲寝室,须谅祚入杀之。

尼可罗·马基亚维利在名著《君主论》里生动地评价："君主必须是一头狐狸，以便认识陷阱；而又必须是一头狮子，以便使豺似惊骇。"十五岁的李谅祚就是这样兼具狐狸与狮子双重面孔的君主。

面对突如其来的危险，他表现出惊人的狡黠与果敢。他迅速展开雷霆行动，借在密室中召见的机会，一举捉住没藏讹庞，并下令没藏讹庞的政敌、大将漫咩杀死没藏讹庞之子。随即，诛杀了没藏讹庞。

抽薪止沸，斩草除根。没藏讹庞的弟侄族人外任者，悉数被诛杀；祭祀祖宗的庙宇，被夷平；他的家奴王文谅成为漏网之鱼，逃脱避难延州，投诚北宋军队。陕西经略安抚招讨使韩绛初到陕西，用人失察，委熟悉西夏军情的王文谅为指使。十年之后的熙宁四年（1071年），庆州兵变，王文谅伏诛。[1]

这是一场生死豪赌。在丈夫与情夫之间，梁氏将自己的年轻生命与可能的美好未来，押注给后者。

她押对了！

借助这位表嫂，小叔子也一举剪除了没藏一族。

此时，李谅祚已有皇后，那就是没藏太后的侄女、没藏讹庞的女儿没藏氏。最初，没藏皇后并没有被一同处死，而是被废黜、软禁。这位废后为了家族和自身命运而悲伤不已，又被冷宫里的奴才们虐待欺凌，日夜痛哭欲自杀。李谅祚得知后大怒，于当年九月赐死表妹兼皇后的没藏氏。同月，便册立了表嫂兼情妇的梁氏为皇后。梁氏成为西夏历史上第一位汉族皇后，日后成为执掌西夏政权18年之久的大

---

[1]《西夏书事》卷二十：梁氏密以告，谅祚召讹庞于密室执之，令漫咩将兵杀其子，遂诛讹庞。其弟侄族人外任者悉戮之，夷其宗，家奴王文谅逃入延州以事告，中国授以官，后成庆卒之乱，伏诛。

梁太后。[1]

这一年，这对共同经历生死的恋人，生下了李秉常。

"俘获一个丈夫是一门艺术；维持一个丈夫却是一份工作。"[2]李谅祚的爱，并不是梁氏独有。他和他的父亲李元昊一样，好色无度，经过酋长、豪门家动辄淫乱那些家的女子，因此臣下心怀怨恨。而他也被美色掏空了身体。

> 谅祚凶忍好淫，过酋豪大家辄乱其妇女，故臣下胥怨，而身以羸死。年二十一，在位二十年，改元五。谥曰昭英皇帝，庙号毅宗，墓号安陵。长子秉常立。[3]

关于爱情与婚姻，法国思想家、文学家罗曼·罗兰（Romain Rolland）说过："在婚姻中，每个人都要付出，同时也要收回点什么。这是供求规律。"贵为皇后的梁氏此时希望收回的，已经不是甜蜜爱情，而是赫赫权势。

六年之后，李谅祚驾崩，年仅二十一岁。七岁的太子李秉常登基，史称夏惠宗。[4]梁皇后变成了垂帘听政的梁太后，成为西夏王朝的实际控制人。

她刚刚登上西夏权力巅峰，便很快发现：作为汉人外戚家族，如果没有卓越政绩与显赫战功，很难让党项皇族、贵族以及百姓心悦

---

1 《西夏书事》卷二十：九月，杀故后没藏氏。后既被废，左右凌虐之，后号泣欲自裁，谅祚怒，遂赐死。立梁氏为后。任其弟乙埋为家相。

2 法国，存在主义作家、女权运动的创始人之一，西蒙娜·德·波伏娃。

3 《西夏书事》卷二十一。

4 《宋史》卷四百八十六。

臣服。

在官员任用上,她安排自己的弟弟梁乙埋为国相。同时,亲上加亲,以梁乙埋的女儿为李秉常的皇后。借助女性魅力,她重用情夫罔萌讹等党项贵族,加强对朝政的控制。

在执政理念上,她全盘推翻了先夫的汉化政策,改回了党项族原有的制度、礼仪,以平息臣民对她的汉人身份质疑。"梁氏本中国人,不乐汉礼,喜用胡俗,倒行逆施甚矣!"[1]

在对外政策上,她公然撕毁《宋夏和约》,频繁派兵进攻北宋领土。不过,她需要面对一位强劲的对手,那就是怀有富国强兵思想的宋神宗赵顼(1048年—1085年)。《西夏书事》等史书对她记载最多的就是伐宋,且胜多败少。

> 熙宁元年(1068年),梁氏治国事。秉常时年八岁,梁氏垂帘摄政。五月,出兵争筚篥城。秋七月,攻甘谷城。十二月,战于葫芦河,败绩。
>
> 熙宁二年(1069年):夏四月,攻秦州,陷刘沟堡。九月,犯庆州。夏国与边民私市,中国屡禁不止。是时,以受册不谢,神宗诏:"自今有违者,经略司及官吏同罪。能告捕者赏之。"由是私贩遂绝。梁氏以货用缺乏,出兵攻庆州,大掠人户而还。闰十二月,侵顺安、黑水诸寨,围绥德城。
>
> 熙宁三年(1070年):五月,复筑闹讹堡,败庆州将李复圭兵。八月,大举入环庆,攻大顺城,杀钤辖郭庆等。西蕃董毡发兵来侵,师乃退。

---

1 《西夏书事》卷二十二。

梁氏籍境内蕃众七十以下、十五以上悉为兵,声言赍百日粮,攻沿边五路。侦环庆无备,于是月突分兵数道入冠,多者号三十万,少者二十万。犯大顺城,副都总管杨遂以兵拒于大义寨,夏兵不得进。围柔远寨,守将林广固守,戒士卒勿妄动。九月,侵怀宁寨。十二月,掠镇戎军。[1]

熙宁变法(又称"王安石变法",1069年—1085年),给宋神宗带了充盈的国库,"以诸路所积之钱粟,一归地官,使经费可支二十年之用"。这位年轻有为的宋朝皇帝正在等待战略进贡的机会。

元丰四年(1081年)四月,亲政之后的李秉常不认可母后的施政纲领,改行汉礼,废除蕃礼,国舅梁乙埋等人都很不高兴。将军秦人李清游说李秉常以土地换和平,将黄河以南之地划归宋朝。为了削弱母党的势力与寻求宋朝的帮助,李秉常采纳了李清的建议,愿与宋修好。[2]

然而,梁太后获悉之后,勃然大怒。她与亲信罔萌讹安排了一场鸿门宴,计诱诛杀了李清。

李清点燃了导火索。梁太后以雷霆手段,将皇帝囚禁在距离兴庆府皇宫约五里的木寨,再次垂帘听政。[3][4]

---

[1]《西夏书事》卷二十二。

[2]《西夏书事》卷二十五:元丰四年、夏大安七年……秉常以爱行汉礼为梁氏所恶,梁乙埋等皆不悦。将军秦人李清说秉常以河南地归宋,秉常从之。

[3]《西夏书事》卷二十五:将使入奏,梁氏知其事,与幸臣罔萌讹谋置酒诱清,执而杀之。梁氏幽其主秉常,复视国事。梁氏既杀李清,幽秉常于兴州之木寨,距故宫五里许。

[4]《宋史》卷四百八十六 列传第二百四十五。

皇帝被囚，朝野激愤。他的旧时亲党以及拥帝的诸位首领随即拥兵自固，梁乙埋数次出银牌诏令谕示均无响应。[1]

"间谍王"种世衡之子、鄜延总管种谔（1027年—1083年）获取了西夏内乱的最新情报，不过不够准确。他上疏宋神宗，称李秉常遇弑，西夏大乱。他建议兴师问罪，"此千载一时之会"。[2]

宋神宗非常赞同，趁此发动"五路伐夏"。他派遣宦官将领王中正赶赴鄜延、环庆，下诏招募禁兵；下诏熙河李宪等，以营救西夏国主的名义，大举征夏；同时诏谕西夏嵬名诸部首领，如果能够拔身归宋以及一起带领军民共诛国仇，宋朝"崇其爵赏"，但如有违拒者诛灭九族。[3]

"五路伐夏"，宋神宗孤注一掷。推上战场的筹码，包括数十万大军以及熙宁变法积累的财力，还有开疆拓土的梦想。

他的五路部署如下：宦官将领李宪部出熙河路，种谔部出鄜延

---

1 《西夏书事》卷二十五：令乙埋与罔萌讹等聚集人马，斩断河梁，不通音耗。于是，秉常旧时亲党及近上用事诸酋各拥兵自固。乙埋数出银牌招谕，不从，国内大乱。

2 《宋史》列传 卷二百四十五：四年四月，有李将军清者，本秦人，说秉常以河南地归宋，国母知之，遂诛清而夺秉常政。鄜延总管种谔乃疏秉常遇弑，国内乱，宜兴师问罪，此千载一时之会。

3 《宋史》列传 卷二百四十五：帝然之，遂遣王中正往鄜延、环庆，称诏募禁兵，从者将之。诏熙河李宪等，以秉常见囚，大举征夏；及诏谕夏国嵬名诸部首领，能拔身自归及相率共诛国仇，当崇其爵赏，敢有违拒者诛九族。

政和元年　247

路，宋神宗母宣仁圣烈高太后[1]（高滔滔）的伯父高遵裕[2]部出环庆路，刘昌祚部出泾原路（刘昌祚受高遵裕的节制），王中正部出河东路，欲攻克兴、灵二州，一举消灭西夏。按照整体作战计划，泾原、环庆两路合取灵州，河东、鄜延两路先会师夏州再攻取环州（今甘肃庆阳市环县），最后四路合围兴州（今宁夏银川）。为了战略制衡，宋朝还请了吐蕃出兵，渡黄河攻凉州，旨在牵制西夏右厢兵力。

宋夏史上最大规模的战役爆发！毫无疑问，西夏需要面对一场生死的国运之战，梁太后也面临着临朝以来的最大危机。

战争初期，宋军攻势如虹。然而，随着战争深入推进，宋军各路兵马协调不一致、后勤保障不到位等弱点暴露。

军事天赋极高的梁太后以退为进，采纳了老将建议——坚壁清野、引敌深入、抄绝饷道、聚兵歼灭。宋军无功而返。[3]

次年即元丰五年（1082年）五月，知延州沈括（1031年—1095

---

[1]《宋史·英宗宣仁圣烈高皇后》：英宗宣仁圣烈高皇后，亳州蒙城人。母曹氏，慈圣光献后姊也，故自少鞠宫中。时英宗亦在帝所，与后年同，仁宗谓慈圣，异日必以为配。既长，遂成昏濮邸。治平二年册为皇后。后弟内殿崇班士林，供奉久，帝欲迁其官，后谢曰："士林获升朝籍，分量已过，岂宜援先后家比？"辞之。神宗立，尊为皇太后。

[2]《宋史·英宗宣仁圣烈高皇后》："（灵武之役）祸由遵裕，得免刑诛，幸矣。先帝肉未冷，吾何敢顾私恩而违天下公议！"

[3]《宋史》卷四百八十六，列传第二百四十五：初，夏人闻宋大举，梁太后问策于廷，诸将少者尽请战，一老将独曰："不须拒之，但坚壁清野，纵其深入，聚劲兵于灵、夏而遣轻骑抄绝其馈运，大兵无食，可不战而困也。"梁后从之，宋师卒无功。

年）[1]请示筑城于古乌延城，作为占据横山的战略支撑点，直逼兴庆府。于是，朝廷派遣给事中[2]徐禧、内侍押班（内侍职事官）李舜举前往商议。

徐禧认为，此计可行。对于敌我态势，他做出了以下分析："银州虽据明堂川、无定河之会，而故城东南已为河水所吞，其西北又阻天堑，实不如永乐之形势险厄。窃惟银、夏、宥三州，陷没百年，一日兴复，于边将事功，实为俊伟，军锋士气，固已百倍；但建州之始，烦费不赀。若选择要会，建置堡栅，名虽非州，实有其地，旧来疆塞，乃在腹心。已与沈括议筑砦堡各六。"[3]

关于具体方案，他也有操作指引：他已经与沈括商议，修筑砦堡各六个。大砦周围九百步，小砦五百步；大堡周围二百步，小堡一百步，用工二十三万个。基于以上的评估报告，他上疏朝廷：在银、夏、宥三州交界处新筑永乐城（又名银川砦，今陕西米脂西），旨在钳制西夏。

关于选址优劣，虽依托横山之险却缺少生存水泉，唯独种谔直言不可，徐禧未予采纳。他对种谔发怒说："君独不畏死乎？敢误成事。"

种谔答道："城之必败，败则死，拒节制亦死；死于此，犹愈于

---

1 沈括，北宋官员、科学家。宋神宗时期参与熙宁变法，受到王安石器重。元丰三年（1080年），出知延州，兼任鄜延路经略安抚使，御边西夏，后因永乐城之战牵连被贬。他被誉为"中国整部科学史中最卓越的人物"，其代表作《梦溪笔谈》集前代科学成就之大成，是"中国科学史上的里程碑"。

2 宋代"给事中"，属于四品官。其主要职责是分治门下省日常公务，审读内外文书，驳正政令、授官之失当者，日录奏章以进，纠治违失。

3 《宋史》列传，卷九十三。

丧国师而沦异域也。"

徐禧忖度难以说服种谔，上奏种谔跋扈异议，宋神宗于是下诏种谔守延州。

排除了异己之后，徐禧率领诸将筑城，赐名银川砦。城成，徐禧便率部返回米脂，留下曲珍所属的万人兵马据守。

永乐城接宥州，附横山，乃西夏必争之地。[1]面对宋朝步步蚕食，梁太后果然做出强势反击。没过多久，她派遣统军叶悖麻、咩讹埋等，领六个监军司的三十万兵马集中进攻永乐城。

曲珍紧急派人汇报徐禧，徐禧带着李舜举军队前来驰援永乐城，沈括留守米脂。他登上城堡，向西望去，西夏大军铺天盖地压了过来，宋军顿时有些害怕。

次日，夏军渐渐逼近。徐禧迂腐地认为，"王师不鼓不成列"，没有听取部下高永亨突袭敌军的正确战术，却以七万人兵列阵城下，丧失了战役的突然性与主动性。

他坐在城门的瞭望楼上，手执黄旗对众将说："看着我的令旗进退！"

夏军铁骑强行渡河，有人告诉徐禧："这就是李元昊创立的重装骑兵部队铁鹞子[2]。最好是夏军正在渡河的时候我军主动出击，才有胜

---

[1]《宋史》卷四百八十六，列传第二百四十五：（元丰五年）五月，沈括请城古乌延城以包横山，使夏人不得绝沙漠。遂遣给事中徐禧、内侍押班李舜举往议。禧复请于银、夏、宥之界筑永乐城。永乐依山无水泉，独种谔极言不可，禧率诸将竟城之，赐名银川砦；禧等还米脂，以兵万人属曲珍守之。永乐接宥州，附横山，夏人必争之地。

[2]《宋史·兵志》："有平夏骑兵，谓之'铁鹞子'者，百里而走，千里而期，最能倏往忽来，若电击云飞。每于平原驰骋之处遇敌，则多用铁鹞子以为冲冒奔突之兵。"

算。一旦他们上岸,铁蹄冲冒奔突,我军难以阻挡。"

徐禧还是不听。

铁鹞子强势冲阵,大部队跟随其后,徐禧部溃不成军。将校寇伟、李思古、高世才、夏俨、程博古及使臣十余人、士卒八百余人,全部战死。[1]

西夏以武力征服天下,骑兵和山地重步兵是其核心主力。这个铁血帝国有着三支王牌部队——泼喜军、步跋子以及铁鹞子。其中,铁鹞子战斗力最强。铁鹞子的两大硬件河西马与冷锻铠是那个时代的最佳军备组合,远远领先于同时代的宋辽两国。

夏军渡河之后发动猛攻,宋军战败退入城中。夏军将永乐城围成铁桶一般,甚至截断流经城中的水源。"城中乏水已数日,凿井不得泉,渴死者大半",而沈括以及李宪、张世矩等率领的援兵以及运输的粮草受到夏军阻击,无法实施救援。

二十日夜,天降大雨,新建城墙浸水后被夏军擂垮,饥疲的宋军已经无力拒敌,永乐城破。被围的一群宋将面临着人生中最后的至暗时刻:高永能战死;徐禧、李舜举、运使李稷皆死于乱兵之中;只有曲珍、王湛、李浦、吕整露体赤足,得以逃脱;蕃部指挥马贵独誓死

---

[1]《宋史》卷四百八十六,列传第二百四十五:禧等既城去,九日,夏人来攻,珍使报禧,乃挟李舜举来援。而夏兵至者号三十万,禧登城西望,不见其际,宋军始惧。翌日,夏兵渐逼,禧乃以七万阵城下,坐谯门,执黄旗令众曰:"视吾旗进止!"夏人纵铁骑渡河,或曰:"此号铁鹞子,当其半济击之,乃可有遏,得地则其锋不可当也。"禧不听。铁骑既济,震荡冲突,大兵从之,禧师败绩。将校寇伟、李思古、高世才、夏俨、程博古及使臣十余辈、士卒八百余人尽没。

政和元年

持刀，杀敌数十人，最终寡不敌众。[1]

这一恶战，宋朝损失将校数百人，士卒、役夫二十余万。夏军在米脂城下耀武扬威，然后得意返回。[2]此役之后，北宋对西夏再无力发动大规模攻势，梁太后取得辉煌的军事胜利。

那么，是什么造成了宋军在永乐城如此惨败？除了西夏军队战力彪悍、梁太后坐镇前线指挥，宋军主要败因还是来自自身。

首先，用人失当。徐禧"少有气度，博览周游"，且缺乏应有的军事素养，不宜统兵。

其次，选址不佳。永乐城虽然地形险要，却有一个致命缺陷，即三面绝崖而无水泉。如果敌军久困城池，且切断水源，结局必然凶险。作为科学家，沈括负有不可推卸的责任。"延帅沈括欲尽城横山，瞰平夏，城永乐，诏禧与内侍李舜举往相其事，令括总兵以从，李稷主馈饷。"[3]

再者，将领失和。由于心存怨恨，种谔并未参与援救徐禧部。

永乐城之战，丧师覆将，涂炭百万。深夜，宋神宗得到战报，起床之后绕着床榻不停踱步，彻夜难眠。

---

[1]《宋史》卷四百八十六，列传第二百四十五：诏李宪、张世矩往援，及令括遣人与约退军，当还永乐地。夏人进侵，及县门，溃归城者，决水砦为道以登，夏人因之，奔归于城者三万人皆没。夏兵围之者厚数里，游骑掠米脂。将士昼夜血战，城中乏水已数日，凿井不得泉，渴死者大半，括等援兵及馈运皆为夏大兵所隔。夏人呼珍来讲和，吕整、景思义相继而行，夏人髡思义囚之，而城围者已浃旬矣。夜半，夏兵环城急攻，城遂陷。高永能战没，禧、舜举、运使李稷皆死于乱兵，惟曲珍、王湛、李浦、吕整裸跣走免，蕃部指挥马贵独誓死持刀杀数十人而没。

[2]《宋史》卷四百八十六，列传第二百四十五。

[3]《宋史·徐禧传》。

"遵裕灵武之役，涂炭百万，先帝中夜得报，起环榻行，彻旦不能寐，圣情自是惊悸，驯致大故。"[1]

"圣情自是惊悸，驯致大故"，意思是惊恐导致皇帝心跳厉害，逐渐病情恶化。惊悸的基本症状有三种：无故自惊而悸动不宁；因惊而悸；突然心跳欲厥。按照现代医学角度分析，"惊悸"是由于焦虑、紧张、情绪激动、精神创伤等因素的作用，中枢神经功能的兴奋与抑制过程发生障碍，受植物神经调节的心血管系统随之发生紊乱，引起了一系列交感神经张力过高的症状。

由此可见，宋神宗的惊悸心病，属于一种常见的心血管疾病，即心脏神经官能症（cardiac neurosis），又称功能性心脏不适、神经血循环衰弱症或奋力综合征（effort syndrome）。国外称之为神经性循环系统功能障碍或神经性循环无力症。

元丰八年（1085年），由于五路伐夏、永乐城惨败，励精图治的宋神宗受到沉重的精神打击，龙体每况愈下。

春正月初三，宋神宗惊悸未愈；初九，大赦天下，为皇帝祈福；初十，命令辅臣代替前往景灵宫祈祷。景灵宫相当于皇帝的家庙，祭祀使用道教礼仪。二十日，分别派遣大臣祈祷天地、宗庙、社稷。

二月十七日，开宝寺贡院失火。二十三日，命令礼部在别处举行锁院考试。二十九日，宋神宗病情加重，迁御福宁殿。三省、枢密院官员进殿朝见，请求册立皇太子及请求皇太后暂时代理国政。关于身后事，宋神宗同意了臣下的册立请求。

三月初一，册立延安郡王墉为皇太子，赐名赵煦，皇太后暂时代

---

[1]《宋史·英宗宣仁圣烈高皇后》。

理国政;初二,大赦天下,派遣官员向天地、宗庙、社稷、诸陵通报;初四,皇太后任命吏部尚书曾孝宽担任册立皇太子礼仪使;初五,福宁殿,宋神宗忧郁而逝,终年三十八岁。他的第六子、年仅十岁的皇太子赵煦即皇帝位,尊皇太后为太皇太后、皇后为皇太后、德妃朱氏为皇太妃。太皇太后权同处分军国事。[12]

祖母太皇太后高氏临朝听政后,立即起用"王安石的政敌兼朋友"的司马光为宰相。司马光提出"以母改子",全面废除熙宁变法,史称"元祐更化"。

临终之前,他与王安石没能来得及见上最后一面。退居江宁的王安石听到驾崩噩耗,沉痛哭悼,作诗《神皇帝挽辞二首》。

将圣由天纵,成能与鬼谋。
聪明初四达,俊乂尽旁求。
一变前无古,三登岁有秋。
讴歌归子启,钦念禹功修。

第二年,即元祐元年(1086年),王安石郁然病逝于钟山(今江苏南京紫金山),享年66岁,获赠太傅。[3]

然而,连年战争并没有真正的赢家。西夏亦陷于困弊,大片良

---

1 《宋史·神宗本纪三》。
2 《宋史·卷十六·本纪第十六》:(元丰八年三月)戊戌,上崩于福宁殿,年三十有八。九月己亥,上大行皇帝谥曰英文烈武圣孝皇帝,庙号神宗。十月乙酉,葬于永裕陵。
3 《宋史·卷三百二十七·列传第八十六》:元祐元年,卒,年六十六,赠太傅。

田被弃，大批家庭破裂。[1]连年征战，加之梁太后将皇帝囚禁于兴州，引起了党项皇族、贵族对梁太后的不满。

就在宋神宗驾崩的这一年，身体欠佳的"西夏武则天"梁太后也在安排身后事：

一、迫于日益加剧的国内矛盾，她不得不让自己的儿子李秉常复位，借此对冲压力。

二、为了捆绑与巩固嵬名皇族与梁氏家族的世代关系，她亲自安排了一桩近亲婚姻，将其弟弟梁乙埋的女儿小梁氏嫁给李秉常。

三、事在四方，要在中央。同年二月，国相梁乙埋病死。梁太后令弟弟的儿子梁乙逋继续为国相，延续外戚家族的核心利益。

临终之前，她在病榻上给复位的儿子留下遗言，其核心思想是重新调整宋夏关系：

> 世受朝廷封爵，恩礼备隆。今虽边事未已，属纩[2]之后，急宜奉遗以进，示不忘恭顺之义，虽瞑目无憾。[3]

---

1 《宋史》卷四百八十六，列传第二百四十五：宋自熙宁用兵以来，凡得葭芦、吴保、义合、米脂、浮图、塞门六堡，而灵州、永乐之役，官军、熟羌、义保死者六十万人，钱、粟、银、绢以万数者不可胜计。帝临朝痛悼，而夏人亦困弊。
2 属纩（zhǔ kuàng），是古代汉族丧礼仪式之一。临终之前，要用新的丝絮（纩）放置（属）在病人口鼻之上，试看是否还有气息。因而，属纩也是临终的代称。
3 《西夏书事》卷二十七：元丰八年、夏大安十一年……冬十月，国主母梁氏卒。梁氏善病，喜服药，晚年始得孙乾顺，钟爱之，常躬自提抱。至是卒，临终嘱秉常曰："世受朝廷封爵，恩礼备隆。今虽边事未已，属纩之后，急宜奉遗以进，示不忘恭顺之义，虽瞑目无憾。"

她语重心长地说:"西夏世代受到宋朝封爵,这份恩礼倍加隆重。如今,虽说两国边境摩擦尚未停歇,待我离世之后,你赶紧禀明宋朝,以示不忘恭顺之义。这样,我就死而无憾了。"

宋神宗驾崩六个月后,他的对手大梁太后于同年十月离开了人世,谥号恭肃章宪皇后。一个激荡的时代结束了。

按照她的遗嘱,李秉常派遣吕则[1]嵬名怀逋作为告哀使,前往宋朝。宋哲宗安排有司根据嘉祐元年的范例,赐给西夏丧葬物品,并派遣朝散郎、刑部郎中杜纮作为祭奠使,东头供奉官、阁门祗候王有言作为吊慰使。

杜纮抵达兴庆府之后,西夏方面有失外交礼节,接待人员居然使用毛裘作为席位。杜纮据理力争,没有丝毫屈服。

在接受诏书时候,李秉常不愿下拜。杜纮当场责问道:"我们皇帝赐予的吊唁礼单十分丰厚,你不该回礼下拜吗?"

李秉常有所畏惧,于是下拜致敬。[2]

饮鸩而亡小梁后

虽然权力是一头固执的熊,可是金子可以拉着它的鼻子走。[3]

在梁乙埋病死、梁太后离世的第二年七月,二十六岁的李秉常忧郁而死。同年,北宋历仕四朝的司马光逝世。

---

[1] 吕则是西夏官职,职掌不详。
[2] 《西夏书事》卷二十七。
[3] 英国,莎士比亚:although power is a stubborn bear, gold can pull its nose.

大梁氏退出了舞台，小梁氏粉墨登场。小梁氏的姑姑是太后，她的父亲、哥哥都是国相，她的表哥是皇帝，手持一手王牌。

元祐元年（1086年），夏崇宗李乾顺继位，年仅三岁。他的母亲小梁太后和他的舅舅梁乙逋共同辅政，打击排挤李秉常旧时亲信和老臣。

飒爽英姿五尺枪，曙光初照演兵场。为了转移国内矛盾与危机，小梁太后效仿她的姑姑大梁太后，穷兵黩武，频繁对宋用兵。自1085年到1099年的十三年内，西夏对宋朝发动的大小战事多达五十余次，有时一年内战事高达六七次。

内忧外患之下，梁氏兄妹血缘也被稀释，从亲人渐渐变成敌人。环庆之战，梁乙逋被小梁太后制止出征而怀恨在心。他密谋叛变败露，小梁太后先下手为强，迅速派皇族嵬名阿吴、大将仁多保忠率兵包围梁府，诛杀兄长梁乙逋及家人，时为宋哲宗绍圣元年（1094年）。

绍圣三年（1096年）冬十月，李乾顺在其母梁太后的圣命下，侍母御驾亲征。此次军事行动，领兵五十万，侵入宋境鄜延路，攻陷金明寨（今陕西安塞南）。鄜延路防卫无定河和大理河，占领横山东部的战略地带。此战规模宏大，西自顺宁、招安，东自黑水、安定，中自塞门、龙安，金明以南二百里间，烽火相继不绝，游击部队直达延州北五里。

战斗当中，梁氏母子亲自上阵，垒起战鼓，鼓舞士气，攻破宋军守城。宋朝守城官兵二千五百人，只有五人逃脱。同时，城中粮五万石、草千万束全部尽毁，皇城使[1]张舆被杀。[2]

---

1 皇城使，官名。掌皇城启闭、警卫之事。

2 《西夏书事》卷三十。

撤离之前，夏军将一封书信钉在宋军脖子上，大意如下："昨天，西夏与宋军在疆场交锋，主要由边界划定引发。西夏对于宋廷持恭顺态度，在国境之内修筑数座堡垒意在保护耕种。而鄜延路出兵平荡，又数次入界杀掠。西夏国人共愤，欲取鄜延。本着恭顺的态度，我们只取金明一寨，以示兵锋，亦不失臣子之节。"

延州统帅吕惠卿将该情况上疏，枢密院不以闻听。[1]

为了更为有效地防范西夏，北宋环庆、鄜延、河东、熙河诸路继续采取筑城防守、以守为攻、步步推进的弹性防御策略，在宋夏边境修筑了平夏城（今宁夏固原市原州区西北）、灵平寨、神泉寨等数十座城寨，作为蚕食西夏的军事据点。

其中，黄土高原上的平夏城是一座相当重要的边塞军事指挥中心与防御关隘，令西夏如鲠在喉。[2]

> 二旬有二日成，赐名平夏城、灵平砦。方兴役时，夏以其众来乘，粲迎击败之。既而环庆、鄜延、河东、熙河皆相继筑城，进拓其境，夏人愕视不敢动。

两年后的绍圣五年（1098年）十月，小梁太后倾尽国力，来势

---

[1]《西夏书事》卷三十：临行，留书置汉人颈上，曰"贷汝命，为我投经略司"。书言："夏国昨与朝廷议疆场，惟小有不同，方行理究，不意朝廷改悔，却与坐团铺处立界。本国以恭顺之故，黾勉听从，于境内立数堡以护耕，而鄜延出兵悉行平荡，又数入界杀掠。国人共愤，欲取鄜延。终以恭顺，止取金明一寨以示兵锋，亦不失臣子之节也。"延帅吕惠卿上之，枢密院不以闻。

[2]《西夏书事》："国人愤曰：唱歌作乐地，都被汉家占却，后何以堪？梁氏谋举国争之。"

汹汹，又领兵数十万围困平夏城。

这是一场你死我活的恶战，连营百余里，飞石激火昼夜不息。宋军守将杨惟忠顽强防守，姚雄率领熙河兵急驰援救。西夏军队势在必得，运用了地道、冲绷、楼车（形似云梯，上设望楼，下瞰敌情）等不同的战术，攻城十余日依然不能克。夏兵粮食渐乏，人马损伤无数。

天气是最诡异的战场大师。某天晚上，西夏军队的攻城楼车遭到强风摧毁，加上军粮消耗业已殆尽，梁太后看到军队陷于恐慌状态，以刀割面，下令子夜时分撤退。[1]

西夏统军嵬名阿埋、西寿保泰监军[2]妹勒都逋，素以勇悍善战闻名。同年十二月，二位酋长以畜牧为名在边境会晤，计划等到春暖花开黄河解冻再攻宋境。

泾原经略使章楶（1027年—1102年）是婉约词人，更是边关名将。他侦察得知了这一富有价值的军事情报。

兵者诡道，一个大胆的计划付诸实施。这位已经七十一岁的老

---

1 《宋史》列传，卷八十七：哲宗访以边事，对合旨，命知渭州。至即上言城胡芦河川，据形胜以逼夏。乃以三月及熙河、秦凤、环庆四路之师，阳缮理他堡壁数十所，自示其怯。或以楶怯，请曰："此夏必争之地，夏方营石门峡，去我三十里，能夺而有之乎？"楶又阳谢之，阴具板筑守战之备，帅四路师出胡芦河川，筑二城于石门峡江口好水河之阴。二旬有二日成，赐名平夏城、灵平砦。方兴役时，夏以其众来乘，楶迎击败之。既而环庆、鄜延、河东、熙河皆相继筑城，进拓其境，夏人愕视不敢动。夏主遂奉其母合将数十万兵围平夏，疾攻十余日，建高车临城，填堑而进，不能克，一夕遁去。

2 西夏初期12个监军司之一。初期驻地不详，后迁西市城（今甘肃兰州南）。

将热血贲张，马上派遣麾下的党项族边将折可适[1]、郭成带领一万名轻骑，趁着茫茫夜色，长途奔袭，孤军深入。

以正合，以奇胜。这支精兵犹如神兵天降，突然杀出，一举生擒嵬名阿埋、妹勒都逋，"虏馘三千余、牛羊十万"，占领了天都山（今宁夏固原西北）。[23] 宋军的战旗在天都山迎风飘扬，从此"自拓天都便偃兵"。这里是西夏的传统根据地，地处熙河路、秦风路交界，李元昊早期在此建过宫苑。

这是属于那个时代的"斩首行动"！章楶、折可适的战术很像"西汉双璧"卫青、霍去病打通河西走廊、漠北大战左贤王、封狼居胥的打法——大纵深、大穿插、大迂回，骑兵军团奇袭敌军指挥中枢。

同时，宋军少数民族将领李忠杰也组织骑兵渗透到剡子山，奇袭卓罗监军司（治所在今甘肃兰州市永登县）的大本营，右厢卓罗监军仁多保忠仅以身免。相比之下，他还算幸运。

平夏城之战是宋夏国运博弈的舞台。是役，宋军攻势凌厉，俘获大量战俘以及辎重。小梁太后颇为震惊。

千里之外的汴京，皇宫内的紫宸殿喜气洋洋。

二十二岁的宋哲宗接受百官朝贺，大肆封赏曾布、章楶以及相关

---

1 "藿食野人何不寐，只忧御敌失长城。"这是北宋翰林修撰张舜民《挽折经略》的诗句，百姓心目中的御敌长城就是折可适。

2 《宋史·列传第十二》：嵬名阿埋、昧勒都逋，皆夏人桀黠用事者，诏可适密图之，会二酋以畜牧为名会境上，可适谍知之，遣兵夜往袭，并俘其族属三千人，遂取天都山。

3 《宋史》列传，卷八十七：夏统军嵬名阿埋、西寿监军妹勒都逋皆勇悍善战，楶谍其弛备，遣折可适、郭成轻骑夜袭，直人其帐执之，尽俘其家，虏馘三千余、牛羊十万，夏主震骇。

将官。其中，累进擢拔章楶为枢密直学士、龙图阁端明殿学士，进阶大中大夫；同时，任命折可适为浔州防御使、郭成为雄州防御使。

宋哲宗命令章楶将俘获的西夏将领套上枷锁，使用囚车送往开封。作为战略战术大师，章楶认为两人具有情报价值而恳求皇恩大赦，收归他的麾下。

正当西夏兵败平夏城，宋朝全面占据了横山、天都山。元符二年（1099年）夏，宋朝动员超过十万大军，十天之内筑成八座堡寨。由此，鄜延、河东和麟府三路连成一道新防线，沿横山绵延超过三百里。党项人的战略空间被进一步压缩，退守到沙漠地带。

面对大败局，梁太后只能再一次向辽国求援，请求介入调停。[1]

国之大事，在祀在戎。作为宗主国，辽朝对小梁太后频繁对宋用兵极度反感，认为战争因她而起，而小梁太后多次被拒也恶言相向。

这一年，捺钵行宫，辽道宗在游猎途中接到了来自西夏方面的表奏，御览之后十分生气。

小梁太后恣意妄为，不断挑起宋夏战争，却是败多胜少，致使国力衰弱。西夏一旦势微，必然打乱辽国以夏制宋的战略棋盘。辽道宗随即遣使，赶到西夏兴庆府。

辽国是西夏的宗主国，设宴接风不敢懈怠，小梁太后与夏崇宗亲自陪同。席间，辽使代表辽道宗将美酒赐予小梁太后。

---

1 《宋史》列传，卷八十七：哲宗为御紫宸殿受贺，累擢楶枢密直学士、龙图阁端明殿学士，进阶大中大夫。楶在泾原四年，凡创州一、城砦九，荐拔偏裨，不间厮役，至于夏降人折可适、李忠杰、朱智用，咸受其驭。夏自平夏之败，不复能军，屡请命乞和，哲宗亦为之寝兵。楶立边功，为西方最。

政和元年　261

太后一饮而尽。紧接着,只见太后双手捧腹,疼痛倒地。[1]

以毒鸟羽毛浸酒用来杀人,西汉时期已有记载。"四年,高祖崩,吕太后徵王到长安,鸩杀之。"[2]

对于辽使鸩杀小梁太后,夏崇宗似乎并不意外。在生命的最后时刻,这位含着金钥匙出生的传奇女子,喝着鸩酒离开了这个精彩的世界。

送别母后之后,夏崇宗随即调整宋夏关系,派遣使者移勿乜赍文书给延州,称"国母于本月二十日薨"。他已令大使令逊嵬名济、副使谟程田快庸,"诣阙赴告"(奔赴北宋都城报丧),并附上谢罪表状。宋哲宗下令保安军推却不接受。[3]

当时代的指针转向宋政和元年,即西夏贞观十年,28岁李乾顺不再是一名傀儡皇帝。他的政治手腕日臻老辣,在彻底扫除"一门两后"长期专权之后,党项人以汉法治国,巧取河西之地,迎来乾顺盛世。

三位风华绝代的西夏太后,对内有着各种风花雪月的轶事,对外有着金戈铁马的故事,在历史的长河之中,留下了绚烂多姿的风采。

　　三百余年宋史,辽金西夏纵横。
　　争强赌胜弄刀兵。
　　谁解倒悬民命。
　　富贵草梢垂露,英雄水上浮萍。

---

[1] 《西夏书事》卷三十一:乾顺年已成立,梁氏专恣,不许主国事。辽主素恶之,故请援辄不应,及表辞怨慢,遣人至国,鸩杀梁氏,命乾顺视国政。

[2] 《汉书·卷三八·高五王传·赵隐王刘如意传》。

[3] 《西夏书事》卷三十一:令逊、谟程,皆蕃官名也。

是非成败总虚名。

一枕南柯梦醒。[1]

夏遣使请尚公主

明妃初出汉宫时，泪湿春风鬓脚垂。
低徊顾影无颜色，尚得君王不自持。
归来却怪丹青手，入眼平生几曾有；
意态由来画不成，当时枉杀毛延寿。
一去心知更不归，可怜着尽汉宫衣；
寄声欲问塞南事，只有年年鸿雁飞。
家人万里传消息，好在毡城莫相忆；
君不见咫尺长门闭阿娇，人生失意无南北。[2]

王安石的诗词，讲述了沉鱼落雁的西汉宫女王昭君出塞和亲的胸怀、情态以及北去匈奴的凄凉心情。和亲从西汉开始，成为一种有效的外交手段，通过政治联姻，从而绑定政权之间的和平与利益。

西夏在崛起与发展的不同时期，与辽国有过三次联姻：王子帐节度使耶律襄女义成公主耶律汀，嫁夏州都督李继迁；宗室之女兴平公主耶律氏（不详—1038年），嫁李元昊；宗室之女成安公主耶律南仙

---

1 明代，杨慎，《西江月》。
2 北宋，王安石，《明妃曲》。

（不详—1125年），嫁李乾顺。其共同特征是：西夏出于政治利益，主动求婚辽国。

辽朝公主出嫁时除了各种赏赐、嫁妆，还有"从嫁户"。公主可以从这些从嫁户建立自己的"头下军州"（又名"投下军州"），这一点是辽朝特有的。头下军州是一种特殊的地方行政组织，具有私城、领地的性质，简言之即公主的食邑。

太平兴国八年（983年），"生而英奇、长而剽悍"的李继迁二十岁。他拒绝了宋太宗提出的五服以内亲眷全部迁往汴京的要求，逃离夏州，奔向茫茫沙漠中的地斤泽，联结党项豪族，抗宋自立。

雍熙元年（984年），李继迁攻占宥州没有取得成功，依然驻扎在地斤泽。这里水草丰满，畜牧成群。夏五月，党项咩嵬族酋领魔病人乜崖，一直与南山诸族结党为乱，率其所部前来投靠，张浦前往接收。汇聚在李继迁身边的兵马越来越多。[1]

正当李继迁集众万余并令张浦、李大信等四处袭扰的时候，一位强劲的对手在暗处盯上了他。这位对手就是被宋太祖称为"蜀中杰俊"的曹光实。

知夏州尹宪、都巡检使曹光实说："地斤四面沙碛，兵难骤进。"于是，秘密派人侦察李继迁部的准确位置。一场长途奇袭扑面而来。

当年九月某日，夜黑风高。宋军精骑数千，闪击地斤泽，睡梦中的李继迁被营帐外的喊杀声惊醒。

此次夜袭，宋军大胜，斩首约五百人，焚烧约一千四百族帐，缴获牛羊、器械上万。李继迁与他的弟弟李继冲弃众而逃，他的妻子与

---

[1]《西夏书事》卷四

母亲罔氏均被俘虏。[1]

当年冬十二月,李继迁惧怕宋军追击而来,已是居无定所。而西人李氏向来以恩德著称,他们怜悯并赈济了李继迁。

李继迁动情地说道:"李氏从祖上就坐拥西土之地,你们能够跟随我一起复兴先祖大业吗?"

众人都说:"惟你马首是瞻。"

蕃众渐渐变多,兵势有所恢复。党项羌豪族野利等大族都将女儿嫁给了李继迁,缔结姻亲。[2]

理想很丰满但现实很骨感,光凭这些,远远不够。对抗大宋需要丰厚的本钱。为了解决势单力薄的困境,联姻契丹是一个最优选项。

> 继迁见诸部溃散,谋于众曰:"吾不能克服旧业,致兹丧败,兵单力弱,势不得安。北方耶律氏方强,吾将假其援助,以为后图。"

于是,他派遣汉族谋臣张浦,携重金进贡辽朝,请求归附,愿为藩属屏障。

对此,辽圣宗犹豫未决。辽朝大丞相韩德让的弟弟、西南招讨使韩德威进谏:"河西走廊是帝国的右臂。往年,北宋府州折家军与银州、夏州共同制衡刘汉,致使大兵援救无功。如今,党项羌前来归

---

1 《西夏书事》卷四。
2 《西夏书事》卷四:冬十二月,聚兵黄羊平。继迁既败,惧官军追袭,转徙无常处。而西人以李氏素著恩德,悯其穷蹙,稍稍赈给之。继迁因语豪右曰:"李氏世有西土,今一旦绝之,尔等不忘先泽,能从我兴复乎?"众曰:"诺。"相与屯黄羊平,平在夏州北。招来蕃众,兵势复振。于是羌豪野利等族皆以女妻之。

政和元年　265

附,是辽朝的利好,宜接受他们的请求。"

权衡利弊,辽圣宗采纳了该项建议。[1]

宋端拱二年(989年)三月,为了扶植党项牵制北宋西北战场,辽圣宗答应了请婚,以耶律襄之女耶律汀封义成公主,许婚李继迁,赐马匹三千。

义成公主下嫁党项,是两个政权之间的第一次联姻。"初,西夏臣宋有年,赐姓曰赵;迨辽圣宗统和四年,继迁叛宋,始来附辽,授特进检校太师、都督夏州诸军事,遂复姓李。十月,遣使来贡。六年,入贡。七年,来贡,以王子帐耶律襄之女封义成公主,下嫁继迁。"[2][3]

李继迁很快就获得了丰厚的回报。三月请婚成功,四月契丹就对他封官晋爵,委派侍中萧里得持皇帝诏书,"授继迁定难军节度、银夏绥宥等州观察处置等使、特进检校太师、都督夏州诸军事,继冲为副使。"

景德元年春正月,李继迁箭伤"创势日增",薨逝。[4]其子李德明

---

[1] 《西夏书事》卷四。

[2] 《辽史 二国外纪第四十五》:"初,西夏臣宋有年,赐姓曰赵;迨辽圣宗统和四年,继迁叛宋,始来附辽,授特进检校太师、都督夏州诸军事,遂复姓李。十月,遣使来贡。六年,入贡。七年,来贡,以王子帐耶律襄之女封义成公主,下嫁继迁。"

[3] 《续资治通鉴》卷十三。

[4] 《宋史·本纪·卷七》:环、庆部署言西凉府潘罗支集六谷蕃部合击李继迁,败之,继迁中流矢死。罗支使来献捷。

266　政和元年

继位。景德二年春正月，李德明派遣他的叔叔赵保宁（即李继冲）[1]，前往契丹请封。冬十月，赵保宁前往契丹，谢恩封册。

义成公主没有子嗣，辽圣宗惦念她的寡居生活。于是，在册封李德明时，特别谕诏"善事公主，克光先烈"，意思是善待义成公主，继承先人功业。

李德明遣使赵保宁，前往谢恩，表态一如以往地尊崇义成公主："恪遵谕诏，未敢有违也。"[2]

关于她的此后人生，史书鲜有记载，仅《辽史》留下只言片语：宋大中祥符五年、辽开泰元年（1012年），李德明遣使向辽朝进献良马。次年，辽圣宗"遣使引进使李延弘赐夏国王李德昭及义成公主车马"。由此可见，义成公主此时依然健在，继续成为西夏与辽朝的一条情感纽带。[3]

社稷依明主，安危托妇人。

宋仁宗天圣七年（1029年）春二月，鉴于李继迁与义成公主的成功联姻，李德明为李元昊向辽朝请婚。辽圣宗答应了请求，把兴平公主许嫁李元昊，封驸马都尉、爵夏国公。[4]

兴平公主的祖母，是临朝摄政27年的辽国萧太后萧绰。对于兴平公主，辽兴宗爱护有加，派遣军队千里送婚，前往兴州。

作为回应，李元昊率领数万骑兵亲往迎婚。不过，这只是他的借

---

1 《西夏书事》卷五：弟继冲，赐姓名"赵保宁"，授绥州团练使；母罔氏，向为曹光实所获，封西河郡太夫人，留养京师。命知制诰王禹偁草制赐之，保吉馈良马五十匹为润笔，禹偁不受。按：此西夏受宋姓之始。

2 《西夏书事》卷八。

3 《辽史 二国外纪第四十五》。

4 《西夏书事》卷十一。

政和元年　267

口与幌子。事实上,他借机驻军屯田北宋府州境。

折(shé)家将第三代、知府州折惟忠率领麾下军队防备,告诫兵士切勿妄动。一天,风吹尘飞、天色阴晦,有数匹诞马误入折惟忠的军营。诞马不是普通马匹,而是仪仗队中不施鞍辔的备用骏马。众人震惊报告,折惟忠卧床不起,命士兵将诞马擒获。李元昊知道计划败露,于是撤退。[1] 折家军是北宋西北边境的一支护卫队,西防西夏,北御契丹。折家将十世为将,绵延二百余年,堪称古代中国边将之最。

在此之前,李元昊已经迎娶了母族卫慕家族的女子。为了扩大自己的政治势力,李元昊最先迎娶了母亲的侄女、舅舅卫慕山喜的女儿为妻。他的表姐成了他的皇后。

对于辽夏联姻,李元昊纯属遵从父命。他即位之后,进行一系列政治、军事、文化改革,至宋景祐四年(1037年),党项"悉有夏、银、绥、静、宥、灵、盐、会、胜、甘、凉、瓜、沙、肃,而洪、定、威、怀、龙皆即旧堡镇伪号州,仍居兴州,阻河,依贺兰山为固"。[2] 一个奴隶制部落联盟,正在蜕变成为一个封建制度国家。

法国十八世纪启蒙思想家让·雅克·卢梭在《社会契约论》中讲述国家的意义:"创建一种能以全部共同的力量来维护和保障每个结合者人身和财产的结合形式,使每一个在这种结合形式下与全体相联合的人只不过是他本人,而且同以往一样自由。"这就是社会契约要

---

[1]《西夏书事》卷十一:公主,契丹宗室女。时兴宗新立,封元昊为驸马都尉,爵夏国公,遣兵卫公主至兴州。元昊以数万骑托言亲迎,留屯府州境。知州折惟忠率麾下备御,戒士卒忽妄动。一夕风霾,有数诞马突走惟忠营,众惊报,惟忠卧不起,徐命擒获之。元昊知不可动,乃退。

[2]《宋史》,卷四百八十五。

解决的国家与个人的根本关系问题。李元昊的雄心远超他的爷爷与父亲，他要在西北大地重构一种全新的社会契约。

宋仁宗景祐五年（1038年），西夏建国，李元昊进帝位。戎马半生，这位开国皇帝沉浸在嫔妃成群的温柔乡，兴平公主成了一尊后宫的摆设。

这一年夏天四月，兴平公主走到了生命的尽头。关于她的死因，有着不同的说法。

主流的说法是：悲情的兴平公主，郁郁病殁。《辽史》《西夏书事》对此记载是"公主素与元昊不睦"。

另有一种猜测，与皇太后卫慕氏（别名"卫慕双羊"，不详—1034年）惨死有关。景祐元年（1034年），李元昊的亲舅舅卫慕山喜，以皇太后卫慕氏为政治靠山，密谋杀害李元昊。阴谋败露，李元昊将卫慕山喜在内的卫慕氏全族绑上石头，沉入河底。灭族之后，李元昊手捧毒酒，来到母后寝宫。他跪地声称："国法难容，难以尽孝。"卫慕氏含泪看着的亲生儿子，接过毒酒，一饮而尽。事后，李元昊以母后不幸病逝为名，予以重葬，后来追谥母亲为"惠慈敦爱皇后"。[1] 李元昊毒死生母，兴平公主了解其中实情。为了灭口，李元昊将其囚禁处决。

相比之下，第一种说法更为合理。公主病重期间，西夏使者曾前往辽朝进贡，却并未提及此事。直到公主病殁，辽兴宗方才突闻噩耗。

---

[1]《西夏书事》卷11：卫慕氏，银、夏大族。德明既立元昊为太子，立卫慕氏为后以显之。……冬十月，杀逆臣山喜，弑母卫慕氏。元昊嗣立，遵卫慕氏为皇太后。其族人山喜谋杀元昊，事觉，元昊沉山喜族于河，进鸩弑卫慕氏，遣使入告哀。

政和元年　269

辽兴宗大怒,特派北院承旨耶律庶成,前往西夏,持诏"切责"。[12]

此时,李元昊正忙于宋夏战事,生怕辽军因兴平公主之事拔军西向与宋军合围西夏。于是连忙恭顺讨好,向辽使解释求情,并将战斗中俘获的宋军俘虏献给辽朝。辽兴宗考虑到国家外交,暂时咽下了这口怨气。这也成为辽夏关系走向破裂的起点。

几年之后,两国终于兵戎相见。庆历四年夏四月,"契丹山西五部来降(西夏)",引发辽兴宗第一次亲征西夏之战。

冬十月,辽兴宗御驾亲征,领10万骑兵为中路,出金肃城(今内蒙古准格尔旗西北)。皇太弟、天齐王耶律重元为马步军大元帅,率7000人骑兵为南路;北院枢密使、韩国王萧惠率6万人骑兵为北路。东路留守、赵王萧孝友率师作为战略预备队。三路渡河,长驱直入西夏境内四百里。

李元昊派出侦察兵,被辽军捉住"射鬼箭"[3]。他命左厢军秘密潜伏在贺兰山北。萧惠派出殿前副检点萧迭里得、护卫经宿直古迭,纵兵搏之。李元昊亲自率军掩杀,把该支辽军重重围困。面对困局,萧迭里得奋勇力斗,左右驰射,跃马直击李元昊中军。夏军不能抵挡,大溃而退。[4]

---

1 《辽史》,卷一百十五二国外纪第四十:"李元昊与平公主不谐,公主薨,遣北院承旨耶律庶成持诏问之。"

2 《西夏书事》,卷十二:"公主素与元昊不睦。先是,元昊遣使贡于契丹,不以病告。既卒,契丹主遣北院承旨耶律庶成持诏诘问。"

3 射鬼箭,源于契丹人行军厌禳避邪,将罪人缚于柱上,乱箭射死。《辽史·礼志三》:"出师以死囚,还师以一谍者,植柱缚其上,矢集如猬,谓之'射鬼箭'。"

4 《西夏书事》,卷十七。

李元昊见辽兵势盛,乃向辽兴宗假装谢罪请和。

辽兵仍继续发动大规模进攻。为了暂避锋芒,李元昊退军百里,诱敌深入,坚壁清野。"每退必赭其地,契丹马无食,因许和。"[1]

正当辽军饥疲不堪,李元昊率军夜袭萧惠大营。萧惠统帅大军沉着迎战,李元昊不敌,带着千余人溃败而逃。

或许是上天垂怜西夏王,西北的多变天气又救了他。就在夏军生死存亡之际,突然狂风怒吼,飞沙走石,辽军顿时乱作一团。李元昊趁机率军反扑,萧惠大军相互践踏致死甚多。

> "忽大风起,飞沙眯目,契丹阵乱,纵兵急攻,惠军败,踩践死者不可胜计。"[2]

夏军越战越勇,继又乘胜在得胜寺南壁大败辽军中路。辽国驸马都尉萧胡都克及近臣数十人,在战斗中被俘。辽兴宗出征西夏使用的御用之物"器服乘舆",也被西夏缴获。[3]

辽兴宗仅"单骑突出,几不得脱"。[4] 这是辽朝此前未曾有过的大败。

> 复攻南壁,契丹主亦败。入萧孝友寨,执鹘突姑驸马萧胡睹及近臣数十人,尽获契丹主器服乘舆。已,遣使请和,

---

1 《辽史·萧惠传》。
2 《辽史》卷九十三。
3 《西夏书事》,卷十七。
4 《辽史·罗衣轻传》。

愿归俘获，契丹主亦送还前所留使人。[1]

转败为胜的李元昊展现出高超的政治智慧与外交手腕，安排使者前往契丹请和，并将被俘的驸马都尉送归辽国。辽朝也送还了此前扣留的西夏使臣。双方罢兵言和。

玉貌凋谢在胡尘。第二段辽夏联姻，以兴平公主的郁郁病殁与辽兴宗的御驾亲征而告终。

历经大规模战火，两国关系坠入冰点。彼此再度联姻，已是六十七年之后的事情了。

元符二年，辽道宗遣使鸩杀西夏小梁太后，"傀儡皇帝"李乾顺借机扫除树大根深的梁氏后党。亲政之后，他的第一要务是迅速调整与辽、宋的外交政策。

李乾顺是一位有谋略、有抱负的新君。为了巩固与辽朝的关系，他先后三次遣使向辽国请婚，态度虔诚，姿态柔软。宋崇宁四年、西夏贞观五年、辽乾统五年（1105年），辽国天祚帝封宗室女子耶律南仙为成安公主，下嫁二十三岁的李乾顺。[2]

耶律南仙成为李乾顺的第一任皇后。她与少年天子生活和睦，与后宫另两位王妃曹氏、任氏也交往友好。这里有一个充满温情的后宫故事：宣和六年九月，曹妃生下一子，出生之时，异光满室。南仙皇

---

[1] 《西夏书事》，卷十七

[2] 《辽史·本纪第二十七·天祚皇帝纪一》：大安三年，夏遣使请尚公主。天祚即位，乾统元年，夏遣使来贺。二年，复请尚公主。又以为宋所侵，遣李造福、田若水来求援。三年，复遣使请尚公主。十月，使复来求援。四年、五年，李造福等至，乞援。以族女南仙封成安公主下嫁乾顺。八年，乾顺以成安公主生子，遣使来告。

后请求取名为李仁孝（即后来的西夏仁宗）。她令育儿女妾将其抱至自己宫中，"时抚摩不忍释"。[1]

三年之后的四月，她生下嫡长子，取名李仁爱（1108年—1125年），被立为太子。李仁爱幼聪颖，长多材艺。

天堂与地狱比邻。打破帝后融洽关系的导火索是：宋金达成"海上之盟"，共同伐辽。

此时西夏国力蒸蒸日上，辽主却是流亡播迁。危急时刻，李乾顺向他的岳父辽天祚帝伸出了援手。

宋宣和四年三月，李乾顺派出五千兵马援助辽国西京（今山西大同），西京还是失守了，于是班师回朝。五月，得知天祚帝逃入阴山，他派遣大将李良辅领兵三万救援，与金朝第一名将完颜娄室战于宜川河畔，夏兵大败。七月，派遣大臣曹价向天祚帝恭问起居，并馈赠粮饷。

宣和五年（1123年）正月，李乾顺再次出兵救辽，被金军阻击。五月，天祚帝伪降金朝，向西逃到云内州（今内蒙古吐默特左旗），李乾顺遣使在西夏边境迎驾，请天祚帝进入夏境。六月，天祚帝遣使册封李乾顺为夏国皇帝，且诏命发兵救辽。[2]

辽金对决，西夏成为天祚帝的最后救命稻草。

这时，金朝展开外交攻势，遣使入夏，以利诱之：如果天祚帝逃入夏境，应将其擒捕送金；夏如能以事辽之礼事金，金允许将辽西北一带地割让给夏。《墨子·大取》曰："断指以存腕，利之中取大，害

---

1 《西夏书事》卷三十三
2 《辽史·本纪第二十七·天祚皇帝纪一》：保大二年，天祚播迁，乾顺率兵来援，为金师所败，乾顺请临其国。六月，遣使册乾顺为夏国皇帝，而天祚被执归金矣。

政和元年　273

之中取小也。"李乾顺见辽兵败如山倒，在权衡利弊之后果断转向，决定联金灭辽。

宣和六年（1124年）三月，李乾顺向金朝奉表称藩。十七岁的太子李仁爱哭着劝谏，但未得到他父皇的采纳。

这位西夏国主最初发兵助辽，最终背叛他的岳父，彻底倒向金朝。宣和七年（1125年）二月，天祚帝经天德军（今内蒙古呼和浩特市东）穿过沙漠向西逃窜，路上水粮断绝，只能咽雪吞冰。逃遁应州新城东（今山西省怀仁县西），被完颜娄室俘获，于八月被解送金上京（今黑龙江省哈尔滨市阿城区南）。不久离世。[1]

完颜娄室之于完颜阿骨打的意义，相当于"蒙古四骏"之一木华黎之于成吉思汗的地位。

九月，太子李仁爱"悒郁而卒"。[2]悒郁，即忧郁、抑郁。从现代医学角度来看，太子李仁爱患上了抑郁症。这是一种以情感低落、思维迟缓、言语减少为典型症状的医学疾病。抑郁症是人体健康的隐形杀手，其危害堪比癌症。

太子李仁爱英年早逝之后，李仁孝成为新任太子，最终成为西夏继承人。他的在位时间，超越半个世纪。

丈夫背盟，辽主被俘，母国覆灭，爱子早薨。远嫁异国的南仙皇后接连遭受多重打击，在西夏宫中绝食而死！[3]这位刚烈的契丹公主以决绝的姿态，非暴力抗议着自己男人的背信弃义。

---

1 《辽史·卷三十·天祚皇帝四》：二月，至应州新城东六十里，为金人完颜娄室等所获。

2 《西夏书事·卷三十三》：九月，世子仁爱卒。初，金兵破辽，辽主西走，即恸哭，请兵赴援；宜水之败，咄嗟者累月；及乾顺臣金，泣谏不听，悒郁而卒。

3 《西夏书事·卷三十三》：辽成安公主卒。公主伤辽亡，又痛世子，不食卒。

香消玉碎佳人绝。两年之后,"靖康之耻"爆发,北宋灭亡。辽、宋相继被金朝灭亡,西夏品尝到了鹬蚌相争、渔翁得利的果实,得到了陕西北部数千余里之地,西夏版图达到前所未有的辽阔。

"婚姻的唯一伟大之处,在于唯一的爱情,两颗心的互相忠实。如果婚姻丧失了这个伟大之处,它还剩下什么呢,除了一些实际生活上的便利?"[1]

天地无终极,人命若朝霞。三位辽国公主千里远嫁西夏,肩负同样的政治使命,却迎来不同的宿命——一位善老而终,一位郁郁而殁,一位绝食自杀。个人命运在浩浩荡荡的历史潮流中犹如一颗沙砾,无论她的身份是高贵的抑或贫贱的。

---

[1] 法国,思想家、文学家,罗曼·罗兰(Romain Rolland)

第八章
谍战风云

最成功的说谎者是那些使最少量谎言发挥最大作用的人。

——英国作家,塞缪尔·巴特勒(Samuel Butler)

孤勇伪装者

谎言，四季都能生长。[1]

间谍便是谎言的集大成者。关于这个古老的职业，古汉语专用工具书《辞源》做出了定义："事之有隙可寻者曰间。谍，伺也，伺候敌人之间隙以反报其主者曰谍。"所谓间谍就是通过"开阖人情、观敌之意"谋取信息情报的人，也被冠以"刺事人""谍者""谍探"等称呼。

宋辽夏金"四国演义"时期，边境冲突贯穿始终。除了正面战场上的兵锋较量，各方的秘密情报系统在军事敏感地带展开了此起彼伏的情报战、间谍战。

---

[1] 英国，政治家埃德蒙·伯克（Edmund Burke）：Lies the four seasons can grow.

传经的僧侣、[1][2]榷场的商贾、失意的书生、瓦肆[3]的店主、教坊的乐师、敌国的大臣、[4]敌军的将校、释放的俘虏、奉旨的使臣、皇宫的内侍、中立国人士，都可能是某方间谍，或是双面间谍，甚至三面间谍。这些"伪装者"，遍布各个地理区域、各种生活场景。你中有我，我中有你。

"自咸平、景德以来，契丹内侵、继迁叛逆"，北方与西北战事不断，宋朝一直非常重视间谍活动。官方设置了高级别的专属机构，设立了专项间谍发展基金，研发了一套高度完善的密码系统，形成了招募、培养、派遣、奖惩间谍的完整体系。

欧阳修、梅尧臣、苏洵、苏辙、沈括、司马光等一批文坛巨匠纷纷撰写专论，注释《孙子兵法》，一致主张"三军之事，莫亲于间，赏莫重于间，间者三军之司命也"。他们推崇"多养间谍之士，以为耳目"，实施"厚赏以精间谍"的国防政策。一套极具现代特征的谍战理论与谍战网络，悄无声息地发展着。这些"007"式的间谍，为朝廷的政治决策、军事行动以及外交斡旋提供了不可估量的能量。

在看不见的隐蔽战线，间谍活动是没有硝烟的战争。景德元年的

---

1 《续资治通鉴长编》卷一百零五：初，李允则知雄州，令州民张文质给为僧，入契丹刺事，尝补契丹伪官，至是来归。诏补文质三班奉职、潭州监当。

2 《宋史·卷三百三十五·列传第九十四》：有僧王光信者，趫勇善骑射，习知蕃部山川道路。世衡出兵，常使为乡导，数荡族帐，奏以为三班借职，改名嵩。

3 随着宵禁制度在宋朝解除，瓦肆大行其道。瓦肆相当于中国最早的夜店。据宋代孟元老的笔记体散文《东京梦华录》记载，当时的首都东京至少有瓦肆9座。瓦肆节目众多，戏剧、杂技、相扑、皮影戏、木偶戏等以及"瓦中多有货药、卖卦、喝故衣、探搏、饮食、剃剪、纸画、令曲之类。终日居此，不觉抵暮"。

4 《宋会要辑稿》："北界人于惟孝因传达边界事，为北人收捕甚急，今乞归明。"

政和元年 279

澶渊之盟、庆历年间的宋夏之战、政和元年的平燕之谋、宣和二年的海上之盟，处处闪现着重重谍影，惊心动魄荡气回肠。

北宋立国之初，军旅出身的宋太祖就已经重金招募间谍，在边境地区展开情报活动，"臣闻太祖之时，边臣皆重金养间谍。是以，死力之贪其金钱，捐躯命、冒患难，深入敌国，刺其阴计而效之。至于饮食动静无不毕见。每有入寇，辄先知之，故其所备者寡而兵力不分。"[1]

宋太宗时期，大臣田赐上疏论述"用间"的重要性，引用唐史当中唐太宗麾下大将李靖利用间谍大败东突厥颉利可汗的成功案例。他建议宋廷花费重金招募间谍派往契丹，分化瓦解敌国，确保边境和平，从而缓解皇帝忧边之心。

> 今之御边，无先于用谍。兵书曰：事莫密于间，赏莫重于间。北方自有诸国，未审陛下曾探得凡有几国否，几国与契丹为仇，若悉知之，可以用重赏行间谍，间谍若行，则其国自乱，其国自乱则边鄙自宁。
>
> 昔李靖用间破突厥，心腹之人自离贰也，书在唐史其事可知，今募能往绝域斗乱蕃部使交相侵害，如汉之陈汤傅介子之流，则不劳师徒，自然归化，此可以缓陛下忧边之心也。

宋真宗咸平初年，宋廷在对辽防御的北方军事重镇雄州设置了谍报机构——机宜司。机宜司的主要职责就是负责招募、培训、派遣间

---

[1] 北宋，政治家、文学家苏辙，《栾城集》。

谍，定期收集情报，支付相关报酬。宋辽结盟以后，为了安抚契丹政治情绪，最大限度体现北宋和平诚意，机宜司更名为"国信司"，但其职责、任务并未改变。

宋仁宗时期，包拯担任"授之密旨，常使经营"的河北转运使。他在奏章《请择探候人》中提到机宜司的运作机制："欲乞应系沿边自来探候事宜，州军密令知州、通判及旧例管机宜人等，尽籍见勾当（探）事人姓名，仍具机宜司，见管金币多少？自来每得甚事？支与何等物？几月日可来一报？仍令多方求访。"为了保障情报系统缜密运作，朝廷承诺封官晋爵、给予田产等诱惑条件，解决"暗夜国士"关心的身后事，激发他们死忠报效的决心与信念。

这是北宋历史上的"国家安全与情报部门"，正式拉开了北宋与他族的谍战序幕。

庆历八年（1048年）四月，宋仁宗将谍战重要性进一步升级，设置河北四路安抚使司——定州路安抚使司、高阳关路安抚使司、真定府路安抚使司、大名府路安抚使司。其主要任务之一就是招募间谍、派遣间谍、收集情报，同时抓捕对方间谍。

熙宁七年（1074年）九月，一代雄主宋神宗富国强兵，非常重视边防情报管理。有钱好办事，政府向御辽的前沿重镇定州安抚司发放300个度牒（度僧牒）名额，充当训练义勇、保甲以及招募间谍的军费。度牒是政府发给僧尼受戒的身份证明，出家人具有免税特权。按照交易属性，度牒分为两种：一种是宋廷给通过考试或者恩许的僧尼颁发具有个人信息的度牒；另一种是用来出售的度牒，个人信息空白。如此，度牒一直保有较高的货币功能，相当于现代社会的支票。宋神宗元丰年间，出售度牒时每道价格为一百三十贯钱。

各个安抚司暗中交结敌方能知其国事者，将策反人员的爱人扣为人质，迫使他探问各类情报信息，包括但不限于"房中任事、主兵人姓名、材能、性识、所管兵数、武艺强弱、屯泊处所、城垒大小、粮食多少及出兵道路"。

降度僧牒三百与定州安抚司，充训练义勇、保甲及募刺事人之费。其沿边州军宜并依定州例，量赐本钱出息。

令钩致虏人之能知其国事者，或质所爱，使探问房中任事、主兵人姓名、材能、性识、所管兵数、武艺强弱、屯泊处所、城垒大小、粮食多少及出兵道路。刺其的实，编类成书，准备照用。其边臣不能使人，致前后探事尤无实者，当移降。[1]

在隐蔽战线上，抓捕敌方潜入间谍，也是北宋政府的一项常态化工作。"河北、河东缘边安抚使司，应近边不逞之辈，有妄言以惑境外者，严加捕诘。"[2] 与此同时，宋廷积极鼓励抓谍，不仅可以领取赏金，还可以加速仕途升迁。具体奖赏方案如下："支赏钱三千贯，白身更与补三班奉职，官员并与改转。其知情藏匿，过致资给之人，如能告捕得赏，与免罪外。"[3]

熙宁五年（1072年）八月，改革家王安石对宋神宗说："雄州有官库，专给用间，今通远军如雄州置库，委韶以财物，必能办此，此经略夏国之要务。"北宋间谍活动，有着多样化的经费来源：除了中央专款、特批专款，财政部门经常特批金银、绢缯，使人探察敌之动

---

[1] 清代地理学家，徐松，《宋会要辑稿·兵》。
[2] 南宋，李焘，编年体史书《续资治通鉴长编》。
[3] 清代著名地理学家，徐松，《宋会要辑稿·兵》。

静；此外，河北、河东的雄、霸等州也支出金银、绢帛等财货，用以刺激间谍"揣知虏情"。宋神宗就曾经专门指示三司拨付银千两、黄金百两，给知雄州刘舜卿，用于间谍事业。

对于那些身份暴露而不得不潜返宋境的间谍们，宋廷也有充满人情温度的安置方案，发放金色降落伞确保安全着落：给予优厚待遇；将其安置在远离北部边境的合适地方，保障人身安全。嘉祐五年（1060年），知雄州曹偕说：幽州人杜清自前来雄州刺探情报。如今，身份暴露，带领全家投奔。请安排外州的教练使职位，奖励数顷良田，并仍然领取月俸。

> 癸丑，知雄州曹偕言：幽州人杜清自来与雄州探刺事宜，今事觉，挈家来归，请补外州一教练使，给良田数顷，仍给月俸，从之。[1]

与之对比，宋朝对于泄漏军情者、与贼私相交通者、提供虚假情报者，给予严厉的惩处。军法简明扼要，一个字"斩"！

为了防止武备松弛，宋仁宗下令天章阁待制曾公亮、工部侍郎参知政事丁度等编纂一部内容广泛的军事教科书。曾公亮等花费五年光阴编成《武经总要》，这是中国第一部由官方主持编修的兵书。该部兵书已有"密钥"（secret key）的概念，可以说这是现代密码学的雏形。

中原王朝与草原政权激烈角逐，隐蔽战线的间谍技术达到了空前的高度。字验、密写、秘语、谐音、瓮听、空飘、蜡书、阴书、

---

[1]《续资治通鉴长编·卷一百九十一》。

箭书等密钥形式，花样迭出。这就像 1837 年美国人塞穆尔·摩尔斯（Samuel Morse）和艾尔菲德·维尔（Alfred Ville）共同发明以供电报配套使用的时通时断信号代码。这套代码就是赫赫有名的摩尔斯电码（Morse alphabet）。

宋人为了更安全地编辑与递送情报，已经使用了超越时代的情报加密系统，当时称为"字验"。

《武经总要》记载，当时涉及的军事活动约 40 项，如请弓、请刀、请甲、请马、请草料、请牛车、请添兵、请进军、请固守、贼多、贼少、被贼围、围得贼城、战不胜、战大胜等。

"字验"将 40 项军事情报对应 40 个没有重复文字的诗词，再相应编上 1 至 40 的数字代号，形成了早期的"密码本"。这种密码本由军队领导人掌握，每次使用时候，根据所需传递的内容，写上事先规定的数字代号。对方只要翻出密码本查对，即可译出情报内容。这种"对称密钥加密"（symmetrical encryption）具有较强的保密性。

晋家南渡日，此地旧长安。
地即帝王宅，山为龙虎盘。
金陵空壮观，天堑净波澜。
醉客回桡去，吴歌且自欢。

这是唐代诗仙李白的作品《金陵其一》：晋朝南渡，定都金陵（今江苏南京市），取代往日的繁华旧都长安。金陵虎踞龙盘，吴歌悠悠。然而，在宋朝，这却极有可能是一首密诗、一份情报。

《金陵其一》由 40 个字组成，如果用"金陵空壮观"的"金"字表示"贼多"，那么一线指挥官在派遣谍报人员向后方递送情报的时候，就可以在"金"字上做一数字代号。后方收到之后核对密码本，便知道了前方"贼多"的信息。

> 城阙辅三秦，风烟望五津。
> 与君离别意，同是宦游人。
> 海内存知己，天涯若比邻。
> 无为在歧路，儿女共沾巾。

这是初唐诗人王勃的佳作《送杜少府之任蜀州》，意在慰勉友人勿在离别之际悲伤，表达了"友情深厚，江山难阻"的情景，友情升华为一种更高的美学境界。短短40个字，却大气谦和，想象无穷。连绵的山川与无尽的风光浮现眼前。然而，在宋朝，这又极有可能是一首密诗、一份情报。

按照"字验"次序，假如"请粮料"排在40项军事活动中的第九项，而双方约定的密诗是《送杜少府之任蜀州》。那么，所需传递的情报对应此诗第九个字：五。然后，将"五"写入普通的文书，并在此字上加盖印章作为标记。枢密院收到公文之后，看到标记的"五"字，对照手中的密码本便可知晓：前方缺粮。

靖康元年，金军围困汴京，宋钦宗命令签书枢密院事曹辅，前往鲁豫交界处的兴仁府（今山东菏泽市曹县），寻访他的弟弟康王赵构。为了防止密诏被金军截获，宋钦宗采取了一种叫作"密写"的间谍技术，诏书写在曹辅的衣襟上，"以矾书为诏，以遗康王"。假如曹辅不幸被抓，金军也无法破译。密写的情报如何解码呢？具体方式是"以矾书帛，入水方见"：蘸上明矾水书写的字迹，会干燥蒸发无痕。只有当纸上残留的十二水硫酸铝钾浸水之后，重组成明矾，字迹便显露。[1]

还有利用谐音传递情报的。

宋哲宗绍圣年间（1094年—1098年），辽国派遣李俨出使北宋，北宋以蔡京为"馆伴"（即如现今各国接待外宾的官员）。蔡京故意冷落辽使，使其滞留汴京时日较久，无法参见宋皇。

一天，双方一起饮酒。好学有诗名的李俨见盘中之杏，触景生情，随即吟出一上联："来未花开，如今多幸（杏）。"

蔡京举起梨（离）接道："去虽叶落，那可轻离？"

李俨借用杏的谐音"幸"询问蔡京何时可以面圣；而蔡京则利用梨的谐音"离"告诉对方，面圣仍需等待。

蔡京的妙对还有一层意思：你如果还没跟我们达成协议，就算到了秋天杏树的叶子落了，还无法离去呢！[2]

双方的此番对话，堪称绝句。这种不动声色的谐音情报，不仅可以将信息准确传达给对方，而且还可防止他人偷听。[3]

---

1 《三朝北盟会编》。
2 《四六馀语》：绍圣中蔡京馆辽使李俨盖汎。使者留馆颇久。一日俨方饮，忽持盘中杏，曰：来未开花如今多。幸京即举梨谓之，曰：去虽落叶未可轻离。
3 南宋，陆游，《老学庵笔记》卷四："绍圣中，蔡京馆辽使李俨……颇久。一日，俨方饮，忽持盘中杏曰：'来未花开，如今多幸。'蔡举梨谓之曰：'去虽叶落，未可轻离。'"

计除天都王

风起陇西,谍影重重。

"平夏之功,世衡计谋居多。"[1] 在宋夏交战史上,范仲淹爱将种世衡(985年—1045年)领导的情报战、间谍战堪称经典。运用之妙,存乎一心。种世衡巧妙运用《孙子兵法》的"五间",对西夏的决策指挥系统造成致命的伤害。

图为西夏文《孙子兵法》

一场神妙莫测的谍战风云开始上演。

---

1 沈括,《梦溪笔谈》。

宋宝元元年（1038年），李元昊称帝，宋夏的宗藩关系正式破裂。次年，为逼迫宋朝承认西夏的独立地位，李元昊领兵进犯宋境，兵锋直抵延州城下。

"元昊先遣人通款于雍，雍信之，不设备。一日，引兵数万破金明砦，乘胜至城下。会大将石元孙领兵出境，守城者才数百人。雍召刘平于庆州，平帅师来援，合元孙兵与贼夜战三川口，大败，平、元孙皆为贼所执。雍闭门坚守，会夜大雪，贼解去，城得不陷。"[1]

延州，"西夏之咽喉也。如将不守，则关辅皆危"。振武军节度使、知延州范雍，错误判断攻防形势，急忙派人令刘平和石元孙大军增援延州。李元昊探知宋军驰援的行军路线，在延州附近的三川口（今陕西延安市枣园）设下伏击圈，全歼刘平、石元孙部。

这是北宋与西夏之间爆发的第一场大规模战役。

狼烟升起，王师不利，二帅陷殁，宋朝西北边境诸路感到震惊，对西夏产生畏惧之心。对于三川口之战惨败，枢密院的奏议如此描述："上下纷攘，远近骇惊"；韩琦在战后的奏议也提及："戍卒陷没者，盖不舍万人。诸路闻风，惕然丧气。彼贼气焰，从而可知。"

疾风知劲草，板荡识诚臣。[2]康定元年（1040年）三月，前线战事吃紧，宋仁宗想起了一位"宁鸣而死，不默而生"、"天下信其诚，争师尊之"的忧乐君子。

---

1 《宋史》列传 卷四十七。
2 《旧唐书·萧瑀传》。

四年之前的景祐三年，范仲淹因不满当朝宰相吕夷简（978年—1044年）把持朝政，培植党羽，任用亲信，于是向宋仁宗进献《百官图》，尖锐批评宰相用人制度，谏言皇帝制定相关制度、亲掌官吏升迁。吕夷简大怒，控诉范仲淹"越职言事、荐引朋党、离间君臣"。随之，范仲淹连上《帝王好尚》《选贤任能》《近名》《推委》之四论，驳斥吕夷简狡诈。终因言辞激烈，罢黜落职，知饶州（今江西鄱阳县）。[1]

大敌当前，党争自然搁置一边。放逐在外的范仲淹众望所归，被宋仁宗紧急召回京师，担任天章阁待制、出知永兴军（析陕西路东部置，治京兆府，今陕西西安市）。[2]七月，升为龙图阁直学士，与韩琦并为陕西经略安抚副使，担任安抚使夏竦的副手。八月，范仲淹兼知延州，坐镇前线。

这一年，他已经五十二岁。[3]

开始主管西北军务的范仲淹，主张屯田久守、筑城修寨的积极防

---

[1] 北宋，楼钥，《范文正公年谱》：又为《百官图》以献，因指其迁进迟速次序，曰某为超迁，某为左迁，如是为公，如是为私，意在丞相。又言：汉成帝信张禹，下疑舅家，故有王莽之乱。臣恐今日朝廷亦有张禹坏陛下家法，以大为小，以易为难，以易成为已成，以急务为闲务者，不可不蚤辩。夷简大怒，以公语辩于上前，且诉公越职言事，荐引朋党，离间君臣。公亦交章辩折，辞益切，遂罢黜，落职知饶州。

[2] 《宋史·卷三百一十四》：初，仲淹以忤吕夷简，放逐者数年，士大夫持二人曲直，交指为朋党。及陕西用兵，天子以仲淹士望所属，拔用之。及夷简罢，召还，倚以为治，中外想望其功业。

[3] 宋代，楼钥，《范文正公年谱》：康定元年庚辰，年五十二岁。七月己卯，公除龙图阁直学士，与韩琦并为陕西经略安抚副使，同管句都部署司事。

政和元年 289

御思想，培养拔擢了种世衡、狄青、郭逵等有为将领，[1]使西北军务发生了根本性的变化，边境局势大为改观。其中，种世衡招抚羌人，筑城安边，计除野利兄弟。

宋夏之战爆发，种世衡当时出任鄜州（今陕西延安市富县）判官。他向范仲淹献策：延州东北200里，有唐代故城宽州。请求依据其被废弃的城垒而筑城，作为抵御西夏敌寇锋锐的前沿堡垒。

占据此处战略要地，便可做到进退自如。右可拱卫重镇延州，左可致河东的粟米，向北可图取银州、夏州的旧地。

范仲淹素来主张以守为攻，论证项目可行性之后，便上报朝廷计划在宋夏边境构筑一座城——青涧城（今陕西清涧县北）。

宋廷同意了上述建议，命种世衡负责该项重大工程。期间，西夏人多次出击争夺，种世衡率军一边战斗一边筑城。

然而，此处虽然险要却没有泉水，众人认为不可防守。凿地一百五十尺，才能碰到石头，石工推辞认为石头无法凿穿。

重赏之下必有勇夫，种世衡下令一畚碎石付酬一百钱，终于向下凿穿岩石引得宝贵的泉水。城筑成后，赐名青涧城。[2]

青涧城防完工，是积极防御西夏的重要一步。足智多谋的种世衡开始谋划"用间"，在元昊身边安插"伪装者"。

---

1 《续资治通鉴长编·卷一百四十五》：今陕西兵官惟种世衡、狄青、王信材勇，可战可守。"

2 《宋史·卷三百三十五·列传第九十四》：西边用兵，守备不足。世衡建言，延安东北二百里有故宽州，请因其废垒而兴之，以当寇冲，右可固延安之势，左可致河东之粟，北可图银、夏之旧。朝廷从之，命董其役。夏人屡出争，世衡且战且城之。然处险无泉，议不可守。凿地百五十尺，始至于石，石工辞不可凿，世衡命屑石一畚酬百钱，卒得泉。城成，赐名青涧城。

"历史的第一页是从互相猜忌、搞阴谋和耍手腕开始的。"[1]

种世衡是北宋大儒种放之侄。年少时崇尚气节,兄弟之中有想分其资产者,他全数辞让给予,只取图书。[2]文武双全的种世衡深刻领会《孙子兵法》用间篇:上智为间,谍战有术;用间作战,胜于千军。孙子说,"用间有五:有因间、有内间、有反间、有死间、有生间。五间俱起,莫知其道,是谓神纪,人君之宝也。"因间,是指利用敌人的同乡做间谍;内间,是指利用敌方的内部人员做间谍;反间,是指利用敌方间谍为我所用;死间,是指故意制造散布虚假情报,通过我方间谍将虚假情报传给敌方,诱使敌人上当受骗,一旦败露,我间难免一死;生间,是指侦察之后还能活着回来报告敌情的间谍。

在驻守清涧城的过程中,种世衡手下有一员蕃将,犯了一个小过错。种世衡一反爱兵如子的常态,命令士卒对他施以杖刑。同僚们为他求情,均未被采纳。

事后,蕃将投奔到西夏。李元昊见他伤痕累累,又对种世衡恨之入骨,便收他到帐下,并发展为亲信,准许他自由出入枢密院。枢密院是最高军事机构,掌军国机务、兵防、边备、戎马,出纳密命,以佐邦治。

一年之后,蕃将出人意料地回到了清涧城,并给种世衡带回了大量的西夏军事机密。种世衡施以"苦肉计",换来富有价值的谍报信

---

[1] 苏联,米哈伊尔·左琴科,《一本浅蓝色的书》。
[2] 《宋史·卷三百三十五·列传第九十四》:种世衡,字仲平,放之兄子也。少尚气节,昆弟有欲析其赀者,悉推与之,惟取图书而已。以放荫补将作监主簿,累迁太子中舍。

息。[1]

此时，众人恍然大悟。这出戏是赤壁之战的周瑜打黄盖，一个愿打一个愿挨。《三国演义》第四十六回"用奇谋孔明借箭，献密计黄盖受刑"，结束于第四十九回"七星坛诸葛祭风，三江口周瑜纵火"。

李元昊的第一任皇后野利氏，背靠一个根基深厚、支脉庞杂的强大家族。她的两个哥哥野利旺荣、野利遇乞，堪称西夏军队的中流砥柱。尤其是野利遇乞，多权谋、善用兵，所率"山界"（指陕西北部横山地区，因宋夏以横山为界，故称山界）士兵善战，让宋军心惊胆战。宋宝元元年（1038年），野利遇乞授为监军，与兄野利旺荣分统左、右厢军，号大王。家族成员野利仁荣，多学识、谙典故，创制了西夏文字，是李元昊的股肱之臣。

横山本地的蕃部是西夏军队的压舱石，也是决定宋夏军事强弱的平衡器。处于两国对峙的最前线，可耕可牧的横山地区生活着数量众多的党项部落。范仲淹分析评估：西夏的横山兵，远比本部的河外兵更为善战凶悍。西夏倚仗当地部落，宋朝也可招揽地方熟蕃。如果拿下横山，相当于斩断西夏手臂。他向宋仁宗奏报，"臣当与韩琦练兵选将，渐复横山，以断贼臂，不数年间，可期平定矣。愿诏庞籍兼领环庆，以成首尾之势。秦州委文彦博，庆州用滕宗谅总之。孙沔亦可办集。渭州，一武臣足矣。"宋仁宗采纳了他的总体作战方针与多项

---

[1] 北宋，司马光，《涑水记闻》卷九：世衡尝以罪怒一番落将，杖其背，僚属为之请，莫能得。其人被杖已，奔赵元昊，甚亲信之，得出入枢密院。岁余，尽诇得其机事以归，众乃知世衡用以为间也。

用人建议，宋朝的文臣精英集结宋夏前线。[1]

按照范仲淹的战略思路，种世衡在青涧城谋划，从雄居衡山的这对"天都王"兄弟下手。

庆历二年（1042年），鄜延经略使庞籍两次给保安军（今陕西延安市志丹县）太守刘拯写信，贿赂蕃部破丑，以便把书信送给野利兄弟。而泾原路王沿、葛怀敏也派人持书及金子财宝赠予野利遇乞。

恰逢野利旺荣命令浪埋、赏乞、媚娘等三人拜见种世衡，请求降服。名为降服，实为刺探宋军情报。

种世衡识破阴谋，于是将计就计，"与其杀掉他们，不如因之作为离间"。

于是，他留下浪埋等西夏奸细，委以重要职位，让他们监管商

---

[1]《宋史》，全文卷八下：（甲申庆历四年）五月壬戌，朔，枢密副使韩琦、参知政事范仲淹并对于崇政殿，上四策，其一曰："西戎辄求通顺；实图休息。陛下当隆礼敦信，以盟好为权宜；选将练兵，以攻守为实务，此和策之得也。"其二曰："久守之计，莫如蓄土兵。彼或小至，则使属户蕃兵暨弓箭手与诸寨土兵共力御之；彼欲大举，则必先闻举集之期，我之次边军马尽可驻于坚城，以待敌之进退，彼将进而无利，退而有祸，不三两举，势必败亡，此守策之得也。"其三曰："元昊巢穴实在河外，河外之兵懦而罕战，惟横山一带蕃部人马精劲。我以坚城据之，以精兵临之，彼既乐其土，复逼以威，必须归附，以图自安。元昊若失横山之势，可谓断其右臂矣，此攻策之得也。"其四曰："臣等既以三策陈之，又以北戎为忧。请朝廷力行七事，以防大患。一、密为经略，二、再议兵屯，三、专于选将，四、急于教战，五、训练义勇，六、修京师外城，七、密定讨伐之谋。"

政和元年 293

税,大加宠信。[1]

无疑,这是一个好岗位。商税是历代政府对商品流通所征收的税,亦称租、课。狭义的商税指市税与关税;广义的商税包括山泽税、杂税课。宋代商税分为住税、过税两项。住税是坐商的住卖之税,税率3%,相当于过去的市税;过税是行商的通过之税,税率2%,相当于过去的关税。商税收入除了支付地方经费,全数上缴中央。

野利旺荣实施诈降计,种世衡随之布局反间计、离间计、计中计。

为了离间李元昊与野利兄弟的信任关系,种世衡精心物色了一个独特人选。

有一种间谍,叫"僧谍"!这次,种世衡选中了一名和尚。

这名紫山寺和尚,出家法号"法崧",[2] 俗家名字"王光信"。他骁勇善骑射,熟悉蕃部的山川道路,经常作为种世衡出兵的军事向导,多次一起荡平羌人族帐。种世衡上奏让他担任三班借职[3],改名"王嵩"。

这次任务非常特殊,种世衡把他找来,问道,"我想派你去西夏

---

[1] 《宋史·卷三百三十五·列传第九十四》:初,世衡在青涧城,元昊未臣,其贵人野利刚浪〈口夌〉、遇乞兄弟有材谋,皆号大王。亲信用事,边臣欲以谋间之。庆历二年,鄜延经略使庞籍,两为保安军守刘拯书,赂蕃部破丑以达野利兄弟,而泾原路王沿、葛怀敏亦遣人持书及金宝以遣遇乞。会刚浪〈口夌〉令浪埋、赏乞、媚娘等三人诣世衡请降,世衡知其诈,曰:"与其杀之,不若因以为间。"留使监商税,出入骑从甚宠。

[2] 北宋,沈括,《梦溪笔谈》。

[3] 借职,是宋代武臣的最低职级,分东、西、横三班。入仕者先为三班借职,转三班奉职,以次递迁,最高可至节度使。

秘密办一件事，你能胜任吗？"

王嵩听罢，欣然应允，"听凭将军吩咐"。

种世衡亲自部署每一个细节，然后亲笔写了一份书信，用蜡封好。

蜡信是当时的一种保密书信，将书信封在蜡丸里，旨在防范泄密，兼有防潮、防水等功能。宋人会将秘件藏于"蜡丸"之中，神不知鬼不觉地送往目的地，而不是依赖不确定因素偏多的信鸽。

"以帛写机密事，外用蜡固，陷于股肱皮膜之间，所以防在路之浮沈漏泄也。"[1]

在北宋，情报内容与传送方式都采用了加密方法。当时的军事情报包括驻扎地点、军队人数、武器装备、粮草辎重等；传送手段包括蜡书、瓮听、空飘和箭书等。

王嵩秘密潜入西夏境内，送信给了野利旺荣。书信的大意是：浪埋等人已到，宋廷知道大王有向汉之心。特命为夏州节度使，俸禄每月一万缗，皇帝赐予的节度使信符"旌旗、节钺"[2]已到，旌以专赏、节以专杀。希望择机率军起事。

在蜡信上，种世衡特地画了一颗枣树和一个乌龟，谐音"早""归"。

---

[1]《朝野类要》是南宋赵升编纂的一部宋代官场小型百科全书，"征引朝廷故事，以类相从"。

[2] 宋，岳珂，《愧郯录·旌节》："旌节之制，命大将帅及遣使於四方，则请而假之。旌以专赏，节以专杀……唐天宝中置。节度使受命日赐之，得以专制军事。行即建节，府树六纛。"

政和元年　295

野利旺荣看到书信，非常惧怕，这明显是宋朝边将挑拨他与元昊之间的互信关系，不是置人于死地吗？

野利旺荣向来知道元昊性情多疑，便不敢隐匿此事，连忙在自己的治所内擒拿王嵩，一并把书信、奸细押送到李元昊跟前，自证清白。

李元昊拥有多重人格，既雄毅、多略，又暴虐、多疑。他在腥风血雨中崛起，习惯于计谋运用。他看了蜡书，反而疑窦丛生，不准野利旺荣返回军营，同时将王嵩禁锢在井中。

为了求证真伪、辨明是非，李元昊生出一计，派出手下心腹、教练使李文贵假扮野利旺荣的密使，前往种世衡驻军的清涧城暗中接洽。

李文贵潜入青涧城，见到了种世衡，说是不明白书信的具体意思，如果通和，希望给予明确的说法。

种世衡一眼识破"密使"真实来意，盛情款待，顺势祭出反间计，利用李文贵释放虚假情报。

对于反间计的运作，唐代杰出诗人杜牧在《十一家注孙子》精辟诠释："敌有间来窥我，我必先知之，或厚赂诱之，反为我用；或佯为不觉，示以伪情而纵之，则敌人之间，反为我用也。"

席间，种世衡称赞野利旺荣弃暗投明归顺大宋的义举，要求李文贵回去之后让野利旺荣迅速行动，以免李元昊察觉属下投诚。[1]

李文贵返回兴庆府，据实禀报。李元昊勃然大怒，诛杀了野利旺荣，关押了野利遇乞。

听闻野利旺荣已经被杀，种世衡又上演了一出戏。戏名叫作"为文越境祭之"，即书写祭文越境祭吊。[2]

呜呼哀哉！

他在宋夏边境设立祭坛，举办一场祭祀野利旺荣的追悼活动，并在木板上挥毫写下一篇祭文，大力颂扬野利兄弟弃暗投明的正义之举，并对野利旺荣的逝世寄托深深的哀思，如哭如泣，如咽如诉。

呜呼，言有穷而情不可终，汝其知也邪？其不知也邪？呜呼哀哉！尚飨！

突然，不远处冲出一队人马，他们正是西夏军队。宋兵见状，赶忙点燃纸钱与祭文木板，然后仓皇撤离。纸钱很快烧掉，但那块祭文木板仅烧掉一角却留下大半。

种世衡一行紧急撤离，西夏兵士拾起残存的祭文木板，送到李元昊手中。

就这样，野利遇乞也被赐死了，西夏军队痛失砥柱。

法国批判现实主义作家罗曼·罗兰在《母与子》（又名《欣悦的

---

1 《宋史·卷三百三十五·列传第九十四》：有僧王光信者，趫勇善骑射，习知蕃部山川道路。世衡出兵，常使为乡导，数荡族帐，奏以为三班借职，改名嵩。世衡为蜡书，遣嵩遗刚浪，言浪埋等已至，朝廷知王有向汉心，命为夏州节度使，奉钱月万缗，旌节已至，趣其归附，以枣缀画龟，喻其早归之意。刚浪得书大惧，自所治执嵩归元昊。元昊疑刚浪贰己，不得还所治，且锢嵩穽中。使其臣李文贵以刚浪旨报世衡，且言不达所遗书意，或许通和，愿赐一言。

2 《宋史·卷三百三十五·列传第九十四》：世衡闻野利兄弟已诛，为文越境祭之。

灵魂》)写道:"历史是为活着的人们而写的。活着的人们搜了死者腰包之后,踏着死者尸体前进。"

"无间道"仍在继续。

宋朝因不承认西夏建国、元昊称帝的合法性,遂与西夏爆发长达三年的战争。三川口、好水川、定川寨等三大战役,都以宋军失败告终。西夏连年战争,对外贸易与国内经济遭受巨大破坏,"虽屡得胜,然丧和市之利,民甚愁困"。战火不息,宋夏双方的议和意愿变得强烈。

"今天倒运的人,也许明天走运,所以一个精明的外交家总是给未来留下余地的。"[1]

宋仁宗下密诏给陕西安抚经略招讨使庞籍,计划招纳李元昊。于是,庞籍召见扣押在青涧城的西夏间谍李文贵,让他居中传递议和信息。

"回去告诉夏主,他若悔过自新,宋廷愿意宽大开纳。"

李文贵答道:"双方止戈,造福苍生。"

间谍瞬间变身成为议和信使。从倒运到走运的人,不止李文贵,还有僧谍王嵩。

李元昊得到宋朝议和情报,迅速做出积极响应:下令释放种世衡派来的王嵩,加以重赏。

"让王嵩与李文贵一起前来。"李元昊对这两位间谍赋予全新角色,作为第一批和平使者。[2]

---

[1] 法国,批判现实主义作家罗曼·罗兰,《母与子》(又名《欣悦的灵魂》)
[2] 《宋史·卷三百三十五·列传第九十四》:世衡以白籍。时朝廷已欲招拊,籍召文贵至,谕以国家宽大开纳意,纵使还报。元昊得报,出嵩,礼之甚厚,使与文贵偕来。自是继遣使者请降,遂称臣如旧。

庞籍上疏陈述王嵩的劳绩：种世衡图划计策，派遣王嵩冒着艰险离间西夏君臣，形成猜贰，李元昊因此与北宋通和，请求优先升迁王嵩的官职。王嵩因此升任三班奉职。后来王嵩因召对自陈，再升任侍禁[1]、阁门祗候。[2]

庆历三年（1043年）正月，李元昊派六宅使兼伊州刺史贺从勖，携国书出使汴京。次年初，李元昊上表誓书，向宋称臣。其言辞恳切，姿态柔软。

"两失和好，遂历七年，立誓自今，愿藏盟府。其前日所掠将校民户，各不复还；自此有边人逃亡，亦无得袭逐，悉以归之。臣近以本国城寨进纳朝廷，其栲栳、镰刀、南安、承平故地及它边境蕃、汉所居，乞画中央为界，于界内听筑城堡。朝廷岁赐绢十三万匹，银五万两，茶二万斤，进奉乾元节回赐银一万两，绢一万匹，茶五千斤，贺正贡献回赐银五千两，绢五千匹，茶五千斤，中冬赐过服银五千两，绢五千匹，及赐臣生日礼物银器二千两，细衣著一千匹，杂帛二千匹，乞如常数，无致改更。乞俯颁誓诏，世世遵承。傥君亲之义不存，或臣子之心渝变，使宗祀不永，子孙罹殃。"[3]

---

1 侍禁，宫禁中的侍奉官。
2 《宋史·卷三百三十五·列传第九十四》：世衡闻野利兄弟已诛，为文越境祭之。籍疏嵩劳，具言元昊未通时，世衡画策遣嵩冒艰险间其君臣，遂成猜贰，因此与中国通，请优进嵩官。迁三班奉职。后嵩因对自陈，又进侍禁、阁门祗候。
3 《续资治通鉴》，宋纪四十七。

战事久拖未决,宋仁宗也接受妥协停战,于是下诏答复:

"朕临制四海,廓地万里,西夏之土,世以为胙。今乃纳忠悔咎,表于信誓,质之日月,要之鬼神,及诸子孙,无有渝变。申复恳至,朕甚嘉之。俯阅来誓,一皆如约。"[1]

庆历四年十月初二日,宋仁宗赐誓诏,诏谕国人,藏书祖庙,庆历和议达成。[2] 十二月,派遣尚书祠部员外郎张子奭作为册礼使,东头供奉官、阁门祗候张士元作为副使,前往西夏兴庆府,册封元昊。[3]

和议成果梳理如下:

一、身份地位。西夏取消帝号,向宋称臣,奉正朔。宋朝册封元昊为夏国主,赐金涂银印,方二寸一分,文曰"夏国主印",允许自置官属。

二、人员归属。宋夏之战双方所掳掠的将校、士兵、民户不再归还对方;从此以后,如双方边境之民逃往对方领土,都不能派兵追击,双方互相归还逃人。

三、边境划界。西夏所占领的宋朝领上栲栳、镰刀、南安、承平

---

[1]《宋史》,列传,卷二百四十四。
[2]《续资治通鉴长编》卷一百五十二。
[3]《宋史》,列传,卷二百四十四:十二月,遣尚书祠部员外郎张子奭充册礼使,东头供奉官、阁门祗候张士元副之。仍赐对衣、黄金带、银鞍勒马、银二万两、绢二万匹、茶三万斤。册以漆书竹简,籍以天下乐锦。金涂银印,方二寸一分,文曰"夏国主印",锦绶、涂金银牌。缘册法物,皆银装金涂,覆以紫绣。约称臣,奉正朔,改所赐敕书为诏而不名,许自置官属。使至京,就驿贸卖,宴坐朵殿。使至其国,相见用宾客礼。置榷场于保安军及高平砦,第不通青盐。然宋每遣使往,馆于宥州,终不复至兴、灵,而元昊帝其国中自若也。

等地和其他边境蕃汉居住区全部从中间划界。

四、军事活动。双方在本国领土上可以自由建立城堡。

五、岁赐数额。宋朝每年赐给西夏银 7 万两（旧制，下同）、绢 15 万匹、茶 3 万斤；另外，宋朝每年在各种节日赐给西夏银 22000 两、绢 23000 匹、茶 1 万斤。

六、双边贸易。于保安军及高平砦（宋属镇戎军，今宁夏固原市）开置榷场。

七、负面清单。这里有一条涉及贸易战的内容，那就是"不通青盐"，即西夏青盐不得远销宋境。

事实上，青盐是西夏的财政命脉。当时西夏境内池盐资源丰富，各个盐池所含的微量元素各异，呈现出赤、紫、青、黑、白等不同颜色，其中尤以青色、白色的池盐（简称"青盐"）产量最大、质量最佳。盐州（今宁夏盐池北）、西安州（今宁夏海原西）、灵州（今宁夏吴忠市）、河西走廊等地的老井出产的青盐"味甘而价贱"，相比宋朝的河东解盐更受百姓欢迎。青盐除了供应仅有 300 万人口的西夏本地百姓食用，主要出口宋、辽、金，其中出口关中地区最多。当时，北宋的食盐制度实行的是地区专卖，盐价很贵。从宋太宗时期开始，北宋发起了多次贸易战，宣布禁止进口青盐，旨在削弱党项人的经济实力，但是根本无法阻挡民间商贩的猖獗走私。庆历和议之后，北宋开放与西夏的榷场，征收商税，获利颇丰。在继续禁止青盐贸易的基础上，严重倚赖进口的西夏每年都不得不大量缴税给宋朝。宋夏双边贸易，北宋是一边倒的贸易顺差。

西北狼烟消散，"西北谍战之王"也走到了生命的尽头。

临终前，他仍抱病带兵昼夜修城，在西夏与北宋环庆路（治所在今甘肃庆阳）之间构筑细腰城，"城成而世衡卒"。他的筑城固守方略被范仲淹推广至西北各城,从而扭转了宋夏之间的攻防形势。

庆历和议达成的第二年(1045年),种世衡病死在边地。噩耗传来,羌人酋长一连数日早晚都来哀悼,青涧城和环州人都画像立祠祭祀。[1]

种世衡病逝,范仲淹感慨"国之劳臣也,不幸云亡"。种世衡的四个儿子种古、种谔、种诊、种谊,均成长为名将,系宋军精锐。种世衡之孙种师道(1051年—1126年)是宋徽宗、宋钦宗被金军围困期间的勤王救驾主将。

种世衡的谍中谍、计中计,不仅铲除了野利兄弟,而且引发了"喋血夏宫"事件,在客观上导致了没藏入宫、夏后被废、太子弑父、幼子继位、后族专权等一系列连锁反应。

美人定边疆

以羌治羌,是宋朝在边境少数民族地区对付西夏的统战思想,具体手段为羁縻蕃部、拉拢蕃将、招募蕃兵。这是北宋民族政策的体现,也是最大程度地缓解国家军事压力。如此,既可分化瓦解敌营,又可增强宋军战力。

北宋统治者掌握着实力最为强大、装备最为精良、军事训练有素的禁军,那些隶属于州县的乡兵以及处于边境的蕃兵则是中央领导权

---

[1]《宋史·卷三百三十五·列传第九十四》:世衡在边数年,积谷通货,所至不烦县官益兵增馈。善抚养士卒,病者遣一子专视其食饮汤剂,以故得人死力。及卒,羌酋朝夕临者数日,青涧及环人皆画象祠之。

下放到地方州府。蕃兵就是由吐蕃、党项羌等少数民族组建的军队，主要活动与镇守范围就在西北边境地区。他们的成分较为复杂，但大体上属于西北少数游牧部落。他们的生存环境与身体素质，决定其有着较强的战力。[1]

"国家承平日久，人不习战，虽屯戍之兵，亦临敌难用。惟弓箭手及熟户蕃部皆生长边陲，习山川道路，知西人情伪，材气勇悍，不惧战斗，从来国家赖以为藩篱。"[2]

对于羁縻之策，夏竦、范仲淹等人的意见高度统一。

夏竦"陈边事十策"，主张招纳羌户为藩篱；范仲淹也说，"一二年间，训兵三四万，使号令齐一，阵伍精熟，又能使熟户蕃兵与正军参用，则横山一带族帐可以图之"；宋仁宗朝宰相贾昌朝进谏备边六事，其中第五件事就是绥靖蕃部，"属户者，边垂之屏翰也。延有金明，府有丰州，皆戎人内附之地。朝廷恩威不立，强敌迫之，塞上诸州，貌焉孤垒，蕃部既坏，土兵亦衰，破敌之日，未可期也。臣请陕西缘边诸路，守臣皆带'安抚蕃部'之名，择其族大有劳者为酋帅，如河东折氏之比，庶可为吾藩篱之固也。"[3]

对此，种世衡心领神会。剿抚并用，一以贯之。

---

1 《宋史》："大约党项、吐蕃风俗相类，其帐族有生户、熟户，接连汉界，如州城者谓之熟户；居深山避远，横过寇略者谓之生户。众建城、镇、寨、堡，大批安置归顺蕃族部落。"

2 《续资治通鉴长编》，历仕四朝的司马光（1019年—1086年）对蕃部的价值做了综合评估。

3 《宋史·列传 卷四十四》。

筑城青涧之后，他升任内殿崇班、知青涧城事。期间，他组织力量，开垦营田二千顷，招募商人，给他们借贷经营本钱，通过商品流通赢利，青涧城于是富实起来了。按照经济学的说法，青涧营田使得有限的生产资源得到了高效率的分配使用。

这种做法相当于西汉武帝与三国曹操推行的屯田制。屯田制是利用士兵、商人、无地农民垦种荒地的制度，分为军屯、商屯、民屯。以军队戍边屯田，始于汉武帝时期。大臣晁错建议"徙民实边"，赵充国建议屯田于边防，戍卫与垦耕并顾。建安元年（196年）曹操采纳枣祗、韩浩的建议，在许昌招募农民屯田，当年得谷百万斛，州郡例置田官。"夫定国之术，在于强兵足食，秦人以急农兼天下；孝武以屯田定西域，此先代之良式也。"[1] 屯田制成为钱粮收入来源。

大力发展经济的同时，种世衡积极展开统战。

他时常出行部族，慰劳酋长，有时解下所佩腰带送给他们；适逢与客人饮酒，如有得知敌情来告者，他就相赠饮酒器。恩抚怀柔取得成效，所属羌人部族都乐于为他效劳。此后，种世衡再升任洛苑副使、环州知州。[2]

环州（今甘肃庆阳市环县）地处宋夏军事对峙线。这里的蕃部有牛家族头领名叫奴讹，素来倔强，从不出来拜见郡守。听说种世衡来了，急忙到郊外迎候。种世衡与奴讹约定，第二天将到他的帐舍，前去慰劳部落。

---

1 《魏书》。

2 《宋史·卷三百三十五·列传第九十四》：迁内殿崇班、知城事。开营田二千顷，募商贾，贷以本钱，使通货赢其利，城遂富实。间出行部族，慰劳酋长，或解与所服带。尝会客饮，有得敌情来告者，即以饮器予之，籍是属羌皆乐为用。再迁洛苑副使、知环州。

当晚大雪突至，雪深三尺。左右侍臣说："奴讹凶诈难信，况且那里道路险恶，不可前去。"种世衡说："我方正要和诸羌部落结信，不可失约。"于是沿着险路前往目的地。

奴讹正在帐中睡觉，认为种世衡必定无法如期抵达。种世衡一蹴而至，奴讹大为吃惊："我们世居此山，此前从未有汉族官员敢于亲自前来我们部落，您是没有把我们当作外人呀！"

大雪践约，奴讹心悦诚服，随即率领他的部众，下拜听命。[1]

羌人部落当中，酋长慕恩势力最强。种世衡曾在晚上与他饮酒，便安排侍姬（贴身侍女或姬妾）出来陪同饮宴。

一会儿，种世衡起身入内，偷偷透过墙壁空隙窥视。慕恩兴致大增，与侍姬调情嬉戏，一时欢娱之声不绝如缕。

种世衡乘其不备，夺门而入。慕恩惭愧恐惧，向他请罪。种世衡转怒为喜，说道："你想得到她吗？"

他随即把侍姬赠送给慕恩。慕恩感激不已，拼死效力。诸部有贰

---

1 《宋史·卷三百三十五·列传第九十四》：蕃部有牛家族奴讹者，素屈强，未尝出谒郡守，闻世衡至，遽郊迎。世衡与约，明日当至其帐，往劳部落。是夕大雪，深三尺。左右曰："地险不可往。"世衡曰："吾方结诸羌以信，不可失期。"遂缘险而进。奴讹方卧帐中，谓世衡必不能至，世衡蹴而起，奴讹大惊曰："前此未尝有官至吾部者，公乃不疑我耶！"率其族罗拜听命。
《涑水记闻》："有牛奴讹者，素屈强，未尝出见州官，闻世衡至，乃来效迎。世衡与约，明日当至其帐，慰劳部落。是夕，雪深三尺。左右曰：'奴讹凶诈难信，且道险，不可行。'世衡曰：'吾方以信结诸胡，可失期邪？'遂冒雪而往。既至，奴讹尚寝，世衡蹴起之。奴讹大惊曰：'吾世居此山，汉官无敢至者，公了不疑我。'率部落罗拜，皆感激心服。"

政和元年　305

心背叛的,使慕恩讨伐不服的部族,无不胜利。[1]

当时,有兀二族受西夏利用,种世衡招之不来。他就命令慕恩出兵诛杀。其后一百多帐都自动归附,没有敢于背叛。[2]

种世衡令诸部族设置敌情烽火,有紧急情况就燃放狼烟示警,披甲备马以待。

定川寨之战是宋夏三大战役的终极较量。庆历二年(1042年)闰九月,李元昊率军进攻镇戎军(今宁夏固原),围困宋军于长城壕。太尉葛霸之子葛怀敏(不详—1042年)"轻率昧于应变",与十余位将领战死。葛怀敏兵败时,种世衡率领羌兵数千人援救以泾州(今甘肃平凉市泾川县城北)、原州(今甘肃镇原)为中心的泾原路,没有人敢落后。[3]

美人一笑定边疆,传为美谈。[4] 后来,种世衡升任东染院使、环庆路兵马钤辖。范仲淹檄令他与蒋偕修筑细腰城。

此时,他已经卧病在床,仍然率领所部甲士日夜兴筑,直至溘然长逝。

---

[1] 《宋史·卷三百三十五·列传第九十四》:羌酋慕恩部落最强,世衡尝夜与饮,出侍姬以佐酒。既而世衡起入内,潜于壁隙中窥之。慕恩窃与侍姬戏,世衡遽出掩之,慕恩惭惧请罪。世衡笑曰:"君欲之耶?"即以遗之,由是得其死力。诸部有贰者,使讨之无不克。有兀二族,世衡招之不至,即命慕恩出兵诛之。其后百余帐皆自归,莫敢贰。因令诸族置烽火,有急则举燧,介马以待。

[2] 北宋,范仲淹所撰《种世衡墓志》。

[3] 《宋史·卷三百三十五·列传第九十四》:葛怀敏败,率羌兵数千人以振泾原,无敢后者。尝课吏民射,有过失,射中则释其罪;有辞某事、请某事,辄因中否而与夺之。人人自厉,皆精于射,继是数年敌不敢近环境。

[4] 美人计,语出《六韬·文伐》:"养其乱臣以迷之,进美女淫声以惑之。"

第九章 辽金衅起

辽金衅起海东青,
玉爪名鹰贡久停。
盛世珍禽原不贵,
每罗纯白献天庭。

——清代,沈兆褆,《吉林纪事诗》

春捺钵头鱼

政和元年,曾经营救过辽朝天祚帝的萧兀纳任知黄龙府(今吉林长春农安县)。这是一个不安分的地方,他进一步侦查到女真部落"力农积粟、练兵牧马"的军事情报,再次上书,主张先发制人、发兵清剿。

兀纳上书曰:"自萧海里亡入女直,彼有轻朝廷心,宜益兵以备不虞。"不报。

天庆元年,知黄龙府事,改东北路统军使,复上书曰:"臣治与女直接境,观其所为,其志非小。宜先其未发,举兵图之。"[1]

《孙子兵法·谋攻篇》说,上兵伐谋,其次伐交,其次伐兵,其下攻城。深知兵法的萧兀纳是富有政治远见的。他连上数道奏章,希望将女真的潜在风险扼杀在摇篮之中。

---

[1] 《辽史》列传,卷二十八。

然而，天祚帝置之不理。《辽史》记载"章数上，皆不听"。

此时的东亚政治格局，正在迎来百年未有之大变局。天祚帝却是充耳不闻，漠视外部世界的骤变。

辽国皇帝春夏秋冬各有行在之所，谓之捺钵，又称四时捺钵。政和二年，春捺钵，天祚帝临幸混同江。按照旧例，千里以内的生女真酋长都要前往行宫朝见辽帝。

完颜阿骨打所属的完颜部定居在按出虎水（今黑龙江省南部的阿什河，松花江干流南岸支流）一带，属于生女真。生女真是一个特殊的历史存在。926年，辽太祖耶律阿保机征服消灭渤海国，部分女真人随之南迁，编入辽籍，称为"熟女真"；留居故地、未入辽籍的女真人，称为"生女真"。[1]

春捺钵期间，钩鱼通常在冬春之交进行，这时江河尚未解冻。御驾一到捺钵地，便命令随行侍卫在冰上搭起帐篷，凿冰取鱼。侍卫使用事先备好的工具，在冰湖上方圆十里范围内凿穿冰眼，沉下长网。

冰层下水中游动的鱼儿为了透气就会聚集到冰眼，乘机钩鱼。皇帝通过冰洞口用带着长绳的钩子射鱼，射中之后大鱼负伤带绳逃走，等大鱼挣扎疲累了，再拽回绳子，鲜鱼就出冰了。钩得的第一条鱼谓之"头鱼"，主要是鳇鱼、鲟鱼和胖头鱼。辽国君臣们入帐烹饪，开

---

[1] 曾公亮等，《武经总要前集》，中华书局，1959："余依山林，不服从者，谓之生女真。"

脱脱，《金史》，中华书局，1975："五代时，契丹尽取渤海地，而黑水靺鞨附属契丹。其在南者籍契丹，号熟女真；其在北者，不在契丹籍，号生女真。生女真地有混同江、长白山，混同江亦号黑龙江，所谓'白山黑水'是也。"

始"头鱼宴"。[1]

头鱼宴不仅是一场游猎娱乐宴会,更带有浓厚的政治色彩,作为辽帝巡视边疆的常态化政治活动。

头鱼宴完毕之后,便是"头鹅宴"或"头雁宴"。

群臣侍卫陪同皇帝来到水边。侍卫们皆穿黑绿衣衫,每人配备一系列专业工具——一柄连锤、一器鹰食、一枚刺锥。在湖边,每隔五、七米站立一人。

天鹅或大雁一旦划破湖上天空,侍从旋即击鼓、摇旗、报信,惊起天鹅。

"雕出辽东,最俊者谓之海东青。"[2]此时,专饲"万鹰之神"海东青的侍从,迅速将其呈于皇帝,"飞放"擒鹅捕雁。[3]

海东青又名矛隼、鹘鹰、海青,是古肃慎(古东北)图腾,被誉为"神的使者"。这种地表之上飞得最高、最快的猎鹰,分布于北极、北美洲、亚洲的广大地区以及中国黑龙江、吉林等地。唐朝时期,海东青已是满族先族靺鞨进贡中原王朝的特产名品。对于这一神鸟,诗仙李白《高句骊》诗云:"金花折风帽,白马小迟回。翩翩舞广袖,似鸟海东来。"宋代吴坰在笔记小说《五总志》中生动描述:"登州海崖林中有鹘,能自高丽一飞度海,号曰海东青,唐人呼为决云儿。"

天空之中,天鹅舞姿曼妙,不觉致命的危险正在逼近。海东青

---

[1] 宋,武珪,《燕北杂记》:"主与其母皆设帐冰上,使人于河上下驱使集,主于断透冰眼中用绳钩掷立,无不中者。遂纵绳信今去,其鱼倦,即曳绳出之,谓之得头鱼;遂相与作乐上寿。"

[2] 明代,李时珍,《本草纲目》。

[3] 《元史志·卷第四十九》:"冬春之交,天子或亲幸近郊,纵鹰隼搏击,以为游豫之度,谓之飞放。"

"飞放时旋风羊角而上,直入云际",瞬间出击,亮出钢钩利爪。

鹅雁搏斗失败,猛然坠地。

就近的侍从立刻上前,用手中的刺锥插入鹅雁,取其性命。余温尚存,皇帝便令人取出鹅脑奖励海东青,并以银绢赏赐刺鹅雁者。

第一只被捕的天鹅,经过御厨妙手烹饪,呈上的便是"头鹅宴"。

> 弓开满月箭流星,
> 鸳泊迷漫水气腥。
> 毛血乱飞鹅鸭落,
> 脱鞲新放海东青。[1]

当天,适逢头鱼宴,美食美酒美人。酒兴正浓,天祚帝让各位生女真酋长依次唱歌跳舞作乐。

首领们头插天鹅羽毛,赤膊裸背,腰系响铃,欢歌载舞。轮到完颜阿骨打时,只见他端坐正视,推辞不会。

天祚帝再三劝谕,完颜阿骨打仍然不从。

不久之后,天祚帝密令枢密使萧奉先:"前天宴会上,完颜阿骨打意气雄豪,看上去气宇不凡,可以借口边疆之事诛杀他。否则,必留后患。"

萧奉先说:"完颜阿骨打是个粗人,不知礼义,况且没有大过错,如果杀掉他将会伤害各部落向慕归化之心。如果真的有异心,弹丸之地的小国,还能有什么作为呢!"

天祚帝听完便作罢,放弃了诛杀令。

---

[1] 清代,文学家,陆长春,《辽宫词》。

马基亚维利的政治学著作《君主论》说过，凡是想要获得君主恩宠的人们，向来都是把自己认为最宝贵的东西或自以为君主最喜爱的东西作为献礼。宠臣萧奉先抓住了天祚帝妄自尊大的心理缺陷，一味阿谀奉承，全然不顾国家的核心利益与潜在风险。

于是，天祚帝放松了警惕，非但没有采取措施加以防范，反而因为完颜阿骨打的弟弟完颜吴乞买、侄子完颜宗翰等随行人员围猎时呼鹿、刺虎、搏熊的精彩技能而大喜，很快给他们加官晋爵。[1]

历史没有如果，只有结果。

这里特别说明："骤加官爵"的完颜吴乞买就是后来的金太宗，完颜宗翰就是日后擒获天祚帝与俘虏徽钦二帝的金朝开国第一功臣。

头鱼宴是特殊的政治安排，属于高规格的年度盛典。至和元年（1054年），登庚午科状元及第的北宋吏部侍郎王拱辰（1012年—1085年）出使辽国，在混同江拜见辽兴宗。辽兴宗设置头鱼宴，为王拱辰斟酒劝酒，还亲自助兴演奏琵琶，表达辽宋朝永结和好的外交姿态。[2]

完颜阿骨打不是任由纵鹰隼捕杀的鹅雁，而是一只自尊心很强的东北虎。"头鱼宴"事件其实可以看作是生女真初步具备反辽实力的情况下，完颜阿骨打对辽朝的一次试探。而萧奉先劝谏天祚帝放虎归

---

[1]《辽史·卷一百二·列传第三十二》："天庆二年（即公元1112年），上幸混同江钩鱼。故事，生女直酋长在千里内者皆朝行在。适头鱼宴，酒半酣，上临轩，命诸酋次第起舞；独阿骨打辞以不能。谕之再三，终不从。他日，上密谓枢密使萧奉先曰：'前日之宴，阿骨打意气雄豪，顾视不常，可托以边事诛之。否则，必贻后患。'奉先曰：'粗人不知礼义，无大过而杀之，恐伤向化之心。假有异志，又何能为？'此议于是作罢。却因其弟、侄等从猎能呼鹿、刺虎、搏熊，而骤加官爵。"

[2]《续资治通鉴长编》卷一七七。

山，直接改变了两个政权的生死命运。

政和三年（1113年）十月，完颜阿骨打继承他哥哥乌雅束的联盟长之位，称"都勃极烈"（大酋长），成为女真诸部总首领。为了巩固联盟，多次作战得胜，接受辽朝惕隐的官称。

次年六月，完颜阿骨打被天祚帝授予节度使称号。一年后，他派遣习古乃等前往辽朝，索要逃奔在辽朝的星显水纥石烈部长阿疏，借以探听辽朝内部的虚实。习古乃侦知：辽帝沉溺畋猎，朝政废弛，边防懈怠。由此，完颜阿骨打揭竿而起，攻打辽朝边境重镇宁江州（今吉林省松原市伯都讷古城）。

他掏出了当时的所有家底"兵马二千五百"，而对手是当时号称"雄狮百万"的东亚第一强国。英雄气概，到今惟有。

按照萨满教（Shamanism）传统，他在战前郑重地举行了告天仪式，倘若违反誓言，家属亦不可赦免。

宁江州之战爆发。剑拔弩张之际，辽朝骁将耶律谢十阵前坠马，部下纷纷趋前营救。箭术出众的完颜阿骨打抓住稍纵即逝的战机，连发数箭，将其射杀。

顿时，辽军阵脚大乱，仓皇溃逃，自相踩践，十死七八。此后，女真军又活捉了辽防御使渤海籍大药师奴。女真首战以少胜多，渤海人、熟女真等闻讯归附，兵势日盛。

进入政和五年，完颜阿骨打称帝，建国号大金。

> "辽以宾铁为号，取其坚也。宾铁虽坚，终亦变坏，惟金不变不坏。金之色白，完颜部色尚白。"[1]

---

1 《金史·太祖本纪》。

他想表达的通俗意思就是："辽国以镔铁为称号，取其坚硬之意。镔铁虽硬，但会变锈，只有金才不会变锈。"

这只啸傲山林的东北虎毕生致力于两件事：建国，灭辽。他完成了。

进贡海东青

女真，别称朱里真、女贞、女直，今称满族，是一个古老的名族，源自三千多年之前的古肃慎国。

据宋代洪皓著作《松漠纪闻》记载，东汉时期称为挹娄，南北朝时期谓之勿吉，隋唐期间叫作靺鞨。

开皇年间，靺鞨遣使贡纳，隋文帝杨坚设宴款待。宴会期间，使者及其随从起舞于前，舞姿皆为战斗之状。皇帝对侍臣说："天地间乃有此物，常作用兵意。"

进入唐朝开元年间，靺鞨酋长前来朝贡，拜为勃利州刺史，遂置黑水府。以部落长为都督、刺史，朝廷为置长史监之，并恩赐府都督姓皇姓李，进献不绝。

到了五代，始称女真。辽朝时期，避契丹讳（避讳辽兴宗耶律宗真），更名女直，俗讹为女质。其后代居混同江之南者，称之熟女真；江之北为生女真。[1]

---

1 宋代，洪皓，《松漠纪闻》。

图为海东青

"累世以来，夷狄人众地大，未有如今契丹。"一段时期内，势弱的女真部落与强大的辽朝，形成了宗藩关系。宗藩关系是古代中国的华夷国际关系秩序，具体内容为藩属国的国王继位，须经过宗主国的册封，方才算是取得合法地位；藩属国需定期向宗主国进献朝贡；宗主国负有帮助藩属国维护统治秩序的责任。

图为辽墓壁画,展示社会生活与民族融合

在进贡的礼单中,名贵又好用的万鹰之神海东青,分外亮眼。这是中原王朝皇帝们的最爱之一。宋代钱易创作的笔记小说《南部新书》记载了仍未郡王尚未登基的李隆基一次春猎活动:

> "开元皇帝为潞州别驾,乞假归京。值暮春,戎服臂鹰于野次。时有豪氏子十余辈,供帐于昆明。"

事实上,为了满足统治者的这一爱好,国家还设置了专门的组织机构。比如唐朝建立五坊鹰鹘;金元设置"五坊使",该官位居正五品,职责就是"掌调养鹰鹘"。

女真人和满—通古斯语族各部落一样,尊崇天神,信奉原始宗教萨满教。最初的鹰崇拜在萨满教中最为明显。萨满教认为,家神三百,野神无数,天地万物皆有神,而鹰神是动物神灵的首位。鹰的敏锐、矫健与凶猛,使它傲立群禽,而萨满教特有的"放鹰神"祭祀也让鹰平添了神圣的宗教色彩。

从原始的捕猎能手到宗教象征再到图腾崇拜,鹰的地位节节攀升,而海东青一跃成为统治者的御用宠物。据《宋史·太祖纪》记载:"乾德元年九月戊辰,女真国遣使献海东青名鹰"。作为崛起于欧亚草原的东亚霸主,辽朝统治者对于海东青有着一份特殊的痴迷。《辽史》《燕山丛录》《清稗类钞》等详细记录了辽朝皇帝纵鹰助猎的狂热。

> "辽东皆产鹰,而宁古塔尤多,以俗名海东青者为最贵,纯白者上,白而杂他毛者次之,灰者又次之。"[1]

> "五国之东邻大海,出名鹰,自海东来者,谓之'海东青',小而俊健,能擒鹅鹜,爪白者尤以为异,辽人酷爱

---

[1] 清末民初,徐珂,掌故遗闻汇编《清稗类钞》。

之。"[1]

辽人酷爱之,岁岁求之女真。女真五国部,居住在今黑龙江哈尔滨市依兰县东北、松花江和黑龙江下游东到海一带。这里成了辽朝的海东青特供基地,并诞生了一条著名的交通线,被称为"鹰路"[2]。鹰路分为两条:一条是西路,从辽朝政治中心上京临潢府,经长春州至生女真和五国部;一条是南路,从辽上京沿西辽河、东辽河东行,经信州(今吉林四平市秦家屯)、黄龙府到生女真和五国部。

骄纵的辽天祚帝即位之后,更是变本加厉地奴役女真人。他在女真地区设置了管理海东青的"鹰坊",鹰坊子弟身上都佩戴着象征辽国皇室的银牌,称为"银牌天使",专门索求"贡鹰"。银牌天使亦称"银牌郎君",始于唐朝,宋朝、金朝亦有设置。辽朝凡遣使外出,贵人佩金牌,其次佩银牌。凡有重要命令,皇帝亲授使者以银牌,给驿马若干匹,昼夜驰行五百里至七百里。使者所至,如皇帝亲临,无敢违抗。[3]

天使抵达女真地界,每晚必然要求女真部落轮流进献女子"荐枕"。"进献枕席"成了一种约定俗成的潜规则。

起初,女真中、下阶层当中的"未出适女"(处女),被迫进献给

---

[1] 《契丹国志》。

[2] 《金史》本纪,卷一:"五国蒲聂部节度使拔乙门叛辽,鹰路不通。"这是最早记录"鹰路"的正史文字。

[3] 《辽史》卷五十七志第二十六,仪卫志三符印:银牌二百面,长尺,刻以国字,文曰"宜速",又曰"敕走马牌"。国有重事,皇帝以牌亲授使者,手札给驿马若干。驿马阙,取它马代。法,昼夜马七百里,其次五百里。所至如天子亲临,须索更易,无敢违者。使回,皇帝亲受之,手封牌印郎君收掌。

天使。出使女真居然有这般艳福与特权，辽朝的官员们于是争相出使，络绎不绝。天使仗着大国权势，飞扬跋扈，只要看上了哪位"美好妇人"，不管她是否有夫婚配、门第家世高低，都要侍寝。

> 大辽盛时，银牌天使至女真，每夕必欲荐枕者。
> 其国旧轮中、下户作止宿处，以未出适女待之。后求海东青使者络绎，恃大国使命，惟择美好妇人，不问其有夫及阀阅高者，女真浸忿，遂叛。[1]

这些人名为天使，实为恶人，贪婪成性将女真女子当成自己的后宫。女真各个阶层义愤填膺，"诸部怨叛"。完颜阿骨打充分利用了愤怒的民族情绪，构建了广泛的民意基础，起兵反抗辽朝暴政。

西方现代主义文学的先驱、奥匈帝国作家弗兰兹·卡夫卡（Franz Kafka）说过，"真正的对手会灌输给你大量的勇气"。完颜阿骨打集女真诸步兵，打的旗号就是"擒辽障鹰官"。这个势单力薄的奴隶制部落联盟，勇敢地打响反辽第一战——宁江州之战。当时的辽朝雄狮百万，幅员万里，"东至于海，西至金山，暨于流沙，北至胪朐河，南至白沟，幅员万里"。

---

[1] 宋代，洪皓，《松漠纪闻》。

图为契丹墓志

"辽金衅起海东青，玉爪名鹰贡久停。"可以说，半部辽金史都是沿着鹰路展开的。此后的运兵、辎重、征战、传信等，都发生在这条交通线上。

一只鹰就像1914年6月28日巴尔干半岛突发的萨拉热窝事件（Sarajevo Assassination），成为战争火药桶的导火索，引发了金兴辽灭。十年之后，延续二百一十八年的东亚霸主辽朝，最终亡在曾经为它贡鹰的部落手里。

宋宣和五年、金天辅七年（1123年），别具一格的金太祖去世，其弟继位，是为金太宗。两年之后的1125年，天祚帝已是孤家寡人，再次逃亡夹山。

春正月辛巳，党项族首领小斛禄派人接应天祚帝。天祚帝为了不被金军发现，遂引军西逃进入沙漠。金朝宰相完颜希尹命名将完颜娄室（1078年—1130年）尾追忽至。

己丑，天降大雪，人马印迹尽留。天祚帝"无御寒具"，"途次绝粮"。到了晚上，将要夜宿民家，天祚帝谎称是侦察骑兵。民家认出了天子，当即下跪叩首，将一行人秘密藏在家中。[1]

危难时刻，天祚帝大肆封赏。为了嘉奖这户百姓的赤胆忠心，"遥授以节度使"；同时，"以小斛禄为西南面招讨使，总知军事，仍赐其子及诸校爵赏有差"。

然而，小斛禄见天祚帝已无一兵一卒，便以出门探路为名，将辽

---

1 《辽史·本纪·卷三十》：五年春正月辛巳，党项小斛禄遣人请临其地。戊子，趋天德，过沙漠，金兵忽至。上徒步出走，近侍进珠帽，却之，乘张仁贵马得脱，至天德。己丑，遇雪，无御寒具，术者以貂裘帽进，途次绝粮，术者进珵与枣；欲憩，术者即跪坐，倚而假寐。术者辈惟啮冰雪以济饥。过天德。至夜，将宿民家，绐曰侦骑，其家知之，乃叩马首，跪而大恸，潜宿其家。

帝行踪密告金军。骁勇果毅、谙于兵略的完颜娄室率铁骑，踏着大雪初停之后的印迹追踪。二月壬戌（2月20日），"获辽主于余睹谷"。[1]

"八月癸卯，至金。丙午，降封海滨王。以疾终，年五十有四，在位二十四年。"[2][3]

欧亚草原落下了一轮血色残阳。

历史真会捉弄人。鹰路也恰恰是北宋徽钦二帝以及妃嫔、王妃、帝姬、帝妃、嫔御、王妾、宗姬、御女、近支、宗姬北掳五国城为奴的行进路线。落日黄尘五国城，中原回首几含情。就在天祚帝被擒之后的两年，徽钦二帝踏上了漫长的鹰路，走上了这条不归路。

1　《金史·太宗纪》。
2　《辽史·本纪·卷三十》。
3　宋代，洪皓，《松漠纪闻》：女真乘胜入黄龙府五十余州，浸逼中京。中京，古白霫城。天祚惧，遣电立阿骨打为国王。阿骨打留之，遣人邀请十事，欲册帝，为兄弟国及尚主。使数往反，天祚不得已，欲帝之，而他请益坚。天祚怒曰："小夷乃欲偶吾女邪？"因其使不报。已而中京被围，逃至上京。过燕，遂投西夏。夏人虽舅甥国，畏女真之强，不果纳。初，大观中，本朝遣林摅使辽，辽人命习仪，摅恶其屑屑，以"蕃狗"诋伴使。天祚曰："大宋兄弟之邦，臣吾臣也，今辱吾左右，与辱我同。"欲致之死，在廷恐兆衅，皆泣谏，止枚半百而释之。时天祚穷，将来归，以是故恐不加礼，乃走小勃律，复不纳，乃夜回，欲之云中。未明，遇谍者言娄宿军且至，天祚大惊。时从骑尚千余，有精金铸佛，长丈有六尺者，他宝货称是，皆委之而遁。值天微雪，车马皆有辙迹，为敌所及。先遣近贵谕降，未复。娄宿下马，跽于天祚前曰："奴婢不佞，乃以介胄犯皇帝天威，死有余罪。"因捧觞而进，遂俘以还。封海滨王，处之东海上。其初走河西也，国人立其季父于燕，俄死，以其妻代。后与郭药师来降，所谓萧太后者。

322　政和元年

裁剪冰绡，轻叠数重，淡著胭脂匀注。

新样靓妆，艳溢香融，羞杀蕊珠宫女。

易得凋零，更多少无情风雨。

愁苦。

问院落凄凉，几番春暮。

凭寄离恨重重，这双燕，何曾会人言语。

天遥地远，万水千山，知他故宫何处。

怎不思量，除梦里有时曾去。

无据。

和梦也新来不做。[1]

---

[1] 据宋代佚名撰写的轶事小说《朝野遗记》，《宴山亭·北行见杏花》实乃宋徽宗的绝笔。

致谢

感谢樊登读书CEO吴江、樊登读书副总裁夏捷立、光尘出版总经理慕云五，予以出版指导；感谢著名主持人、畅销书作家、樊登读书推荐讲书人李蕾，从读者角度给予闪烁智慧的建议。

感谢图书资深编辑、北大才女慧木老师，经年累月地校对，力求该册图书以最佳面貌上市。

感谢合鲸资本创始合伙人熊三木。这位复旦高材鼓励我这个历史系外行人士勇于追求自己的兴趣与爱好。我也有幸与他一起参与投资了樊登读书、喜马拉雅等头部顶流的互联网项目。

上海封城期间，院子里"文旦柚"树成簇花开，幽香四溢。中国著名媒体人、财经观察家秦朔分享了他的大视野："奥密克戎究竟想告诉我们什么""有一种苦与难，我们必须一起度过"；上海市永康商会会长、城房集团董事长程志海解读了货币超发与通货膨胀的孪生关系；好邻居刘红宇给予了"历史谍战"（Spy Wars）的创作思路。

旅居法国普罗旺斯的作家、艺术策展人曾琼亦来电表示，立足中外史料，重视独立研究，强调故事性、戏剧性、可读性。

在创作过程中，我的好朋友们第一时间反馈了充满哲思与想象的试读体验。这群朋友包括但不限于（排名不分先后）：中国电科36

所党委书记金飙、浙江省建设投资集团纪委书记刘德威、城房集团总经理程幸吉、上海文化产业发展投资基金总经理姚福利、上海电影股份有限公司总经理戴运、喜马拉雅创始人余建军、喜马拉雅执行董事沈结强、喜马拉雅执行董事李兴仁、一条创始人徐沪生、知乎第一位个人投资者&现代传播董事长邵忠、哪吒汽车机构投资者代表朱靖雷、昇和资本创始合伙人郭雷、上阳资本董事局副主席潘健、资深投资人贺锦楼、资深投资人周韵、资深投资人殷波、资深投资人陈章博、热金资本董事长龚屈乐、盛裕资本合伙人王子浩、国华人寿董秘黄士杰、何汐美悦创始人何佳、中企国云投资总监张思思、国泰君安投资经理刘硕、哥伦比亚大学毕业生诗曼、晏缇时装合伙人梦梦《锋味》编导冯琦、远洋红星地产上海总经理林翔、杭州西子智能停车副总经理陈仲慧、福布斯中国商务运营总经理钱厚琳、七牛云创始人许式伟、七牛云联合创始人陈伊玲、七牛云CFO韩斌、七牛云行政总监陶晶、食亨科技创始人王泰舟、食亨科技财务总监孙明、食亨科技法务总监周运、传世医疗董事长杨心溥、博强新能源董事长韩竞科、若樊资产创始合伙人王宁、管理咨询家李剑腾、外滩18号米其林餐厅Joel Robuchon投资人Miss.Lucy、生活美学家曹君晖、畅销书《宋宴》作者与热播剧《梦华录》历史顾问卢冉、知名广告人Peter.Liu、知名经纪人立飞、林风眠精品画作藏家庄诺、环球小姐中国区冠军许继丹、环球小姐中国区秘书长高映雪、千禾文化董事长郝鑫、链游科技董事长陆炜、浦发银行上海静安支行公金分管行长邵仁余、钲和资本总经理程彬、京铭资本合伙人刘又今、香港资深投资人李锦德、香港家族基金管理人宣珊珊、汇丰私人银行董事Cindy Tang、汇丰私人银行董事Sally Teng、饿了吗9号员工周郑川、三益建筑设计南京总经理路遥、BFB集团董事长吴满胜、多燕瘦联合创始人李军、英国皇家工业院士与剑桥大学教授张祥成、香港中文大学商学院—复旦大学泛海国际金融学院联合 DBA 项目主任尤蕾蕾。

他们在不同场合不约而同地对本书主题提出如下建议：以风云际会的政和元年为圆心，宋、辽、西夏、女真、高昌回鹘、吐蕃诸部、大理等有着地缘政治的政权、人物、事件汇聚在一个思维平面上，展开了波澜壮阔的国运博弈，掀起了波谲云诡的谍战风云，其中洋溢着乱世群雄的爱恨情仇。基于宋史、辽史、金史、西夏书事、资治通鉴续篇等史书记载，引入了气象学、人类学、心理学、现代医学、神经科学、货币金融学、军事工程学等跨学科视角，讲述国运博弈、谍战风云、夏宫魅影、一千年前的金融危机等史诗篇章，呈现瑰丽多姿的历史场景与性格迥异的风云人物，为当代从政者、投资人、企业家的周期预判、战略决策、经济管理、人性洞察提供富有价值的思考与借鉴，亦为中华民族伟大复兴探求丰饶的历史经验。

浙江省嘉兴市秀洲区委书记徐鸣阳，秀洲区副区长张镁利，秀洲区投促中心主任、嘉秀集团党委书记、董事长沈雪锋，嘉兴秀洲高新技术产业开发区管委会常务副主任王磊，秀洲团区委书记娄正坤、秀洲区高照街道副主任张慧婷等，予以诸多创作指导与启迪。宋代秀州介于苏杭二府之间，旁接三江，擅湖海鱼盐之利，号泽国秔稻之乡，系南宋第二代皇帝宋孝宗赵昚（1162 年—1189 年）毓圣之地，于宋宁宗庆元元年升嘉兴府。时光穿梭，当今秀洲踔厉风率常屈其座，发加快建设产城高度融合、城乡高度融合的现代化主城区、长三角城市群重要中心城市主城区，奋力推进中国式现代化秀洲实践。因缘际会，遂忝过任，喜马拉雅全球创新业务总部亦落地于此并澎湃发展。

公司的财务总贺晓丽、运营总邹刚、行政总吴佳欢，以及总裁助理陈倩、王丽霞、柳玉林等对本书有过不同程度的试读、试听。他们提出，突出人物的鲜明个性，于幽微处呈现历史的复杂性与偶然性。

我的私人律师吴钟俊、姚霆对于著作权保护提出了富有建议性的意见。

在此，由衷感谢一众知名投资人、企业家、学者、明星联袂封面推荐。中国美术学院书法系博士研究生、法国格勒诺布尔高等商学院管理学博士、美国加州大学伯克利分校哈斯商学院研究员任天进，是阿斯顿马丁等品牌的"御用合作伙伴"，为本书题写书名，颇具宋韵国风。

感谢我的家人们，无私的、默默地爱护着我。

由于本人学识浅薄，书中难免存在一些错误。出版之后，伏望同仁与读者批评与指正，并感谢大家支持和包容。